Claude Brousson, Sa Vie Son Ministere; Jean Cluade Pasteur Et Predicateur; Polycarpe Eveque De Smyrne

Charles Dussaut

CLAUDE BROUSSON

SA VIE, SON MINISTÈRE

THÈSE

Publiquement soutenue à la Faculté de théologie protestante de Montauban,

EN 1868,

PAR CHARLES DUSSAUT, DE SAINT-HIPPOLYTE-DU-FORT (GARD)

Bachelier ès lettres,

ASPIRANT AU GRADE DE BACHELIER EN THÉOLOGIE.

TOULOUSE

IMPRIMERIE DE A. CHAUVIN

RUE MIREPOIX, 3.

—

1868

MEIS NECNON AMICIS

EMPIRE FRANÇAIS.

Université de France. — Académie de Toulouse.

FACULTÉ DE THÉOLOGIE PROTESTANTE DE MONTAUBAN.

PROFESSEURS.

MM. DE FÉLICE, ✳ doyen   Morale et éloquence sacrée.
NICOLAS, ✳. . . .   Philosophie.
SARDINOUX, ✳..   Exégèse et critique du Nouv. Testam.
PÉDÉZERT. . . . .   Littérature grecque et latine.
BOIS. . . . .   Hébreu et critique de l'Anc. Testam.
MONOD.. . . . . .   Dogmatique.
BONIFAS. . . . . .   Histoire ecclésiastique.

EXAMINATEURS.

MM. BONIFAS, ✳, président de la soutenance.
NICOLAS, ✳.
PÉDÉZERT.
MONOD.

La Faculté ne prétend approuver ni désapprouver les opinions particulières du candidat.

CLAUDE BROUSSON

SA VIE, SON MINISTÈRE

INTRODUCTION

Faire l'histoire d'un homme comme Claude Brousson est
utile pour plusieurs motifs. On y voit ce que le sentiment
d'une vocation chrétienne peut donner d'élévation morale et
inspirer de dévouement ; on trouve en même temps, dans
cet exemple d'un attachement inébranlable à la vérité, un
sujet de légitime fierté lorsqu'on est descendant des anciens
huguenots ; on y puise le désir de rendre un pieux hommage à la mémoire d'un homme de bien, persécuté et mis à
mort comme un malfaiteur.

C'est au milieu des persécutions religieuses, si tristement
célèbres sous le nom de dragonnades, de ces persécutions
qui ensanglantèrent le midi de la France, que se place
l'histoire de ce pasteur du désert. Rappelons, en quelques
mots, les faits indispensables à l'intelligence de notre étude.

Louis XIV craignant que l'unité politique de la France ne
fût un jour compromise par des querelles dogmatiques, s'il
ne s'opposait aux progrès de la Réforme, voulut ne rencontrer en son royaume que des sujets ayant tous les mêmes
convictions religieuses et pratiquant les mêmes cérémonies

extérieures, celles de son confesseur, le révérend père Lachaise.

Pour atteindre ce but, il commence par n'accorder ses faveurs royales aux protestants de France, qu'au prix de leur abjuration. Ce premier moyen n'ayant pu réaliser les espérances qu'il avait fait naître, le grand roi s'en montre profondément vexé et irrité. Sa haine contre les protestants augmente, et il adopte enfin la violence qu'on lui conseillait depuis longtemps. Dès lors, « gouverneurs, intendants, » hommes d'épée et de robe, animés d'une noble ardeur » de prosélytisme, se font, tour à tour, missionnaires et » convertisseurs (1). »

A tant de cruauté et de tyrannie, les réformés n'opposèrent d'abord qu'une patience qui était passée en proverbe. Elle encouragea sans nul doute les persécuteurs. « Louvois, » dit Mme de Maintenon, « y sut mêler du militaire. »

Cependant les réformés ne voulaient point encore accuser le petit-fils de Henri IV, et pensaient qu'il mettrait de suite un terme à leurs indescriptibles souffrances, s'il pouvait en connaître toute l'étendue. Aussi, des requêtes furent-elles envoyées en foule à la cour; mais les persécutions n'en continuèrent pas moins, malgré ces incessants appels à la pitié du grand roi.

Tel était l'état des choses, lorsque quelques zélés partisans de l'Eglise réformée résolurent d'envoyer à la cour une requête, où ils témoigneraient, en même temps que de leur dévouement au roi, de leur intention bien arrêtée de pratiquer publiquement leur culte, malgré toutes les vexations et les calamités que Sa Majesté pourra faire retomber sur eux. « La difficulté était de pouvoir se réunir pour délibérer; » car, depuis plus de vingt ans, les synodes nationaux » avaient été supprimés, sous le prétexte des dépenses » qu'ils entraînaient; un synode provincial ne pouvait

---

(1) De Félice, *Histoire des Protestants de France.*

» délibérer qu'en présence d'un commissaire royal ; une
» assemblée clandestine était à peu près impossible, sous
» l'œil inquiet des intendants, et les pasteurs étaient l'objet
» d'une surveillance toute particulière. Mais ces hommes
» énergiques, qui avaient résolu de sauver l'Eglise protes-
» tante, si elle pouvait encore être sauvée, ne se laissèrent
» pas rebuter par tant d'obstacles. Grâce à eux, le Langue-
» doc choisit six députés laïques ; les Cévennes, le Vivarais
» et le Dauphiné, dix ; et ces seize députés, pour éveiller
» moins de soupçons, se réunirent dans la ville catholique
» de Toulouse (1). » Pour tenir leurs séances, ils choisirent
la maison de leur coreligionnaire et ami, Claude Brousson,
qui avait déjà prouvé son attachement inébranlable à la religion réformée, en refusant une place de conseiller au parlement de Toulouse, place qu'on lui avait promise au prix
de son abjuration. Les décisions de ce comité, dit de Résistance, furent les suivantes : « A un jour marqué, on devait
» rouvrir les temples interdits ; pendant les prières et le
» prêche, les portes resteraient ouvertes, afin que tout le
» monde pût juger de la pureté du culte ; dans les endroits
» où les temples seraient abattus, on s'assemblerait sur leurs
» ruines ; tous ceux qui avaient cédé à la violence et signé
» des abjurations ne devaient se réunir qu'en des lieux
» écartés, afin de se dérober aux procès qu'on pourrait leur
» intenter comme relaps... Ces assemblées auraient lieu
» assez ouvertement pour que la cour en fût instruite, et
» avec assez peu d'éclat pour prévenir tout désordre. »
Dans certains pays, ces décisions des Seize furent exécu-
tées, à Saint-Hippolyte-du-Fort, par exemple ; mais à Nîmes,
où Brousson s'était rendu pour agir dans le même sens,
s'étaient formés, à cette occasion, deux partis bien tranchés.
L'un, le parti des politiques, qui jeta les hauts cris quand
cette nouvelle lui fut communiquée : « Nous serons traités

(1) Haag, *France protestante.*

de rebelles, » disaient-ils, « et exterminés. » Ils avaient
pour chefs les pasteurs Paulhan et Cheyron (1), et abritaient
leur conduite derrière une lettre de Ruvigny, député général des Eglises (2). L'autre, au contraire, le parti des intré-
pides, des zélés, appelé des Zélateurs, trouvait cette décision
du comité de Toulouse trop modérée, trop humble : « Nous
servons de jouet, » disaient-ils; « on nous méprise. » Il
avait pour chefs les pasteurs Icard, Peyrol, et surtout
Brousson.

Dès ce moment, Brousson, qui s'était montré fort attaché
aux intérêts du protestantisme menacé, se fait remarquer
par son zèle à défendre la cause de ses coreligionnaires,
jusqu'au jour où il se fera consacrer au ministère. Alors
commence cette vie de luttes, d'abnégation, de complet dévouement à son œuvre, que devait couronner la plus belle
mort.

Nous avons vainement essayé de retrouver ses œuvres,
sermons, lettres, apologies. Quelques documents épars ont
seuls pu nous servir de fil conducteur dans cette étude.
Des historiens nous apprennent qu'il y eut au dossier de
son jugement un grand nombre de documents, sermons,
lettres, instructions pastorales, paraphrases de l'Ecriture
sainte, requêtes au roi, cours d'instruction chrétienne,
etc., etc. Tous ces écrits sont peut-être enfouis dans les
archives de quelque mairie de village. Nous regrettons de
n'avoir pu consulter ces papiers, où nous aurions, sans nul
doute, puisé d'utiles renseignements. Disons cependant que
l'absence de ces documents ne peut nuire beaucoup à l'intérêt de notre étude. Notre pasteur du désert ne fut ni un

(1) Paulhan et Cheyron abjurèrent.
(2) Cette lettre était ainsi conçue : « J'ai appris avec une extrême
douleur les mouvements de ceux de notre religion dans les Cévennes
et même dans le Dauphiné... Outre l'offense qu'ils ont commise à
Dieu, ils ont ainsi, par leur désobéissance, fourni à Sa Majesté un
légitime prétexte de les châtier sévèrement. »

profond théologien, ni un brillant apologiste. Il faut, à ces
époques agitées, des hommes d'action plutôt que de savants
docteurs ; les dangers sont trop grands, le ministère trop
laborieux, pour permettre des travaux d'un intérêt purement spéculatif. On employait la force contre les réformés,
on ne discutait pas avec eux ; les plus fortes raisons auraient
échoué contre cet argument sans réplique.

Aussi notre but n'a-t-il pas été d'étudier en lui le pen-
seur, le prédicateur, le théologien, mais l'homme, le pasteur dans l'exercice de son difficile ministère, en un mot le
chrétien.

Nous avons essayé, en joignant les faits bien connus de
l'histoire de Claude Brousson aux traits recueillis dans ceux
de ses écrits que nous avons pu consulter, dans ses lettres
surtout, de retrouver un caractère, celui d'un chrétien fervent et dévoué. Nous l'avons suivi pas à pas, cherchant à
pénétrer ses intentions, à juger sa conduite. Cette étude
avait pour nous un double attrait, puisqu'elle nous permettait, tout en admirant ce type si noble du pasteur du
désert, de raconter l'histoire de Brousson, c'est-à-dire de
faire sa plus belle apologie.

CHAPITRE PREMIER

Préparation au ministère.

Claude Brousson naquit à Nîmes en 1647 de Jean Brousson et de Jeanne de Paradez, et fit dans cette ville ses premières études. Ayant obtenu le grade de docteur en droit, il s'établit d'abord à Castres, ensuite à Castelnaudary, enfin à Toulouse, suivant la Chambre de justice mi-partie, lorsqu'elle fut successivement transférée de l'une de ces villes dans l'autre. Il fut pendant vingt ans le défenseur désintéressé des pauvres et des Eglises (1); il ne craignit point de montrer toute sa sympathie pour ses frères opprimés, et faillit souvent perdre son emploi à cause de son courage et de son dévouement à sa religion.

Une remarque que nous fournit l'examen de cette première partie de sa vie, c'est que Brousson n'est pas un de ces hommes qui ont eu une existence agitée, fruit d'une vocation irrésistible, qui ont besoin d'occuper au dehors leur fiévreuse activité, et qui, pour y parvenir, se mettent au service de la première cause qui se présente à eux. Il ne recherche ni l'éclat ni la gloire. Il montre en plusieurs circonstances son attachement pour ses frères opprimés, mais c'est sans ostentation, sans songer à lui-même, par un désintéressement d'autant plus honorable, qu'il risque, en manifestant ainsi ses opinions, de voir succéder à une vie calme une existence agitée. Il est ému du malheur de ses frères; il déplore les injustices dont ils sont victimes, et il le dit, et

(1) Puaux, *Histoire du Protestantisme français.*

il proteste sans réfléchir aux conséquences fâcheuses que pourront avoir ses protestations. Il se trouvera plus tard engagé, presque à son insu, dans la lutte que les réformés auront à soutenir contre leurs oppresseurs, et alors il ne se contentera plus de reprocher aux adversaires de la Réforme leurs abus de pouvoir. Ses plaintes deviendront plus vives devant des abus plus criants ; et, sans s'occuper du danger, uniquement guidé par sa conscience, il prendra le parti le plus honorable, mais aussi le plus périlleux. Il se montra surtout l'ami des protestants en laissant éclater toute son indignation envers leurs persécuteurs dans deux circonstances célèbres: en plaidant en 1683 pour les ministres protestants, prisonniers à Toulouse (1), et en accusant d'injustice le clergé qui voulait faire interdire quatorze Eglises ; il en appela même directement à Louis XIV pour réprimer de tels abus. Sa réputation parmi les protestants, son honorabilité, son influence, tentèrent les convertisseurs ; nous avons déjà vu qu'ils échouèrent et quelle marque de considération accordèrent les protestants à leur intelligent et dévoué coreligionnaire.

De Toulouse, Brousson se rendit à Nîmes. Nous savons déjà dans quel but. Il se mit à la tête des zélateurs, ainsi nommés en souvenir d'une ancienne faction juive. Nous l'avons présenté jusqu'ici fidèle à ses idées religieuses, protecteur autant qu'il le pouvait de ceux de son culte ; maintenant les circonstances s'aggravent ; on prend contre les réformés certaines mesures violentes, et Brousson va se mêler à la lutte activement, ouvertement même, comme un chef. La richesse, les honneurs, s'offraient à lui naguère au

---

(1) Il fit, en pleine audience, l'apologie de la réformation. Le premier président l'interrompit en lui demandant s'il croyait être dans un temple. — Oui, monsieur, répondit Brousson, je suis dans le temple de la justice, où il m'est permis de dire toute la vérité utile à ma cause.

prix de l'abjuration, il les a repoussés. Pourquoi n'abjurait-il pas? Ne pouvait-il prévoir, lui à qui une certaine instruction avait été donnée, que la résistance serait inutile? En se mettant ainsi en relief, il lui était aisé de comprendre qu'il serait bientôt vivement poursuivi; il pouvait apprendre, en consultant l'histoire, que toutes les fois que de semblables divisions s'étaient formées les modérés représentaient les traîtres, et les zélateurs les victimes; l'histoire des sectes religieuses en fait foi. S'il eût été chancelant dans ses croyances, médiocrement dévoué à sa cause, il aurait certainement trouvé, dans son répertoire d'avocat, quelques arguments commodes pour ménager ses intérêts matériels sans avoir l'air de trahir ses intérêts spirituels; mais la conscience de Brousson n'est pas de celles qui transigent avec la vérité. Partisan sincère de la liberté des cultes, il se déclare zélateur ardent, et trempa de bonne foi, naïvement, dans le projet insensé de s'emparer de la ville de Nîmes. Mais n'anticipons pas sur les événements.

Les zélateurs s'assemblèrent sous la conduite de Brousson et de leurs autres chefs, et décidèrent, en présence de la persécution ouvertement déclarée, de s'emparer de la ville avec le secours des habitants des Cévennes, qu'ils savaient prêts à marcher au premier signal. Ils furent trahis par les modérés, et l'un d'eux, nommé Saint-Cosme, gagné par le duc de Noailles, s'entendit même pour les faire arrêter avec le président de Rochemaure, qui envoya des troupes d'Anduze. Le soir de l'arrivée des dragons, quelques-uns de ces futurs apostats osèrent aller à la Croix-de-Fer pour donner à ces convertisseurs d'un nouveau genre, des ordres et des indications précises. Ce projet échoua néanmoins, grâce à une circonstance toute fortuite.

Ces traîtres rencontrèrent sur leur chemin un homme à cheval qui arrivait du côté d'Anduze, et ils lui demandèrent s'il n'était pas un dragon d'avant-garde. Celui-ci, qui était de Nîmes, et un sincère partisan de la résistance, reconnut ces

interrogateurs mystérieux, et, se défiant de leur dessein, il
se hâta d'avertir Brousson et ses autres amis du complot qui
se tramait dans l'ombre. Ainsi mis en éveil et favorisés par
une nuit froide et pluvieuse, ils purent tous sortir de leurs
domiciles et chercher ailleurs un refuge. Le lendemain, les
dragons ne purent s'emparer d'aucun de ces zélateurs qui
leur avaient été désignés, et le duc de Noailles, désappointé,
fit défendre aux habitants de la ville de recéler les proscrits
sous peine de mort. Les hôtes de Brousson épouvantés résolurent de le livrer à la justice. Ils reculèrent cependant devant
une aussi indigne perfidie et lui intimèrent l'ordre de chercher ailleurs un refuge. Il dut donc quitter cette maison, où
il venait de courir un si grand danger, sans savoir où trouver une retraite. Il resta pendant deux jours et deux nuits
dans les rues de la ville, mourant de froid et de faim, et se
cachant dans les endroits les moins fréquentés, souvent sous
les égouts. Il découvrit enfin qu'un conduit, pratiqué pour
les immondices, allait de la Grand'-Rue à la campagne, et
pouvait ainsi favoriser sa fuite. « Il y entra, » dit M. Borrel,
« en hésitant, le parcourut à tâtons, s'enfonçant à chaque pas
» dans une boue noire et puante, et, après des efforts incroya-
» bles, étant parvenu à sortir par le fossé des Calquières, il
» partit à l'heure même pour les Cévennes, d'où il put se ré-
» fugier en Suisse. » Claude Brousson, jugé par contumace,
fut pendu en effigie sur la place du marché de Nîmes, ainsi
que les autres chefs des zélateurs (3 juillet 1684).

Maintenant, Brousson nous apparaît comme directement
mis en cause. Un homme de son caractère devait mériter
bientôt la première place au milieu de frères dont la foi était
plus grande que la science : il dut alors se montrer plus
exigeant qu'il ne l'eût peut-être été pour lui-même, et puiser dans le sentiment de sa responsabilité une énergie qu'il
aurait difficilement montrée s'il eût été seul en cause. Doué
d'une nature impressionnable, légèrement portée à la mélan-
colie, il n'aurait probablement pas songé à organiser la ré-

sistance ; mais il comprit, quant il fut le chef des zélateurs, quels étaient ses devoirs, et se disposa à les remplir jusqu'au bout. C'est un beau trait de son caractère : ce qu'il n'aurait pas tenté pour lui-même, il va le tenter pour les autres. Il oubliera, pour servir ses frères, la prudence que sa position lui commande, et à mesure qu'il se sera mêlé à leur vie, qu'il aura fait de leurs intérêts ses intérêts propres, qu'il les aura défendus, il se sera attaché à eux et voudra devenir leur ministre, après avoir été leur défenseur. La mission que nous lui avons vu accepter n'a été que temporaire, dictée par les circonstances ; mais elle annonce celle dont il se chargera plus tard. Il a trouvé dans l'accomplissement de sa tâche une joie sanctifiante ; l'habitude de défendre ceux qui veulent offrir à Dieu une pure adoration lui a fait aimer davantage ses frères et ce Dieu lui-même, et un jour, comme nous le verrons en parlant de son ministère proprement dit, ce sera sous la double influence de ces sentiments qu'il demandera la consécration sainte.

Avant de nous occuper du ministère de Claude Brousson, il nous semble nécessaire de donner un aperçu rapide de la lutte qui fut alors livrée, de cette lutte dont le spectacle et l'écho durent réveiller en lui de nobles émotions, lui découvrir sa vocation véritable et le lancer dans une voie nouvelle.

Le peuple protestant de France était alors dans l'appréhension d'une grande guerre. De nombreuses assemblées religieuses s'étaient réunies en divers lieux, surtout dans le Vivarais et le Dauphiné, et les catholiques, ayant vu dans ces manifestations un projet de guerre, avaient pris les armes. Les protestants imitèrent cet exemple. La mort d'un protestant du nom de Guèze, donna le signal de l'insurrection. Elle commença dans le Dauphiné, où les violences de Labaume, seigneur de Château-Double, avaient extrêmement aigri les esprits. Les réformés avaient envoyé, avant de commencer la guerre, une nouvelle requête à Louis XIV,

dans laquelle ils disaient à Sa Majesté : « Si les réformés
» se laissent patiemment dépouiller de leurs biens, de leurs
» honneurs, de leurs emplois; s'ils souffrent la démolition
» de leurs temples et l'interdiction de leurs assemblées,
» faut-il en conclure qu'ils ne tiennent à leur religion que
» par un fil aisé à rompre? Il y en a des milliers en France
» qui aimeraient mieux mourir cent fois que de la renier.
» Les protestants ont-ils mérité un traitement semblable?
» N'ont-ils pas fait paraître leur fidélité en toute occa-
» sion? etc. »

La première rencontre eut lieu aux environs de Bour-
deaux, et les protestants, au nombre de quatre cents, furent
battus par trois régiments de dragons commandés par
Saint-Ruth. Cette victoire pacifia le Dauphiné, qui, du reste,
était couvert de troupes.

La guerre éclata ensuite dans le Vivarais, et le duc de
Noailles, chargé de comprimer l'insurrection, alla attaquer
les protestants, campés sur la montagne de l'Herbasse.
Brousson, dans son *Apologie des réformés*, raconte ainsi cette
sanglante bataille : « Il y avait environ deux cent dix hom-
« mes sous les armes, lesquels, se croyant perdus, se réso-
» lurent de défendre leur vie autant qu'ils le pourraient...
» D'abord on commença à faire feu de part et d'autre. Pour
» un coup que ces pauvres gens tiraient, les dragons en
» tiraient trente. Enfin, les réformés ayant perdu une qua-
» rantaine de leurs hommes, n'ayant point de chefs et se
» voyant environnés, se jetèrent dans le bois pour tâcher
» de se garantir. Mais, comme on les avait déjà investis,
» on en prit neuf, que l'on pendit sur-le-champ à deux
» arbres, sans autre forme de procès. Il est vrai qu'on leur
» proposa la mort ou la messe, comme on faisait autrefois à
» nos pères et comme on fit au roi de Navarre et au prince
» de Condé, pendant le massacre de la Saint-Barthélemy;
» mais ils aimèrent mieux mourir que de garantir leur vie
» à cette condition. On leur ordonna de demander pardon

» au roi , mais ils dirent qu'ils ne l'avaient point offensé et
» que c'était à Dieu qu'ils devaient demander pardon de leurs
» péchés. Ils s'accommodèrent eux-mêmes la corde au cou,
» et se laissèrent pendre avec une constance admirable. »

Voyons maintenant ce qui se passe en Languedoc, pour
lequel, auprès du roi, intercède le pacifique d'Aguesseau.
Louvois avait rejeté ses plaintes et avait donné ordre « d'y
» nourrir les dragons aux dépens du pays, d'y saisir les
» coupables, de les faire juger, d'abattre et raser leurs tem-
» ples et de causer une telle désolation que l'exemple épou-
» vante (1). »

Telle est la cruelle mission dont le fameux incendiaire du
Palatinat avait chargé Noailles, Tessé, Saint-Ruth et Héra-
pine. Ils s'en acquittèrent si bien , qu'ils outrepassèrent
même, chose assez difficile , ces ordres épouvantables. Quand
Noailles arriva à Nîmes et à Montpellier, en compagnie de
Saint-Ruth, les protestants, effrayés comme à l'approche
de la peste, suivirent l'exemple de leurs pasteurs infidèles
et abjurèrent. D'autres villes, frappées des mêmes fléaux, les
imitèrent ; aussi les appartements de Louis XIV furent-ils
encombrés de longues listes de conversions, ce qui faisait
dire à la cour : « Encore quelques semaines, et la France
entière sera purgée de la lèpre de l'hérésie. » Ralentir en
pareille circonstance les persécutions, s'arrêter au milieu de
si beaux succès eût été chose impolitique ; le grand roi abusé
s'y méprit. Il publia chaque jour de nouveaux édits contre
les protestants, jusqu'au moment où il révoqua l'édit de
Nantes (1685).

Dire les vexations de toutes sortes que durent alors subir
les protestants, nous ne le pouvons pas. En présence de ces
terribles fléaux, la plupart émigrèrent, d'autres se laissèrent
cruellement égorger. Ceux qui allèrent porter dans un pays
étranger leurs richesses, leur science ou leur pauvreté,

(1) *Lettre de Louvois au duc de Noailles.*

furent reçus avec respect et empressement par leurs coreligionnaires qui, à l'abri de tout danger, se trou'èrent heureux de leur témoigner leur sympathie et leur estime. Les
Anglais, les Allemands, les Hollandais, les Suédois, les
Danois, les Prussiens, les Suisses furent ces peuples com-
patissants qui aidèrent nos pères dans l'adversité, les reçurent
comme des amis, des frères, et ont acquis ainsi un droit
légitime à notre reconnaissance et à notre gratitude.

L'émigration fut si grande, qu'on comptait jusqu'à treize
cents réfugiés qui passaient par la ville de Genève en une seule
semaine (1). C'est la route qu'avait suivie Claude Brousson
partant pour l'exil. Il alla jusqu'à Lausanne, où il s'établit
avec sa femme et son fils, issu d'un premier lit. Il y exerçait sa profession d'avocat lorsque les réfugiés de Suisse
l'envoyèrent, avec Laporte, ancien pasteur des Cévennes,
en députation vers les puissances protestantes. A Berlin, il
inspira aux princes protestants un projet d'union évangélique
qui se réalisa plus tard dans la ligue d'Augsbourg (2). Il fut
bien accueilli par le roi de Prusse et eut plusieurs conférences
avec Guillaume d'Orange. Pendant ce voyage, une chaire lui
fut offerte à l'université de Berlin, si célèbre alors par ses
travaux scientifiques et littéraires; mais il refusa cette bril-
lante position : il avait déjà formé le dessein d'inaugurer le
ministère évangélique du désert.

Nous diviserons le ministère de Claude Brousson en deux
périodes. Quand il quitte la Suisse pour venir se faire consacrer, il espère que la cause qui est juste triomphera, qu'on
cessera de poursuivre des hommes si fidèles à leur foi. Il a
des amis qui supportent avec lui les charges du ministère,
Vivens, entre autres, avec lequel il est prêt à tout entreprendre. Dans la seconde, ses plus fidèles amis sont morts ;
il a vu diminuer le nombre des réformés sous le coup des

(1) De Félice, *Histoire des Protestants de France.*
(2) Weiss, *Histoire des Réfugiés protestants.*

2

persécuteurs, il a dû lui-même se réfugier en Suisse pour leur échapper. Il n'attend plus rien des hommes, il voit partout des miracles, il s'expose souvent au danger; il attend la mort à chaque instant, la désire presque.

CHAPITRE II.

Ministère de Claude Brousson.

PREMIÈRE PÉRIODE.

Inaugurer le ministère du désert, tel fut, avons-nous dit, le projet de Claude Brousson, et ce projet il ne tarda pas à le réaliser. Comment avait-il pu le concevoir? c'est ce qu'il faut chercher en rapprochant certains traits de son caractère qui nous sont connus, des déclarations qu'il fait lui-même dans une lettre écrite à ce sujet.

Considérons d'abord que l'entraînement dut être bien vif pour lui faire oublier ses propres affections, sa femme et son fils. Quand il leur annonça cette héroïque résolution, ils ne purent retenir leurs larmes et travaillèrent d'un commun accord à l'en détourner; mais rien ne put l'empêcher d'accomplir un sacrifice que son cœur avait déjà fait.

Il y avait cependant dans cette affection si vraie, si touchante, une tentation bien vive pour goûter le repos, la paix à son foyer, au lieu de courir au-devant du danger. Loin de sa patrie, il pouvait aussi travailler pour la gloire de son Dieu, puisqu'on lui avait offert, dans un voyage dont nous avons parlé, une chaire à l'université de Berlin. A l'envisager même d'un certain côté, ce ministère semblait plus utile que celui pour lequel il se décida. Les protestants du Midi n'étaient pas tous fort instruits, et Brousson ne pouvait guère

cultiver auprès d'eux les dons qu'il avait reçus de Dieu,
s'instruire lui-même et instruire les autres; il fallait leur
apprendre à rester fidèles jusqu'à la mort. Au contraire,
l'emploi de professeur devait séduire cet esprit cultivé.

Certes, il ne fallait pas être un profond politique pour
préférer la chaire du professeur (et prendre ce dernier
parti offrait d'incontestables avantages), à la *tribune rustique*
du pasteur du désert; mais il fallait abandonner ses concitoyens, ses amis, qu'il avait déjà eu l'occasion de défendre,
ces troupeaux où la foi chez les simples suppléait à la science,
ces troupeaux que Brousson avait connus et qu'il aimait pour
leur fidélité, leur inébranlable confiance en Dieu. Les abandonner n'était-ce pas ébranler cette confiance? Qui soutien-
drait leurs âmes au milieu des épreuves? qui les consolerait?
Enfin la mission du pasteur du désert exigeait beaucoup de
dévouement, d'abnégation, et Brousson voulait se dévouer.
Il déclare lui-même, dans une lettre qu'il écrit à Basville (1) pour lui annoncer les motifs de son retour, que
c'est pour répondre à un appel intérieur qu'il a résolu de
prêcher la Parole de Dieu :

« J'ai plusieurs fois protesté, et je le fais encore devant
» Dieu, que je prends à témoin, que ça n'a été ni par l'ordre
» ni par le conseil d'aucune puissance étrangère, directement
» ni indirectement, que je suis revenu en France, mais que
» c'est uniquement par le *mouvement de ma conscience* et de
» l'*Esprit de Dieu;* ce mouvement ayant été si violent que
» j'en étais *consumé;* jusque-là, qu'ayant différé de deux ou
» trois mois, de suivre cette vocation intérieure, je tombai
» dans une maladie qui paraissait mortelle à tout le monde
» et dont les médecins ne connaissaient pas la cause. Mais

---

(1) Basville venait d'être nommé intendant du Languedoc en rem-
placement de d'Aguesseau. Ce dernier, après avoir vainement intercédé pour les protestants, avait demandé à la cour son rappel, à la vue
des indignités et des horreurs de la persécution.

» comme je vis bien que Dieu ne manquerait pas de me
» faire mourir, si je résistais plus longtemps au mouvement
» de son esprit, qui m'appelait à venir consoler son peuple ;
» je me mis en chemin au milieu de la maladie, sans consul-
» ter ni la chair ni le sang, et Dieu me rétablit la santé dans
» mon voyage qui, à vues humaines, devait occasionner ma
» mort. »

Quel beau langage ! C'est par un mouvement de sa conscience qu'il revient. Il n'a pu sans doute supporter l'idée
que ses frères souffraient, qu'ils étaient persécutés, tandis
qu'il vivait en paix dans son exil. Il lui semble que c'est une
lâcheté et qu'il doit souffrir avec eux. L'Esprit de Dieu le
pousse, cet Esprit *dont il est consumé.* Ne croirait-on pas
entendre un réformateur ? Ce mot exprime bien la lutte qui
se livre au dedans de lui, entre l'intérêt personnel et le devoir, la violence qu'il devra faire à son caractère pour se
jeter dans une existence agitée, pleine de périls. Voilà le
combat que soutient cet Esprit de Dieu dont il parle, c'est-
à-dire la réunion de tous les sentiments beaux, généreux,
contre l'égoïsme et l'irrésolution, naturels à l'homme.

L'Esprit de Dieu triomphe. Dès lors il se sent appelé : il
ne s'appartient plus; mais il appartient à Dieu. C'est dans
cette ferme conviction qu'il puisera la force de s'arracher à
sa famille, de supporter toutes les épreuves. Il croit que son
ministère a reçu la consécration d'en haut; il pense tenir de
Dieu même sa mission.

Il prit pour compagnon de ses fatigues et de ses dangers
un ministre nommé Débrue et il se rendit dans les Cévennes,
où il se fit consacrer au saint ministère par Vivens et Gabriel (1). Pour sa sûreté personnelle il se fit appeler *Paul
Beausocle* et se voua tout entier à son œuvre avec peu de
science théologique, mais avec une conscience droite et une

(1) Vivens avait été consacré pasteur en Hollande, et Gabriel avait
été élu par le peuple pendant la guerre du Vivarais. .

foi profonde. Il fut zélé dans son ministère, humble, affable envers tous, calme en face du danger, audacieux en face de la mort. A sa faiblesse corporelle il opposa une volonté énergique. Il prêcha dans les forêts, les cavernes, dans la maison du riche et dans la chaumière du pâtre, et, malgré les plus terribles persécutions, il conseilla toujours, non la vengeance et la haine, mais le pardon et l'amour. Sa prédication fut simple, naïve, émouvante. Il prêchait régulièrement trois fois par semaine et publia plus tard ses sermons sous le titre de *Manne mystique du désert.* « Ce sont, » dit M. Peyrat, « des homélies appropriées à ces troupeaux er- » rants, à sa chaire périlleuse et sauvage. Leur style simple, » négligé, vulgaire, est comme un vase d'argile commune » rempli de lait et de miel (1). »

Dans le premier des sermons de ce recueil, il compare son Eglise persécutée à la colombe obligée de chercher un refuge dans les fentes des rochers, et tire des mœurs de la colombe les traits caractéristiques de l'Eglise protestante, la véritable Eglise.

Comme la colombe, l'Eglise de Jésus-Christ est pure et exempte des souillures de ce siècle. Ce n'est donc point l'Eglise romaine, qui se souille depuis plusieurs siècles de toutes sortes d'impuretés, qui est l'Eglise de Jésus-Christ.

Comme la colombe, l'Eglise de Jésus-Christ est une épouse chaste et fidèle, mais l'Eglise romaine, qui se prostitue aux dieux d'or, d'argent, d'airain et de plâtre, est une misérable infidèle. Ce n'est donc point l'Eglise de Jésus-Christ.

Comme la colombe, l'Eglise de Jésus-Christ est faible. Elle n'est point armée de griffes ni d'un bec terrible pour se défendre, et l'Eglise romaine est puissante. Elle est la Bête mystique à qui le dragon a donné sa puissance et de qui la terre a dit : qui pourra combattre contre elle? Elle n'est donc pas l'Eglise de Jésus-Christ.

(1) *Les pasteurs du désert.*

Il termine en s'écriant : « Ceux qui ne veulent pas souffrir avec Jésus-Christ ne régneront pas un jour avec lui. Que vous êtes heureux, vous qui maintenant êtes chassés de vos maisons pour la cause de l'Evangile, car un jour vous serez reçus dans les tabernacles éternels! Que vous êtes heureux, vous qui maintenant faites votre séjour dans les bois, dans les déserts, dans les fentes des rochers et dans les cavernes; car un jour vous habiterez le palais du Roi des rois et vous serez abreuvés au fleuve de ses délices! »

Le plan lui-même de ce sermon ne peut appartenir qu'à un pasteur du désert; l'idée qui l'a fourni n'a pu venir qu'à un tel homme. On voit que le dogme, la doctrine ne sont guère mis en cause. Ce sont les plaintes de la victime contre le bourreau. L'exaltation que l'on remarque dans la péroraison de ce discours s'explique facilement par les circonstances dans lesquelles on se trouve. On dirait que Brousson a écrit ce premier sermon sous l'influence du sacrifice qu'il vient de faire en quittant sa famille, et qu'il veut s'autoriser de ce sacrifice pour conseiller aux autres le dévouement inébranlable à la Parole de Dieu.

Cette sorte de prédication devait plaire beaucoup à un peuple qui, persécuté, cherchait partout et trouvait difficilement une nourriture spirituelle. Aussi les protestants accouraient-ils de toutes parts, avides d'entendre un homme qui sût les encourager au sein de l'adversité, prêcher ce qui était d'accord avec leurs croyances, et leur donner la force de monter sur des bûchers.

Mais on ne pouvait agir ainsi sans courir les plus grands dangers. Que de fois de malheureux réformés, surpris dans ces actes de dévotion, durent expier, par une mort horrible, cette contravention aux ordres de leur roi! Que d'assemblées furent entièrement massacrées, pour ne s'être pas cachées avec assez de soin ou bien pour avoir été trahies par quelque indigne frère, amorcé par la somme énorme offerte en récompense à la trahison !

Voici, à ce sujet, la reproduction d'un récit que M. Borrel a mentionné dans sa biographie de Claude Brousson. Il montre par quelles épreuves passa en France la religion réformée ; ces épreuves durent l'épurer.

« Quelques temps avant que nos frères eussent levé l'éten-
» dard de la guerre sainte, nous fûmes prévenus que le
» respectable Brousson tiendrait une assemblée dans la
» baume des Bergines près de .Vergèze... Une pluie froide
» et pénétrante rendit le jour ténébreux : Dieu évidemment
» nous favorisait. Nous nous esquivâmes furtivement de nos
» demeures, y laissant nos vieillards au désespoir de ne pou-
» voir nous suivre, et nos mères qui priaient pour nous avec
» émotion...

» L'assemblée était déjà nombreuse quand nous arrivâ-
» mes ; de toute la Vaunage on était accouru. Quel specta-
» cle déchirant ! Des femmes, des filles, des enfants dont
» les habits trempés laissaient découler l'eau de toutes parts...
» Au milieu de l'assemblée était assis le respectable Brous-
» son, portant son costume grossier de paysan, rendu plus
» ignoble encore par la boue qui le souillait. Les femmes
» avaient entouré de leurs tabliers noirs la chaise qui ser-
» vait de chaire. Sur une pierre étaient déposés le calice
» et le pain de la communion. Le service commença par la
» lecture de la Bible et le chant des Psaumes...

» Le prédicateur choisit pour texte les admirables paroles que
» l'on trouve dans saint Matthieu, X, 22: «Celui-là seul sera sauvé
» qui persévérera jusqu'à la fin. Voulant prouver que le salut
» n'est assuré que pour ceux qui combattent sans cesse le
» combat de la foi, il nous cita l'exemple de tous les confes-
» seurs des temps anciens et ceux des temps apostoliques ;
» ensuite il nous peignit le courage des martyrs de nos
» jours, confondant leurs juges devant les tribunaux ,
» émouvant leurs bourreaux sur la roue et recevant dans le
» ciel la couronne de vie ; puis il nous retraça les tourments

» des lâches apostats, réservés au feu éternel et dévorés
» dès cette vie des angoisses du remords.

» Ce fut au milieu de nos sanglots que le pasteur bénit le
» pain et le vin de la communion. Alors nous nous proster-
» nâmes tous devant Dieu, lui demandant de nous pardon-
» ner et de nous fortifier... lorsque tout à coup une voix re-
» tentissante s'écria : « Voici les dragons! fuyez, fuyez sans
» retard!! » Au même instant une décharge de mousqueterie
» nous apprit que notre dernière heure venait de sonner...
» Vous dire ce qui se passa dans la grotte, je ne le puis.
» Les ténèbres les plus épaisses nous environnaient, les ju-
» rements des soldats et les cris lamentables des mourants
» se confondaient dans cet affreux tumulte... Je ne sais
» comment je me sauvai; j'arrivai auprès de ma mère
» égaré et au désespoir; mes parents ne s'y étaient pas en-
» core rendus; en vain nous les attendîmes : ils ne reparu-
» rent plus.

» Quinze jours après, j'accompagnai ma mère dans une
» autre assemblée du désert. Cette assemblée, Brousson la
» présida encore; elle fut de nouveau attaquée. Cette fois,
» on voulait le pasteur. Basville avait ordonné de le prendre;
» aussi les attaques combinées des soldats se dirigèrent-
» t-elles sur lui. Quand tout à coup, au milieu de la confusion
» et du tumulte, il disparut comme par enchantement...
» Qu'était-il devenu? Il s'était glissé inaperçu dans l'angle
» d'un rocher, contre lequel il se tint collé et immobile, et
» les dragons étaient passés cent fois à ses côtés et ne
» l'avaient point aperçu. »

Malgré les dangers qu'il courait, il faut convenir que
Brousson devait trouver dans la ferveur, le recueillement
de ceux qui l'écoutaient une douce compensation à toutes
ses souffrances. Il règne dans le récit que nous venons de
citer, un ton ému et entraînant qui nous laisse entrevoir
quel devait être l'enthousiasme de ces pieux et ardents auditeurs. Quelles joies pour un homme comme Brousson, dont

nous connaissons les sentiments ! Il ne devait pas regretter
son dévouement et son abnégation.

Basville, furieux de voir sa proie lui échapper et se former des assemblées sur tous les points du Languedoc, voulut
couper le mal dans sa racine. Il avait promis deux cents francs
à qui dénoncerait une assemblée ; il mit à prix la tête des
prédicateurs protestants les plus renommés, savoir, Vivens
et Brousson, et enjoignit à tous les consuls des villes et des
villages de son ressort, de fermer les grottes et les cavernes
qui pouvaient fournir un asile aux proscrits. Il fit afficher
partout leur signalement, qu'on pouvait lire après l'ordonnance suivante (1) :

« De par le roi, Nicolas de Lamoignon de Basville, comte
» de Launoy-Courson, seigneur de Bris, Vaugrigneuse, Cha-
» vogne, Lamothe, Chandernier et autres lieux, conseiller
» d'Estat, intendant de le province de Languedoc,

» Les nommés Vivens et Brousson, prédicants, estant de-
» puis longtemps dans les Cévennes, où ils excitent les nou-
» veaux convertis à reprendre les exercices de la R. P. R.
» qu'ils ont abjurée, répandant dans l'esprit de ces peuples
» des sentiments de rébellion et causant la perte de ceux
» qui les écoutent et la ruine du pays, nous déclarons, de-
» rechef, que nous ferons payer comptant à ceux qui nous
» livreront le dit Vivens vif ou mort, la somme de deux
» mille livres, et pareille somme à ceux qui nous livreront
» le dit Brousson vif ou mort.

» Afin qu'il soit plus facile de découvrir les dits Vivens et
» Brousson, nous ordonnons que la présente ordonnance,
» avec leurs portraits, sera affichée dans tous les lieux où
» besoin sera.

» Fait à Montpellier, le 26 novembre 1691.

» Signé : Lamoignon, et plus bas, signé : Letellier. »

(1) Une copie de cette ordonnance et de ce signalement est encore
religieusement conservée à Junas, petit village près de Sommières.

Mais ce n'est pas tant à Brousson qu'à Vivens qu'en voulait Basville, bien qu'il les confondît dans la même ordonnance. L'intendant du Languedoc ne voyait en Brousson
qu'un homme doux et pacifique, un innocent rêveur, un
mystique inoffensif, tandis qu'il voyait en Vivens un homme
aventureux, une nature sombre, énergique, audacieuse, capable de tout entreprendre et de tout tenter, aussi bien dis-
posé à appeler aux armes qu'à la prière les partisans de sa
religion, lassés des vexations et des cruautés des ennemis
de leur foi. Du reste, l'histoire montre que Basville avait raison de ne pas les croire également dangereux (1). Vivens,
en effet, reconnaissant que son parti devrait bientôt succom-
ber, s'il n'était pas aidé dans sa lutte par quelque puissance
étrangère, demanda ce secours. Il connaissait dans le régi-
ment de Schomberg un soldat des Cévennes, nommé François Huc, et il l'envoya proposer à son chef une descente en
Languedoc. Schomberg accepta ; et Huc fut renvoyé auprès
de Vivens pour lui communiquer cette décision, et lui demander un plan de campagne. Ce plan fut rédigé par Vivens
et Brousson ; mais cette entreprise échoua. Elle avait pour
but d'imposer au roi le rétablissement de l'édit de Nantes,
en donnant le signal d'une insurrection générale. Gabriel
Pic, porteur de ce message, fut arrêté aux portes de Genève,
et, renvoyé à Basville, il fut pendu à Montpellier.

Vivens devait aussi finir bientôt son orageuse carrière.
Un de ses compagnons, pour sauver sa vie, livra le secret
de sa retraite : il fut tué d'un coup de feu, et le bûcher dé-
vora son corps.

(1) On reproche à Vivens d'avoir assassiné les curés persécuteurs
et fanatiques de Saint-Marcel de Conquérac, le vicaire de Soudorgues.
Bagard, ministre apostat, Gauthier, Claparède, et Sévérac, officier de
milices. Ce dernier avait livré à Basville un prédicant. On trouva sur
son cadavre un billet dont voici le sens : « Cet impie avait vendu le
sang innocent ; nous l'avons tué, et nous avons résolu de punir ainsi
tous les traîtres, s'enfermassent-ils dans les plus grandes forteresses
de France. »

Cette fin tragique d'un ami dévoué fut pour le mélancolique Brousson un intarissable sujet de larmes. Il aimait Vivens, qui l'avait consacré au ministère évangélique et qui avait toujours fait preuve d'un grand attachement à la religion réformée. Triste, désolé mais non découragé, cherchant, malgré sa profonde douleur à consoler son peuple, cet intrépide ministre n'en continua pas moins sa dangereuse mission. Ayant pour cabinet d'études l'ombrage d'un chêne touffu ou une grotte cachée, il rédigea, en plaçant sur ses genoux une planche légère qu'il appelait la *table du désert*, un *Commentaire du Nouveau Testament* pour prouver la fidélité de la traduction protestante à l'original grec, et envoya à la cour dix-sept de ses sermons pour se justifier de ce qu'on l'accusait de prêcher l'hérésie et la rébellion. Dans les Cévennes, le bruit s'était répandu que Louis XIV avait eu un songe; et, nouveau Joseph, il s'empressa d'envoyer une explication de ce songe, dont Dieu, disait-il, lui avait révélé le sens. Selon lui, Dieu devait frapper de grandes plaies le monarque et le royaume, si on continuait de persécuter son peuple. Enfin, dans sa naïveté, il écrivit au roi de *vouloir bien* se convertir au protestantisme, avec tout son peuple catholique, s'il désirait le salut, le repos et la prospérité de la France.

Mais, le farouche Basville, qui semblait l'avoir oublié depuis la mort de Vivens, publia, sur ces entrefaites, une nouvelle ordonnance contre Brousson. Il le traitait de perturbateur de repos public, et mettait sa tête au prix de cinq cents louis d'or. Le paisible ministre comprit alors que c'était trop tenter la fortune, et, pressé par les prières de ses amis, il se réfugia en Suisse, où il put goûter, auprès de sa famille, quelques jours de repos et de sécurité.

CHAPITRE III.

Ministère de Claude Brousson.

Nous signalions, au commencement de la période précédente, les motifs qui avaient pu déterminer Brousson à entreprendre le ministère. Son amour pour ses frères, le désir de les consoler, ont augmenté pendant qu'il exerce ses fonctions, et si nous l'avons vu, consumé de l'Esprit de Dieu, quitter la Suisse pour aller où le devoir l'appelait, nous verrons qu'il ne flotte plus maintenant dans l'incertitude et qu'il n'a pas à traverser les mêmes combats. Il ne peut rester longtemps éloigné de ses frères, à présent même où il ne se dissimule pas les dangers de la mission qu'il s'est donnée.

Sa confiance en Dieu et son désir de dévouement ont grandi, et pourtant il semble comprendre autrement sa mission ; sur bien des points, ses idées se sont modifiées. Il avait espéré un triomphe prochain, obtenu au prix de quelques souffrances ; à présent, il est loin de s'attendre à des résultats aussi immédiats. En méditant les Ecritures, il s'est pénétré de leur esprit ; il s'est, pour ainsi dire, détaché des intérêts passagers, terrestres ; il y a en lui quelque chose de l'apôtre et du prophète.

Diverses causes devaient amener ce changement. En premier lieu, la mort de quelques ministres, ses amis, surtout celle de l'audacieux Vivens. Nous avons déjà dit que cette perte avait laissé un grand vide dans son cœur, et son humeur, naturellement mélancolique, s'était encore assombrie. De plus, on n'éprouve pas journellement des émotions aussi fortes que celles qu'il éprouvait lorsqu'il échappait, comme par miracle, à la mort ; on ne voit pas une poignée d'hommes, fidèles à leur Dieu, se réunir pour célébrer le culte, et résister à tant et de si redoutables ennemis, sans attribuer à une intervention divine un *pareil état de choses*. Dans cette conviction, il engage même Louis XIV à se convertir, comme on le voit dans la lettre qu'il écrit à Basville, pour se justifier, au moment où il quitte la France.

« Plût à Dieu qu'il eût plu au roi de faire quelque consi-
» dération des avis sincères que j'ai pris la liberté d'envoyer
» en cour, depuis dix-huit ans et davantage. Le roi ne se
» trouverait pas dans l'état où il se trouve maintenant, et
» on n'aurait pas sujet de craindre ce qu'on a sujet de crain-
» dre encore ; car enfin, Monseigneur, Dieu frappe mainte-
» nant l'Etat de terribles fléaux, et il faudrait être bien
» aveugle pour ne pas le voir ; mais tout cela n'est rien, en
» comparaison des suites que l'on doit craindre raisonnable-
» ment. L'Etat se soutient maintenant avec éclat, parce
» qu'il emploie toutes ses forces ; mais, en les employant,
» il les consume. Le royaume est dans un état fort violent,
» mais les choses violentes ne sont pas de durée. »

Dans le principe, il n'avait cru pouvoir obtenir pour les réformés que la permission de pratiquer leur culte ; maintenant il voit dans les maux présents des châtiments infligés par Dieu à un peuple endurci, et qui doit se convertir tout entier. Sa confiance en Dieu est telle, qu'aucun malheur, aucun échec ne peut l'abattre ; elle grandit toujours, et c'est cette confiance qui lui inspire cette belle profession de foi que nous lisons dans cette même lettre à Basville.

« .. Nous ne servons pas les créatures, mais l'Eternel, le
» Dieu vivant et véritable, le Créateur du ciel et de la terre ;
» nous mettons toute notre confiance en la miséricorde de
» Dieu le Père, en la grâce de Jésus-Christ son fils, et au
» salutaire secours de son Saint-Esprit : ce grand Dieu,
» dont j'ai toujours la crainte devant les yeux, dont je mé-
» dite sans cesse la parole depuis mon enfance, et qui a
» daigné me faire participant à sa lumière.

» ... Je déclare que j'en appelle de votre ordonnance de-
» vant le tribunal de Dieu, qui est le Roi des rois, le Souve-
» rain Juge du monde..., qui m'a conservé jusqu'à cette
» heure au milieu des flammes de cette horrible persécution,
» et qui ne m'abandonnera point, s'il lui plaît, à l'avenir, et
» me fera justice. (Au Désert, 10 juillet 1693.) »

Nous savons déjà que Brousson était allé en Suisse. Il voulait s'y reposer de ses dangereux et pénibles travaux ; mais,
arrivé à Lausanne, ce prédicateur, doué d'un esprit actif et laborieux, chercha des occupations sérieuses. Aussi prêchait-il
régulièrement, à tour de rôle, dans les cantons de Vaud, de
Berne et de Zurich. Il n'y resta pas longtemps, et se rendit
en Hollande, où il se fixa à la Haye avec sa famille. Les pasteurs de ce pays y validèrent sa consécration irrégulière des
Cévennes. Il y prêcha dans les principales villes, et visita
avec le plus grand soin tous les réfugiés français. Mais cette
vie sans dangers continuels, sans émotions poignantes, lui
parut sans gloire et sans mérite. Son âme désirait les plus
grands sacrifices, sa foi le plus entier renoncement à lui-
même. Il ne croyait pas qu'il lui fût permis d'abandonner
ses frères, son ancien troupeau « aux loups ravisseurs, »
sans être coupable devant Dieu ; aussi rentra-t-il bientôt en
France, pour la deuxième fois, à travers les armées cam-
pées sur la frontière, et par les sentiers difficiles des
Ardennes.

Sous la conduite d'un guide expérimenté, nommé Brumen, qui lui cherchait des gîtes sûrs et convoquait les
assemblées secrètes, il se rendit à Sédan, ancienne académie célèbre, où se trouvaient encore quelques restes
épars d'une Eglise jadis florissante. Ils y furent trahis par
un faux frère. Brumen fut pris et pendu, et lui fut poursuivi par le guet chez son hôte.

On le chercha longtemps, et Brousson, sorti de sa cachette,
se promenait dans une salle basse, se croyant hors de tout
danger, lorsque le guet revint fouiller une seconde fois la

même maison. Il eut à peine le temps de se blottir derrière
une porte restée entr'ouverte, d'où il pouvait voir tous les
gestes des archers ; il entendit même le sergent demander
à un des enfants qui jouaient dans le corridor où était caché
le ministre. « Aucun d'eux, » dit Brousson, « ne répondit ;
» mais je vis le plus jeune montrer du doigt la porte qui
» me dérobait à leurs recherches. Je me crus perdu ; mais
» l'officier, ne comprenant point le signe, donna ordre de
» s'éloigner. »

Brousson vit encore dans cette délivrance un effet de
l'intervention de Dieu. Il sortit de Sédan, sous le costume
d'un portefaix, et se dirigea en toute hâte vers la Flandre.
Il traversa cette province, l'Artois, et alla peut-être dans le
département de l'Aisne (1). De là il aurait passé par la Nor-
mandie. Pendant ce voyage, il avait écrit à sa femme plusieurs lettres qui nous donnent des renseignements sur sa
conduite, ses joies et ses malheurs.

« Je suis arrivé fort heureusement, grâce à Dieu, au
» milieu de nos frères. Nous sommes passés bien souvent
» au milieu des voleurs, mais Dieu leur a tenu la bride. Je
» ne saurais vous exprimer la joie que je sentis à l'entrée
» de la France, la première fois que je fus obligé de mar-
» cher à pied, la nuit, dans les déserts. Cela me mettait
» d'abord dans l'esprit l'idée de ma première pérégrina-
» tion. » (26 septembre 1695.)

« Je fais trois ou quatre prédications par semaine. Chaque
» exercice est de trois ou quatre heures, outre trois prières
» par jour, et, grâce à Dieu, je me porte mieux que dans le
» séjour que j'ai quitté... Je n'avais point d'Eglise, et, par
» la grâce de Dieu, j'en ai maintenant un fort grand nom-

---

(1) « Il y aurait été précédé par Malzac, qui, pris le 11 mars 1692,
mourut le 15 février 1725, après trente-trois ans d'indicibles souffrances, n'ayant ni bois, ni chandelle, ni à peine de quoi se nourrir
un repas par jour. » (*Bulletin de l'Histoire du protestantisme français.*)

» bre. Je m'estime infiniment plus heureux que si j'étais
» établi dans la meilleure ville de Hollande. » (30 octobre.)

« Le travail est si grand, qu'il semble maintenant insup-
» portable, et surtout par rapport à mon tempérament ;
» mais Dieu accomplit sa vertu dans mon infirmité ; de
» sorte que, par la grâce du Seigneur, je jouis d'une santé
» forte et vigoureuse. » (10 mai 1696.)

On voit, par la sérénité qui règne dans ces lettres intimes
de Brousson, que la conscience est obéie, qu'il a trouvé
sa vraie vocation et qu'il est heureux au milieu du danger.

A cette même époque, des orages terribles éclatèrent sur
presque tous les points de la France, et détruisirent les
arbres et les moissons. Dans le Languedoc surtout, les rava-
ges furent immenses. Basville avait surchargé cette province
d'impôts, et les habitants ne pouvant, par leur travail, se
procurer de quoi se nourrir, y avaient abandonné la culture
des champs. Cette misère, que les orages augmentèrent
encore, y engendra une sorte de peste, qui frappa également les hommes et les animaux. Beaucoup virent dans ces
phénomènes flamboyer la main puissante de Dieu ; de ce
nombre fut Brousson, dont l'affliction était au comble, à
cause de la dépravation du peuple, au milieu de ces épouvantables fléaux.

« Les femmes, » dit-il avec une extrême tristesse, « ont
» perdu le naturel usage de la pudeur. Il est bien à craindre
» que Dieu ne les abandonne, pour verser ses terribles
» jugements sur ce royaume ingrat et superbe. » (26 septembre 1696.)

Nous observons encore ici cette disposition, qu'il montre
dans cette période, à regarder comme des fléaux envoyés
par Dieu tous les malheurs qui surviennent pendant cette
triste époque. Il écrivait ces quelques lignes de Schaffouse,
où il s'était retiré avec précipitation, après avoir prêché
dans les Eglises du nord de la Loire et de la Bourgogne. Il

y avait été découvert et s'était vu forcé de fuir. Ce deuxième
voyage avait duré une année environ, et il l'avait consacrée
tout entière à un ministère actif, cherchant, en toute occasion,
à fortifier ses frères dans leur foi et leur piété.

Il ne demeura en Suisse que quelques jours, et se dirigea le plus rapidement possible vers la Hollande, la patrie
d'adoption de sa famille. Alors se conclut le traité de Rys-
wyk, par lequel Guillaume d'Orange fut reconnu roi d'Angleterre par Louis XIV; et quelques réfugiés protestants
entreprirent des négociations pour obtenir, dans ce traité,
le rétablissement de la religion réformée. Malheureusement
la division éclata parmi eux, et elle compromit leur cause
aux yeux des princes protestants, qui ne leur étaient pas du
reste très-favorables, ayant cru voir déjà en eux des tendances républicaines et le mépris de la royauté. Brousson,
en sa qualité de jurisconsulte, désireux de les justifier, composa alors une brochure intitulée *Tres humbles remons-
trances à toutes les puissances réformées et évangéliques sur
le rétablissement des Eglises réformées de France* : « S'ils ont
» demandé, » dit-il, « la garantie des puissances protestan-
» tes, ce n'est point dans le dessein de prendre là occasion
» de violer le respect, l'obéissance et la fidélité qu'ils doi-
» vent à un prince souverain. Ils agissent comme des en-
» fants obéissants, qui, voyant que leur père, prévenu par
» les artifices d'une marâtre, les a fait traiter avec une ri-
» gueur qui a mis leurs biens, leur vie en péril, et qui,
» désirant d'être réconciliés avec lui, souhaitent que leurs
» parents interviennent dans cette réconciliation, afin que
» leur intervention serve de frein à la passion de celle qui
» voudrait les perdre, et que l'on puisse désormais lui oppo-
» ser ce juste obstacle. » C'était habile; mais, un instant
éteintes par cette heureuse influence, les divisions se rallu-
mèrent, et les princes protestants, victorieux, se bornèrent
à adresser d'inutiles prières en faveur des persécutés. Les
troupes françaises, retirées des frontières, s'acheminèrent,

par ordre du roi, vers le Languedoc, où elles portèrent à leur comble le pillage et la désolation.

Des malheureux protestants, à la vue de tant de désastres, tombèrent, dit-on, dans des extases religieuses; les esprits surexcités eurent des visions, des ravissements; quelques personnes même allèrent jusqu'à prophétiser, et disaient avoir vu des miracles, signes infaillibles de la prochaine délivrance d'Israël. Ainsi les échos du pays répétaient, en même temps, des cris de désespoir et des cris d'espérance.

A cette nouvelle, Brousson ne put résister à l'idée de voir de ses propres yeux si la renommée des prophètes du Dauphiné était juste et fondée. Il embrassa sa femme et son fils et se dirigea en toute hâte vers la France.

Il remonta le Rhin, passa en Suisse, et entra en France par le Jura. Il arriva heureusement en Dauphiné, où il commença, pour la troisième fois, son ministère de pieux dévouement. Il dut y séjourner une partie de l'hiver; il nous apprend lui-même pour quelle cause et quelles furent, pendant ce temps, ses occupations.

« J'ai été assiégé, » écrivait-il à sa femme, « pendant » trois semaines par les neiges; cependant le Seigneur m'a » fait la grâce de travailler à la consolation de son pauvre » peuple. La Providence m'a fait passer par des pays qui » semblaient entièrement abandonnés, car il n'y a qu'un » de nos frères qui y soit passé comme un éclair depuis » quatre mois, mais où j'ai vu, ouï et appris, par un très- » grand nombre de témoignages indubitables, de si grandes » merveilles, qu'elles feront le sujet et l'admiration de toute » la terre... Je ne voudrais pas, pour des milliers, que le » Seigneur m'eût refusé la grâce qui m'était nécessaire pour » travailler à son œuvre. » (19 décembre 1697.)

Nous voyons ici, et c'est encore un trait distinctif de cette deuxième période de son ministère, que son instruction ne lui sert de rien, et qu'il croit naïvement à ces prétendus miracles.

Dès que les chemins furent rendus praticables, Brousson
s'achemina vers le Vivarais, palpitant encore des prédications et des combats de Gabriel ; il y arriva précédé de sa
grande réputation. Les fidèles se groupèrent en foule autour
de lui, avides d'entendre sa parole bienfaisante ; des villages
entiers le suivaient et assistaient, avec un saint recueillement, à ses nombreuses prédications, le regardant comme
un homme choisi de Dieu, comme un prophète venu, dans
ces temps de dures épreuves et de triste mémoire, pour
relever la vraie religion sur le point de disparaître. Quelques-uns, est-il dit, avaient confiance en l'avenir et cares-
saient de douces et enthousiastes espérances à l'ouïe de la
consolante voix de leur pasteur bien-aimé ; ils attendaient
même une délivrance prochaine. Ce ne fut, hélas ! qu'un
vain rêve, une souriante illusion que l'affreuse réalité ne
tarda point à renverser. Les persécutions devinrent plus
violentes, plus cruelles, plus raffinées, et Brousson nous
fait connaître, dans une de ses lettres, ce redoublement de
rigueurs :

« La persécution redouble ; les milices ravagent les mai-
» sons, emportent les meubles, les blés, emmènent le bé-
» tail, répandent le vin dans les caves. On a dit aux chefs
» de maison qu'on les ruinerait pour les faire aller à la
» messe. Nous sommes abandonnés à la fureur du clergé. »
(23 janvier 1698.)

Néanmoins il ne se laisse point épouvanter, et, continuant
son dangereux apostolat, il descend dans le Vivarais, va
dans les Cévennes, faisant partout entendre sur son passage des paroles de pardon, de paix et d'amour. Basville
porte à six cents louis d'or le prix de sa tête, et la résolution de cet intrépide ministre demeure inébranlable : il semble avoir soif du martyre. Ses amis l'engagent à fuir ; il leur
répond : « Le sang des martyrs a toujours été la semence
de l'Eglise. » On lui apprend la mort de Papus, ministre du
désert et proscrit comme lui, et il s'écrie : « Sa fin pouvait-

elle être plus heureuse et plus glorieuse! Il ne peut mieux
prêcher que dans sa mort. »

Il devait bientôt avoir la même gloire et la même éloquence. Il devait, lui aussi, sceller sa foi de son sang. Révolté de ce redoublement de persécutions, il vint à Nîmes,
pour jeter à la poste une requête en faveur des protestants,
à l'adresse de Louis XIV. Cette généreuse imprudence mit
sur ses traces les espions de Basville; ils le serrèrent toujours de près, le poursuivant comme à la piste, et faillirent
même le surprendre dans un hameau, où il avait passé la
nuit précédente. Le lendemain, il vit aussi entrer dans un
autre bourg qu'il venait de quitter, cent vingt dragons lancés
à sa recherche. Il semble qu'il aurait dû se retirer en face de
tant de dangers, et mettre un terme à son dévouement, qui
nous paraît exagéré. Il n'en fit rien. Son histoire devait encore
se lier à d'autres émouvantes aventures, que nous n'oserions
citer, tant elles nous paraissent étranges, si elles n'avaient
pas été déjà rapportées par des historiens dignes de foi.

Un faux frère ayant indiqué aux espions la maison où le
pasteur poursuivi avait trouvé un refuge, elle fut aussitôt
cernée de manière à rendre toute fuite impossible. Que faire?
il se crut perdu. « Il allait se livrer aux dragons et avouer
son nom, lorsque son hôte le fit descendre dans un puits
dont le fond avait une excavation latérale où il put se tenir
blotti. Cette dernière retraite fut aussi fouillée. Un des dragons, ancien habitant de ce pays, en connaissait l'existence,
et supposant, avec juste raison, que le ministre y était caché,
il s'y fit aussitôt descendre. Ses membres, échauffés par une
longue course, furent tout à coup saisis par le froid; son corps
tremble violemment et il prie de le retirer aussitôt de ce
lieu où il aurait peut-être trouvé la mort. On se hâta de le
remonter tout grelottant et n'ayant point encore aperçu le
proscrit (1). » Brousson s'était une nouvelle fois sauvé d'un

(1) Borrel, *Biographie de Cl. Brousson*.

péril extrême. Quelques heures après, il se mettait en route
pour Orange, où le culte public de sa religion était célébré
sans entraves (1) et où il arriva sans accident. Mais il ne
put y rester tranquille : il lui fallait une vie aventureuse, et
malgré les prières de ses amis et des lettres anonymes qu'il
recevait chaque jour, l'avertissant de nouveaux dangers, il
résolut de se rendre à Nîmes. Avant, il voulut visiter le
Béarn, et passa à travers les Cévennes, Béziers, Castres,
le comté de Foix, la Guyenne. Du Béarn, il se proposait
d'aller prêcher dans le Poitou et le Périgord, quand la mort,
qui jusqu'ici avait semblé le fuir, vint l'empêcher d'exécuter
ses hardis desseins et de visiter les frères affligés de sa ville
natale.

Il aida lui-même beaucoup à son arrestation. Il remit
à un apostat une lettre de recommandation adressée à un
protestant fidèle du même nom. Cette méprise le perdit.
Cette lettre fut communiquée aux consuls, qui mirent aussitôt
leurs agents à sa poursuite. Averti par un ami, Brousson se
dirigea en toute hâte vers Oléron. Il descendait dans un
hôtel, quand les archers lancés à sa poursuite, étant parvenus à le rejoindre, lui demandèrent son nom : « Je me
nomme Brousson, » dit-il; et, comme un criminel, il fut
conduit à Lescar, devant Pinon, intendant de cette province,
homme doux et pacifique, mais faible. Ce dernier fit con-
duire le malheureux ministre à Pau, un des anciens boule-
vards du protestantisme. Le traître vint chercher le salaire
dû à son crime; mais Pinon révolté s'écria, dans un élan
d'indignation :, « Misérable, ne rougis-tu pas de voir les
hommes quand tu trafiques de leur sang! Retire-toi, je ne
puis supporter ta présence. »

Ici se termine le ministère de Claude Brousson. Faut-il
s'étonner, après l'avoir vu récemment louer la mort d'autres

(1) Guillaume de Nassau avait obtenu cette faveur pour cette ville,
berceau de sa famille.

martyrs, qu'il n'ait pas cherché à fuir, à échapper à de mortels
ennemis, dans une circonstance où une fuite n'était pas
impossible? Non : il croyait que le martyre de quelques
frères était nécessaire à la cause de l'Evangile, il l'avait lui-
même déclaré. Ses amis avaient péri, ne devait-il pas avoir
leur sort, lui dont nous connaissons la conscience si délicate, lui qui abandonna sa maison, sa famille, qui renonça
au repos pour partager les souffrances des frères en la foi?
Sans doute il avait depuis longtemps entrevu le martyre,
et il l'attendait comme le digne couronnement d'une vie
d'épreuves. Il avait fait son œuvre, parcouru sa carrière
et aspirait au repos. Les fléaux qui désolaient divers pays,
les malheurs de ses frères n'étaient pas faits pour rendre l'é-
nergie à cet esprit naturellement irrésolu. Il accepta le
martyre sans regret, si même il ne le désira pas.

CHAPITRE IV.

Jugement et mort de Claude Brousson.

A la nouvelle de l'arrestation de Brousson, Basville n'entendit point que cette proie lui échappât; il eut soin de la
réclamer au successeur du trop fameux Foucauld, en donnant pour motif que Brousson avait exercé, pendant neuf
ans, son ministère aux environs de Nîmes, et comme étant
d'origine nîmoise. Pinon ne put refuser à Basville cette nouvelle victime, bien qu'il eût le pasteur en grande estime et
qu'il cherchât à adoucir, autant que possible, sa captivité.
Avant d'exiger que le malheureux prisonnier comparût
devant son tribunal, l'intendant du Languedoc avait envoyé
à Pinon toutes les pièces nécessaires pour lui faire promp-

tement son procès. Ce n'est probablement qu'après que ce
dernier eût refusé d'en finir aussi vite, qu'il se décida à
demander Brousson comme une proie qui lui était due. Nous
formons cette supposition d'après les lettres suivantes écrites
par Basville à M⁰ʳ Fléchier, où l'on voit la grande joie qu'il
éprouve pour cette importante capture et les inquiétudes
qu'elle lui donne.

« C'est seulement, monsieur, pour vous confirmer la bonne
» nouvelle que Brousson est pris... J'envoie aujourd'hui à
» M. Pinon tout ce qu'il faut pour lui faire son procès en
» deux heures... Jamais fanatique n'a été plus dangereux.
» Il a fait des assemblées à Toulouse en y passant...
» De Lamoignon de Basville. Montpellier, 26 octobre
» 1698.
» ... Brousson arrivera jeudy et sera jugé le lendemain des
».festes, c'est-à-dire mardy, 30 octobre. »

Quand on apprit à Brousson qu'il allait être transféré à
Montpellier, il demanda à voir Pinon. Ayant obtenu cette
faveur, il le remercia, et témoigna de son regret de ne pouvoir être jugé par lui. Pinon, attendri, défendit de le charger
de chaînes et ordonna aux archers qui devaient servir d'es-
corte au prisonnier de le laisser marcher en liberté. Ceux-ci
se contentèrent de le suivre des yeux, même assez négli-
gemment. Au passage d'une écluse, à Somail, près de
Villefranche, tous les gardiens étaient endormis et Brousson
eût pu facilement se sauver ; mais, esclave de sa parole, il
préféra marcher vers une mort certaine. Il arriva à Montpellier le 30 octobre, et y fut immédiatement enfermé dans
la citadelle. Cinq jours après, il comparaissait devant ses
juges dans une salle encombrée d'ecclésiastiques et de gen-
tilshommes curieux de voir cet avocat, jadis redouté et devenu
le prédicateur le plus intrépide de la religion condamnée
par Louis XIV. Ils s'attendaient à de belles et éloquentes paroles, à de sublimes mouvements oratoires ; Brousson les
crut indignes de sa sainte cause.

Il fut accusé :

1o D'avoir tenu des assemblées contre les ordres du roi.

2o D'avoir pris part à l'assemblée de Toulouse, qui, en 1683, décida de rétablir le culte réformé partout où il avait été interdit.

3o D'avoir été le complice do Vivens, quand ce prédicateur forma le complot d'engager M. de Schomberg à faire une descente en Languedoc.

Il écouta avec calme et dignité la lecture de ces trois chefs d'accusation ; il eût pu lever fièrement la tête, il ne le fit point. Il parla environ un quart d'heure dans le seul but de défendre sa religion attaquée. « En tenant, dit-il, des assem-
» blées contre les ordres du roi de la terre, j'ai obéi à ceux
» du roi du ciel... Si j'ai prêché l'Evangile, c'est que la nécessité
» m'en a été imposée comme à saint Paul... L'homme n'est
» pas libre de ne pas rendre à Dieu le culte qui lui est
» dû (1). Quant à l'assemblée de Toulouse, j'ai pris part à
» ses décisions, car il était nécessaire, en ce moment, que
» les réformés fissent connaître leur attachement à leur foi
» par une mesure qui n'avait rien de séditieux; s'ils ne
» l'eussent pas fait, n'aurait-on pas persuadé au roi que les
» réformés n'étaient pas des gens convaincus? » Quant à la troisième accusation portée contre lui, il avoua (comme il l'avait déjà fait dans un interrogatoire subi à Pau, en présence de Pinon) avoir été le complice de Vivens, appelant M. de Schomberg en Languedoc, dans le seul but de forcer Louis XIV à rétablir l'édit de Nantes. Les réformés n'avaient-ils pas le droit, en pareille circonstance, d'essayer de se défendre de toutes les manières? c'est une question que nous ne voulons pas traiter ici. Néanmoins, se rappelant l'obéis-

(1) Toutes les fois qu'on lui demande : « Chez qui avez-vous tenu telle assemblée? qui était présent à cette réunion? » il se retranche, de peur de trahir ses frères, derrière la réserve de son serment, de ne dire que la vérité, et refuse de répondre.

sance que les sujets doivent à leur roi, il adressa une supplique à Sa Majesté, où il lui demandait pardon et ajoutait humblement : « N'est-il pas digne de la clémence d'un grand » prince de pardonner une action commise dans un tel état » d'agitations et de troubles ? »

Telle fut sa plaidoirie, plaidoirie simple et touchante, devant un tribunal de pure forme, qui avait voté la mort de l'accusé avant d'avoir entendu sa défense. Il fut condamné tout d'une voix à subir, après la question ordinaire et extraordinaire, le supplice de la roue, et, après la mort, l'opprobre du gibet. Basville nous apprend lui-même cette décision dans une lettre écrite à Msr Fléchier.

« Brousson, monsieur, a esté jugé ce matin, condamné » tout d'une voix à être rompu vif. J'ay fait adjouter à l'arrest » qu'il seroit étranglé afin d'en finir promptement le spec- » tacle. Je l'ay fort pressé sur son esprit séditieux, bien con- » traire à l'esprit de l'Evangile dont il se disoit ministre. Il » a avoué d'avoir esté l'auteur des désordres de 1683, d'avoir » fait le projet ci-joint, qui est escrit de sa main (1) et que » je garde depuis six ans, de l'avoir envoïé à M. de Schom- » berg en Piedmont et d'avoir toujours négotié avec luy pour » faire réussir ce projet, d'avoir travaillé à faire revivre le » phanatisme en Vivaretz. Il a avoué tous ses escrits sédi- » tieux ; enfin, il y a vint ans qu'il ne pensoit qu'à soulever » les peuples.

» Je puis vous asseurer que si l'on en veut faire un martyr, » il sera d'une nouvelle espèce, toujours respirant le fer, le » feu et la sédition. » (Montpellier, 4 novembre 1698.)

Ce langage nous dévoile tout le caractère de Basville. Il ne craignit point de dénaturer les faits et de se montrer trop cruel. On a dit de lui qu'il eut la gloire d'adoucir le supplice de Brousson, et on a attribué à son bon cœur d'avoir apporté quelques modifications aux décisions du tribunal qui con-

(1) Lettre envoyée à M. de Schomberg et saisie sur Gabriel Pic.

damna ce malheureux prédicateur. Il est difficile de trouver
en celte raison une explication satisfaisante, et il est plus
probable qu'il a été poussé à cela par la crainte que la vue
d'un long supplice fit naître une insurrection cévenole. Qui
sait, du reste, si cette mort n'a pas servi à hâter cette guerre
qui devait éclater trois ans plus tard et mettre le royaume
de France dans un grand danger? Ce qui nous fait accepter
celte dernière explication, c'est que, ayant condamné à mort
le pacifique Brousson, il essaie de justifier sa sévérité en
s'efforçant de ternir la gloire de sa malheureuse victime, au
mépris de la vérité.

Brousson, avons-nous dit, avait été condamné le 4 novembre 1698, et, le soir du même jour, on pouvait voir une po-
tence dressée sur la place du Peyrou, de Montpellier. Une
foule immense l'entourait. Les uns étaient venus à ce triste
spectacle, avides de voir mourir cet hérétique damné, qui
ne pouvait, par de trop vives souffrances, expier sa rébellion envers l'Etat et envers l'Eglise ; les autres, désolés, désireux de recueillir, s'il était possible, les dernières paroles,
les derniers encouragements de cet homme juste selon Dieu,
et de puiser, dans la contemplation de cette mort glorieuse,
assez de force pour rester toujours fidèles à celte sainte
religion que leur prêchait naguère ce dévoué prédicateur.
Quand il parut, tous les yeux se tournèrent vers lui et tous
admirèrent cette physionomie calme et sereine, dénotant
une âme que ne pouvait même pas émouvoir cette mort
qu'il offrait à son Dieu. Il monta d'un pas ferme les degrés
de cette chaire fatale; il voulut parler, mais un roulement
de tambour étouffa sa voix. « Alors il tomba à genoux et fit
monter, auprès du trône du Tout-Puissant, une prière que
nulle oreille impure ne put ouïr (4). » Cet acte de dévotion
accompli, il se livra lui-même au bourreau, fut étranglé et
rompu mort. Son cadavre, au lieu de rester, selon l'usage,

(1) Mss. Ant. Court, Genève.

sur les fourches patibulaires, fut inhumé de nuit dans la citadelle. « Le soleil de ce jour, » dit M. Peyrat, « vit une des
» âmes les plus pures qui aient honoré la terre remonter
» en triomphe vers le ciel (1). » A l'ouïe de sa condamna-
tion, il n'avait fait entendre ni plainte, ni murmure; il sut
mourir aussi sans forfanterie et sans faiblesse.

CHAPITRE V.

Que faut-Il penser de Brousson et
de son œuvre ?

Basville savait que Brousson lui avait écrit : « Je ne suis
» pas un méchant homme ; tous ceux qui ont été les témoins
» de ma conduite peuvent rendre témoignage que j'ai vécu
» dans le monde avec l'approbation publique , comme un
» homme de bien , craignant Dieu et sans reproche. Je ne
» suis pas un perturbateur de repos public, mais un fidèle
» serviteur de Dieu qui travaille à l'instruction, au salut et
» à la conservation de son peuple désolé... Je tiens mes
» assemblées sans armes... » Basville a su encore, par ses
nombreux agents, que telle était bien la vérité. Cependant, il ose dire de lui : « il respirait le fer, le feu et la
sédition. » Aussi c'est à peine si nous pouvons le croire
sincère, quand il s'écrie, à propos de sa position de juge et
de bourreau : « Triste et ennuyeux emploi, quand on l'a fait
dix-sept ans ! »

Quelques autres historiens, animés du même esprit d'impartialité, ont traité Brousson de « séditieux fanatique, ne

(1) *Les Pasteurs du désert.*

» méditant que révoltes et ayant pour maxime que le pro-
» testantisme ne pouvait être rétabli qu'à force de séditions
» et de soulèvements. » Nous nous contenterons de nommer
deux de ces historiens : Tabaraud et Brueys, dont toutes
les calomnies, sur ce digne pasteur, ont déjà été réfutées par
Superville, Larrey, etc.

Après la biographie que nous venons de faire, nous
croyons inutile de montrer la fausseté des preuves que les
ennemis de Brousson ont alléguées pour détruire sa bonne
réputation et l'estime dont il a toujours joui parmi les protestants. A sa mort, ses coreligionnaires ne cachèrent point
leur horreur et leur indignation ; tous le pleurèrent, comme
une famille pleure la perte de son chef bien-aimé.

Du reste, si quelques écrivains catholiques ont essayé de ternir la réputation de celui qui nous a occupé dans cette thèse,
et qui nous a paru être le plus beau type du pasteur du désert, il est vrai de dire aussi que tous les écrivains protestants
qui ont parlé de Claude Brousson ont su rendre hommage
à la noblesse de son caractère, à sa profonde piété, à sa
douceur et à son dévouement.

M. Corbière a dit de lui (1) : « Remarquons que si la
» faute de Brousson fut réelle, elle ne fut pas de longue
» durée. Plus de huit ans s'étaient écoulés depuis le mo-
» ment où il avait écrit la fatale lettre. Si Brousson est un
» séditieux, s'il a conspiré contre son pays, on ne man-
» quera pas d'autres griefs à alléguer. Que lui reproche-t-on
» cependant? Absolument aucun autre fait du même genre,
» et il peut, devant ses juges et dans la requête qu'il adresse
» au roi, se prévaloir de n'avoir rien fait en vue de favoriser
» les armées étrangères et de s'être uniquement attaché à la
» prière et à la prédication de la Parole de Dieu. Nonseule-
» ment il n'a pas suivi l'exemple de Vivens, mais il lui a fait
» plusieurs fois des remontrances et l'a blâmé hautement.

(1) *Histoire de l'Eglise de Montpellier.*

» Plus tard, quand Schomberg rentra en France, si
» Brousson eût été un séditieux, il se serait mis certainement
» en relation avec ce général ami. On ne lui reproche cepen-
» dant pas, et on ne peut lui reprocher rien de semblable.
» Il disait, au contraire, à ses auditeurs, qu'ils ne devaient
» attendre leur délivrance que de la miséricorde de Dieu et
» de la bonté de Sa Majesté. »

Un catholique a aussi pris devant la postérité la défense de
cette malheureuse victime. Cet homme avait été son bourreau.

Achetant une tasse d'argent chez un orfèvre, il s'écria :
« J'ai exécuté plus de deux cents condamnés, mais aucun
ne m'a fait trembler comme M. Brousson. Quand on le
présenta à la question, le commissaire et les juges étaient
plus tremblants que lui, qui levait les yeux au ciel en priant
Dieu. Je me serais enfui, si je l'avais pu, pour ne pas mettre
à mort un si honnête homme. Si j'osais parler, j'aurais bien
des choses à dire sur lui. Certainement, il est mort comme
un saint (1). »

Où les adversaires de Brousson ont-ils puisé les traits de
caractère qui permettent de faire de ce pasteur du désert un
agitateur et un séditieux ? Nous ne saurions le dire. Est-ce
sérieusement qu'ils ont voulu le présenter comme un traître ?
Pour nous, nous l'avouons, aucun jugement ne serait plus
contraire aux résultats de notre étude, et ce n'est pas sous
ce jour que ce ministre nous est apparu.

Nous avons vu en lui un homme attaché à sa religion, un
de ces hommes qui ne peuvent résister à la voix de leur
conscience, et qui sont capables, pour lui obéir, si elle parle
au nom de la religion, d'oublier pour un instant tout intérêt politique. Mais a-t-il persisté dans ses projets ? a-t-il
poursuivi avec ardeur la réalisation des vues de Vivens ?
Un instant il avait pu se laisser entraîner trop loin, en croyant

---

(1) De Félice, *Histoire des Protestants de France.*

obéir à Dieu ; mais il ne persista pas dans son erreur. D'ailleurs, à qui persuaderait-on qu'un homme si dévoué pour ses frères, si affectueux dans ses rapports avec eux, si bienveillant dans ses relations en général, fut un mauvais citoyen, un séditieux ? Nous avons, pour souscrire à une pareille accusation contre ce pasteur du désert, trop de preuves de la noblesse de son caractère.

Comme pasteur, Brousson nous fournit le modèle d'une activité infatigable jointe à la plus complète abnégation. L'étude de sa vie nous offre un rare exemple de dévouement à la vérité, et, en même temps, nous permet d'admirer, dans un homme, la pratique de cette charité chrétienne, qui s'exerce même à l'égard d'un ennemi. On n'a pas affaire ici à une âme vulgaire, qui se décourage au moment de l'épreuve : la confiance de Brousson dans son Dieu va toujours croissant, jusqu'au jour où, désireux de lui être réuni, il accepte le martyre avec joie.

En un mot, nous trouvons en lui un homme droit, un pasteur plein d'ardeur et de courage, un chrétien fervent. Il méritait de mourir pour sa foi.

Peyrol, ancien pasteur de Nîmes et ainsi son ancien collègue, apprit la mort de cet ami dévoué au moment où il allait monter en chaire, dans l'église de Saint-Pierre, à Genève. Il prononça alors, à la place du discours qu'il avait préparé, une admirable oraison funèbre de Brousson, et, quelques jours après, il mourut de douleur en demandant pardon à Dieu de n'avoir pas eu, à son tour, tant de zèle, d'abnégation, de dévouement et une mort aussi glorieuse.

THÈSES.

I. En matière de religion, le libre examen est un devoir et un droit. La vérité ne peut que gagner à être bien examinée.

II. Dans l'étude de la Bible, la lumière jaillit du rapprochement des textes. On compromet volontairement la valeur des résultats de ce travail en l'entreprenant avec des idées préconçues.

III. La morale de Jésus-Christ est parfaite.

IV. Le christianisme est, avant tout, une affaire de cœur et de conscience.

V. La prédication doit instruire et édifier.

Vu par le Président de la soutenance,

Montauban , le 12 mars 1868.

F. BONIFAS.

Vu par le Doyen,

G. DE FÉLICE.

Vu et permis d'imprimer :

Le Recteur,

ROUSTAN.

JEAN CLAUDE

PASTEUR ET PRÉDICATEUR.

THÈSE

Publiquement soutenue à la Faculté de théologie protestante de Montauban,

EN 1868,

Par Justin-Louis BONNAL, de Collet-de-Dèzes (Lozère),

Bachelier ès lettres.

ASPIRANT AU GRADE DE BACHELIER EN THÉOLOGIE.

—•◦◦⦿◦◦•—

TOULOUSE

IMPRIMERIE DE A. CHAUVIN

RUE MIREPOIX, 3.

—

1868

EMPIRE FRANÇAIS.

Université de France. — Académie de Toulouse.

FACULTÉ DE THÉOLOGIE PROTESTANTE DE MONTAUBAN.

PROFESSEURS.

MM. Dᴇ FÉLICE, ✺ doyen   Morale et éloquence sacrée.
     NICOLAS, ✺. . . .   Philosophie.
     SARDINOUX, ✺. .   Exégèse et critique du Nouv. Testam.
     PÉDÉZERT. . . . .   Littérature grecque et latine.
     BOIS. . . . .   Hébreu et critique de l'Anc. Testam.
     MONOD.. . . . . .   Dogmatique.
     BONIFAS. . . . . .   Histoire ecclésiastique.

EXAMINATEURS.

MM. PÉDÉZERT, président de la soutenance.
     Dᴇ FÉLICE, ✺.
     MONOD.
     BONIFAS.

*La Faculté ne prétend approuver ni désapprouver les opinions
particulières du candidat.*

JEAN CLAUDE

PASTEUR ET PRÉDICATEUR.

INTRODUCTION.

Le dix-septième siècle, devenu par la grandeur des événements qui le remplissent autant que par la beauté des
œuvres de l'esprit, un sujet éternel d'admiration et d'étude
pour le philosophe, l'historien, le critique, ouvre encore au
chrétien protestant un vaste champ de méditations austères
par le spectacle des épreuves, des luttes et des défaillances
de notre Eglise réformée.

Aujourd'hui que nous jouissons d'une sécurité et d'un
repos, fruit de bien de traverses, nous pouvons jeter un
regard en arrière et honorer d'un souvenir l'un de ces tristes et malheureux athlètes du protestantisme, qui, après
avoir vaillamment combattu pour la défense de la vérité
chrétienne et soutenu non sans gloire le choc d'un illustre
adversaire, dut se résigner à la défaite, à la persécution et
à l'exil. C'est de Claude qu'il s'agit, comme on le voit ; et
sans l'étudier particulièrement au point de vue théologique,
puisqu'il ne nous a laissé aucun traité de dogmatique com-

plet et que ses opinions, comme celles de la plupart de ses
contemporains, ne diffèrent pas de l'orthodoxie de l'époque,
nous raconterons sa vie et nous essaierons de donner ensuite une idée de sa prédication. Le pasteur et le prédicateur se confondent en ces temps orageux et troublés où les
paroles sont des actes et entraînent de si redoutables conséquences. Si nous connaissons le pasteur, il nous sera facile
de comprendre ce que le prédicateur pouvait être.

Nous n'examinerons pas le controversiste dans Claude ;
car un pareil travail ne pourrait être renfermé dans les
limites obligées de cette thèse.

C'est donc de la vie et de la prédication de Claude que
nous allons essayer de marquer les principaux traits, pleinement convaincu de l'utilité et de l'intérêt de cette double
étude.

PREMIÈRE PARTIE.

Claude pasteur.

Jean Claude naquit à la Sauvetat-du-Dropt, dans l'Agénois, en 1619. Son père, François Claude, pasteur à Montbazillac et à Cours, dans la basse Guyenne, lui donna la première teinture des belles-lettres et l'envoya, pour compléter ses études, à la Faculté de Montauban. Il y étudia la philosophie et la théologie avec Garissoles et Charles. « On commençait déjà, » dit un critique, « de remarquer la subtilité de son esprit, quoique la nature ne l'eût pas avantagé de ces dehors brillants qui souvent parlent pour un orateur sans qu'il ouvre la bouche (1). » Nous avons peu de détails sur ses premières années ; nous savons seulement « qu'étant encore proposant, il prêcha son premier sermon dans la chapelle des seigneurs de Pardaillan, zélés partisans des doctrines réformées. » Consacré en 1645, à l'âge de vingt-six ans, il fut nommé pasteur à La Treine, fief qui appartenait à la maison de Duras, et l'année suivante à Saint-Affrique, où il resta huit ans. Il s'était marié en 1648, à Castres, avec Elisabeth de Malacare, fille d'un avocat au parlement. Sa réputation d'orateur se répandit dans le Languedoc, et l'Eglise de Nîmes le demanda et l'obtint.

Le 3 mai 1656, il fut chargé par le synode d'Uzès d'enseigner la théologie à Nîmes.

En 1661, nous le voyons présider le synode provincial, où « il fut représenté par Noguier, Pujolas et Roure, pasteurs, qu'il circulait le bruit dans la province que les enne-

(1) Moréri, *Dictionnaire historique et critique*, article *Claude*.

mis de la religion, pour détruire la vérité évangélique et pour ruiner le fondement de la liberté concédée par les édits, travaillaient sous l'influence de la cour et celle du prince Armand Bourbon de Conti, gouverneur du Languedoc, à corrompre les pasteurs, sous le prétexte pernicieux de vouloir unir les deux religions et accommoder leurs différends, comme on avait tenté de le faire trente ans auparavant, sous le ministère du cardinal de Richelieu (1). »

Ces pasteurs demandèrent que l'on infligeât une sévère punition aux coupables; car il était impossible « d'unir les ténèbres avec la lumière et Dieu avec Bélial. » Des quatre pasteurs accusés, un seul était présent : c'était Rosselet, pasteur à Nîmes. On l'accusa d'avoir dit à de Bourdieu, pasteur à Montpellier, que deux mille livres étaient promises à celui qui travaillerait à réconcilier les deux Eglises, et d'avoir prononcé ces paroles : « Je serai bien aise de verser mon sang pour ce saint ciment. » Rosselet répondit que plusieurs personnes haut placées lui avaient parlé de ce projet, mais qu'il le regardait lui-même comme impraticable, et ne le leur avait pas caché; en second lieu, que les paroles qu'on lui imputait étaient fausses. Claude, alors, désirant que l'accusé fût jugé impartialement, lui demanda quels étaient, à son avis, les membres du synode qui étaient trop ses ennemis pour avoir le droit de voter. Rosselet nomme ses accusateurs, et l'assemblée les exclut aussitôt du vote. Puis, chacun, à son tour, donne son opinion à haute voix, et le synode prend la décision suivante : 1° Rosselet sera censuré; 2° à l'avenir, un laïque dont la probité sera reconnue accompagnera le pasteur qui aura à s'entretenir avec un personnage d'un rang élevé; 3° on écrira à toutes les provinces contre le projet de réunion, qui ne peut s'exécuter sans « unir les ténèbres avec la lumière et Christ avec Bélial. » Le commissaire royal Peyre-

(1) Borrel, *Histoire de l'Eglise réformée de Nîmes*, p. 240 et suiv.

males voulut s'opposer à l'introduction dans le procès-verbal de ces derniers termes, comme trop injurieux; mais ce fut en vain : l'assemblée, consultée, passa outre. Averti de ce qui venait d'avoir lieu par l'évêque Cohon, Louis XIV réunit le conseil d'Etat, qui condamna le ministre Claude, « comme ayant autorisé la déclaration du synode en sa qualité de modérateur et au préjudice des défenses du commissaire royal, à l'interdiction de ses fonctions pastorales à Nîmes et au bannissement de la province du bas Languedoc, dans l'espace de deux mois, à compter du jour où l'ordonnance lui aurait été signifiée (1). »

Claude se rendit à Paris pour faire lever cette défense, et pendant son séjour dans cette ville, il se livra à une polémique assez longue sur l'Eucharistie avec Arnaud, à la demande de Mme de Turenne, qui voulait retenir son mari, prêt à se convertir au catholicisme. N'ayant pu faire lever l'interdit qui pesait sur lui, Claude partit six mois après pour Montauban, où il prêcha le lendemain de son arrivée.

Jalouse de posséder un bon prédicateur et un controversiste qui avait fait ses preuves, l'Eglise de Montauban se hâta d'accueillir le banni languedocien et de lui offrir une place de pasteur et de professeur. Il accepta, mais son ministère dans cette ville ne devait pas être de longue durée.

En 1666, une nouvelle interdiction le frappa. Elle fut probablement causée par les plaintes de l'évêque Berthier, qui l'accusa « d'avoir fait établir à Montauban quatorze ministres au lieu de six, de marcher dans la rue avec deux ou trois et même quatre ministres, d'aller en carrosse faire son prêche, d'entretenir les huguenots de l'espérance de la guerre entre la France et l'Angleterre, de leur lire les feuilles d'une réponse au livre de M. Arnaud et autres crimes aussi énormes (2). »

(1) *Bulletin historique du protestantisme français*, VI, p. 12.
(2) Haag, *la France protestante*, article *Claude*, note 1, p. 473.

Il revint à Paris pour réclamer contre cette nouvelle interdiction, mais il ne fut pas plus heureux que la première fois. Attaché à l'Eglise de la capitale, il prêcha à Charenton.

Nous voici arrivés à la période la plus active de sa vie. La controverse, les protestations en faveur de ses coreligionnaires, les visites pastorales qu'aucun danger ne pouvait interrompre, la présence aux assemblées consistoriales ou synodales, la prédication, une correspondance d'une prodigieuse étendue se partagent tous ses instants. Suivons-le pas à pas, autant que nous le permettent les documents que nous avons pu nous procurer, dans cette période si bien remplie de dix-neuf années, de 1666 à 1685.

En 1674, il protesta contre l'édit qui excluait des synodes les ministres de fief.

En 1678, Mlle de Duras, sœur des maréchaux de Duras et de Lorges, depuis longtemps décidée à changer de religion, le mit aux prises avec Bossuet, afin de donner un plus grand retentissement à sa conversion. Elle le rencontra chez sa sœur, la comtesse de Roye, et manifesta le désir de l'entendre discuter avec un docteur catholique. Claude refusa d'abord; mais averti quelques jours après par la comtesse de Roye, gagnée à la cause de sa sœur, que Bossuet désirait un entretien, il se rendit chez elle, le mardi 1er mars 1678, à deux heures de l'après-midi. Bientôt après arrivèrent Mme la maréchale de Lorges, Mlle de Duras, M. le marquis de Miremont et M. Cotton, enfin M. de Condom. La discussion s'engagea sur l'autorité de l'Eglise. Les deux illustres adversaires déployèrent chacun un talent immense pour soutenir la cause qu'ils défendaient. Mais la séance « fut surtout intéressante par deux difficultés, dont l'une embarrassa beaucoup Bossuet, et l'autre le pasteur de Charenton.

— L'Eglise protestante, dit Bossuet, proclame la liberté de conscience et nie l'infaillibilité des conciles; cependant les synodes nationaux exigent une soumission absolue à leurs décisions dogmatiques et disciplinaires. Ils agissent donc

contre le principe fondamental du protestantisme, et recon-
naissent, comme l'Eglise romaine, le principe de l'autorité
en matière de foi. — D'un autre côté, dit Claude à son tour,
c'est par l'autorité de l'Eglise que l'enfant reçoit l'Ecriture
sainte ; c'est d'elle aussi qu'il reçoit le sens de l'interprétation du Livre saint. A quelles marques l'enfant reconnaîtra-
t-il l'Eglise catholique? Il reconnaîtra comme catholique
l'Eglise aux assemblées de laquelle il assiste. Donc, conclut
Claude, un enfant né dans l'Eglise éthiopienne regardera
comme catholique l'Eglise éthiopienne, et il recevra par son
autorité l'interprétation des Ecritures. Il ne pourra jamais se
croire en droit d'examiner les décisions de l'Eglise dont il
est membre, et chacun restera dans sa religion. » C'est sur
ce ton froid et poli que se continua la discussion pendant
cinq heures. Claude se retira après avoir exhorté Mlle de Duras à profiter de ce qui s'était dit ; mais, bientôt après, elle se
convertit au catholicisme. Claude s'aperçut de la faute qu'il
avait commise, et se promit de ne plus se laisser prendre
au même piége. Aussi, en 1680, il se garda de relever le
défi que lui adressa le transfuge Cotterel. En 1681, il ren-
voie à l'étude de la Bible Mlle d'Illoire, du duché d'Aumale.
En 1685, il refuse de discuter devant la marquise d'Ouque-
tot, dont le mari était déjà catholique. Mais il ne cesse de
protester contre les édits de plus en plus rigoureux qui sont
rendus contre les réformés en 1681, contre la déclaration
du 17 juin, qui permet aux enfants de se convertir à l'âge
de sept ans, contre la violation des traités, l'abolition des
chambres mi-parties. Il fait preuve de courage et de fermeté
dans des circonstances difficiles. Ainsi, en 1681, apprenant qu'une pauvre femme est inquiétée par deux prêtres
dans les derniers instants de sa vie, il court à son chevet
et la console, sans se soucier des cris de la populace ameu-
tée, qui l'aurait mis en pièces sans l'intervention de la police. En 1678, il préside un Consistoire, quand se présente
l'intendant de l'Ile-de-France, suivi de plusieurs ecclésias-

tiques et de deux notaires ; il vient lire l'adresse de l'assemblée du clergé de France, qui invite les protestants à abjurer
leur hérésie. Claude répond que le silence avec lequel le
Consistoire a écouté son adresse, qui lui fait tant de peine,
prouve combien les protestants sont soumis. Sur ces entrefaites, l'université de Groningue lui offrit la chaire de professeur en théologie ; mais Claude n'abandonnera pas son
poste, alors que son troupeau a tant besoin de consolations
et d'encouragements ; il redouble d'ardeur et de zèle, jusqu'à ce qu'un décret royal vienne l'arracher à sa patrie.

Avant de frapper un coup décisif contre la Réforme, le
projet de réunion est repris. En 1685, un essai définitif a
lieu. L'édit de révocation est signé, mais on en diffère l'en-
registrement ; il est encore permis aux pasteurs de prêcher
le dimanche 22 novembre, et des gardes leur seront donnés
pour leur sûreté. Claude soupçonne quelque piége, et aver-
tit les fidèles que le service n'aura pas lieu. On pense que
l'archevêque de Paris et l'évêque de Meaux, accompagnés
du lieutenant de police, auraient fait irruption dans le temple ; que l'un d'eux serait monté en chaire pour sommer l'assemblée de se réunir à l'Église romaine, que des catholiques
apostés se seraient mis à crier : « Réunion ! réunion ! » et que
les deux évêques auraient donné l'absolution du crime d'hérésie (1). Dans tous les cas, la cour était très-irritée contre
Claude. Ce mécontentement se trahit non-seulement dans
les lettres de Mᵐᵉ de Maintenon, qui l'appelle *séditieux*, mais
dans une dépêche datée de Versailles, 30 juillet 1685, envoyée au procureur général, dans laquelle on lit ces mots :
... « Un des lieutenants civils ayant donné la permission de
baptiser un enfant de la R. P. R. (religion prétendue réformée) dans la maison de sa mère, ses parents ont abusé de
cette permission et l'ont porté chez le ministre Claude, où
il a été baptisé. Sur quoi, le roi m'ordonne de vous écrire,

(1) Haag, *la France protestante*, article *Claude*.

afin qu'il vous plaise examiner si , dans un cas pareil, on *pourrait faire* quelques poursuites contre ledit Claude, et s'il y a lieu de le poursuivre au parlement et d'*espérer* quelque exemple contre lui (1). » Cette haine de la cour contre Claude se manifeste aussi dans la manière tout exceptionnelle dont il fut chassé du royaume. Tandis que les autres pasteurs avaient quinze jours pour quitter la France, il fut obligé de partir brusquement par suite de l'ordre suivant : « De par le roi, il est ordonné à La Guerre, valet de chambre de Sa Majesté, de se transporter incessamment dans la maison du sieur Claude, ci-devant ministre de la religion prétendue réformée, à Charenton, et de lui faire commandement, de la part de Sa Majesté, de sortir de la ville de Paris dans les vingt-quatre heures au plus tard , pour sortir incessamment hors du royaume. A l'effet de quoi La Guerre l'accompagnera jusque sur la frontière par laquelle il désirera de sortir.

» Fait à Fontainebleau, le 21 octobre 1685.

» *Signé*, Louis.

» Et plus bas, Colbert , et scellé du cachet de Sa Majesté (2). »

Claude partit le 22 octobre 1685. A son passage à Cambrai, il reçut la visite du recteur des jésuites, qui lui offrit des rafraîchissements et eut pour lui tous les égards dus au talent et au malheur. Il se réfugia à La Haye, où son fils était pasteur. Il fut parfaitement accueilli par le prince d'Orange, qui lui fit une pension. Ce fut à cette époque qu'il reçut de l'Electeur de Brandebourg l'offre d'une chaire dans l'université de Francfort-sur-l'Oder ; mais il la refusa. Il s'occupa de travaux littéraires et prêcha de temps en temps. Il travaillait à l'histoire des princes d'Orange, quand

(1) *Bulletin historique du protestantisme français*, XIII, p. 63 et suiv.
(2) *Id.*, II, p. 477 et suiv.

la mort le surprit. Le jour de Noël 1686, il tomba malade
en descendant de chaire, et mourut le 13 janvier 1687 à
l'âge de soixante-six ans. « De son vivant, » dit un de ses
biographes, « on avait répandu le bruit qu'il avait demandé à l'archevêque de Paris un entretien secret pour
abjurer entre ses mains; bruit absurde que son fils a pris la
peine de combattre dans l'*Histoire des ouvrages des savants*,
novembre, 1689, page 477, note 1, et dans la préface du
tome V de ses œuvres posthumes. Ce qu'il y a de vrai dans
cette fable, c'est que le gouvernement avait ordonné, par
lettre de cachet, à Claude, de se rendre dans une maison de
la rue Saint-Victor pour y conférer avec l'archevêque de
Paris. Mais, sur les observations de Ruvigny, député à cet
effet par le consistoire de Charenton auprès de Colbert, qui
avait signé l'ordre parce qu'on l'avait assuré que M. Claude
voulait changer de religion, le ministre s'empressa de la
retirer (1). »

La vie de Claude, on le voit, fut agitée et bien remplie.
Interdit à deux reprises, obligé de quitter pendant deux
fois le troupeau qu'il dirige, au moment où se forment des
liens réciproques de sympathie et d'estime, à l'heure où son
œuvre commence à porter des fruits, il part le cœur serré
sans doute, mais plein de confiance en Dieu, qui permet
cette séparation, mais qui n'abandonnera pas ses enfants et
fécondera les germes qui ont été semés.

Arrivé dans une autre Eglise, il se remet tout de suite à
l'œuvre avec courage et avec zèle, prêt à la quitter sans
murmure quand le moment sera venu; et lorsque, chassé de
sa patrie, il recevra dans un pays étranger une généreuse
hospitalité, il ne cessera, jusqu'à son dernier soupir, de penser à cette Eglise de France qu'il aime tant, d'intercéder
pour elle et de vaquer à l'œuvre de son Père céleste.

Nous avons parlé de sa prodigieuse activité. Nous som-

(1) Haag. *op. cit.*

mes étonné, en effet, qu'il ait trouvé assez de temps pour
suffire à tout le travail que lui imposait sa haute position
dans l'Eglise. Non-seulement il fallait répondre aux attaques
des adversaires, ce qu'il faisait si consciencieusement, qu'il
réfutait leurs arguments un à un ; mais il fallait prêcher
souvent, encourager les fidèles soit de vive voix, soit par
écrit, et leur donner des éclaircissements sur toutes les
questions qu'ils lui soumettaient. La variété des sujets qu'il
traite dans sa correspondance, dont il ne nous reste que
des débris, prouve assez combien elle était étendue. Nous
ne possédons, en effet, que quarante-cinq lettres publiées
par son fils, qui, dans la préface du tome V des œuvres
posthumes de Claude, nous annonce que plusieurs se sont
égarées, et que quelques-uns de ceux à qui elles ont été
adressées ne les ont pas communiquées. Les unes sont de
simples lettres d'affaires (1), d'autres sont de vrais traités
dogmatiques (2). Un certain nombre sont des lettres de consolation (3), d'autres enfin sont des lettres de conseils (4).

(1) La deuxième, par exemple, où il prie son correspondant de lui
envoyer la lettre de M. Arnaud, et d'ajouter la préface qu'il lui envoie à sa réponse; la septième, où il le prie de s'assurer de la fidélité
de l'imprimeur, et lui demande des nouvelles de la persécution que
les jésuites font subir à Port-Royal.

(2) Ainsi, dans la première, il explique le verset 28 du chapitre XV
de la première épître aux Corinthiens ; dans la neuvième, il explique
le verset 5 du chapitre IV de l'épître de saint Jacques.

(3) La douzième est adressée à la marquise D. S. H., sur la mort
de son père.

(4) La dix-neuvième, adressée à M. D. B., renferme des conseils
sur l'étude de l'antiquité.

La vingt-neuvième est fort curieuse : elle nous montre de quelles
précautions il fallait s'entourer quand on avait à traiter par lettre une
question délicate. Quelques protestants avaient eu la pensée d'émigrer
en Amérique et de s'établir dans la Caroline ; l'un d'eux demande à
Claude comment ce projet doit être communiqué aux réformés; celui-ci
lui répond sous la forme allégorique, afin d'être à couvert si la lettre
est interceptée... « Il faut faire savoir indirectement que la *demoiselle*

Claude a composé, en outre, plusieurs traités de théologie et plusieurs ouvrages de controverse (1), qui ont né-

est belle, agréable, d'humeur douce et sociable, etc., et que ses *tuteurs* sont des gens traitables et avec qui l'on peut facilement s'accommoder; mais de vouloir communiquer la chose à tous les *parents* et *amis*, c'est s'exposer à leur indiscrétion et soulever ceux qui ont intérêt à ne pas vouloir le mariage. Je ne doute pourtant pas que le mariage ne réussisse, à moins qu'il n'y ait empêchement du côté du *tuteur honoraire* de la fille ou de ceux qui la gouvernent; car, d'un côté, il est certain que la fille est belle et bien faite, et qu'elle a dans la vérité toutes les qualités qu'on lui attribue; et, de l'autre, il n'est pas moins certain que le père du garçon le contraindra, par mille mauvais traitements qu'il lui fait, à sortir du logis et à songer à s'établir; mais il faut pour cela du ménagement et attendre que le temps, qui ne tardera à venir, fasse son effet. Il est constant que ce parti, non-seulement est préférable à tout autre, mais qu'il sera actuellement préféré, parce que sa réputation excède de bien loin celle de toutes les autres filles... Ce qu'on nous a dit du *garçon*, qu'il a déjà transporté, de la maison du *père* dans celle de la fille, plusieurs de ses meubles, au nombre de plus de soixante pièces, va plus loin qu'on ne vous l'a dit; car il y en a à présent plus de deux cents, ce qui a déjà en quelque sorte alarmé le *père*, et est peut-être cause de la défense qu'on a mandée. » On l'a deviné : la demoiselle est la Caroline; les tuteurs, ce sont les habitants; le tuteur honoraire, c'est le roi d'Angleterre; le garçon, les protestants français persécutés; le père du garçon, le roi de France.

(1) *Traité de Jésus-Christ; Traité du péché contre le Saint-Esprit; Traité de la justification; De lapsu angelorum; Commentaire sur l'épître de saint Paul aux Romains* (les trois premiers chapitres): *De electione et de reprobatione; De statu innocentiæ primi hominis; Réponse aux deux traités de Nicole, intitulés la Perpétuité de la foi de l'Eglise catholique touchant l'Eucharistie; Réponse au père Nouet, jésuite, sur le sujet du saint sacrement de l'Eucharistie; Réponse au livre de M. Arnaud, intitulé la Perpétuité de la foi de l'Eglise catholique; Défense de la Réformation contre le livre de Nicole; Préjugés légitimes contre les calvinistes;* [*Considérations sur les lettres circulaires de l'assemblée du clergé de France en l'année* 1682; *Réflexions solides sur le monitoire de l'assemblée du clergé, adressé aux protestants, et sur les lettres du roy très-chrestien aux évesques et aux intendans sur le mesme sujet; Réponse au livre de M. de Meaux, intitulé Conférence avec M. Claude; les Plain-*

cessité des recherches approfondies et des voyages fréquents à Paris. Aussi se sent-il quelquefois fatigué par tant d'occupations réunies, mais il n'est jamais découragé. C'est dans ce sens qu'il écrit de Montauban : « Il est vrai que nous sommes engloutis par cet épouvantable travail des semaines ; je crois de prêcher avec quelque facilité, mais il est certain que ce grand nombre d'actions épuise les forces et rebute l'esprit, l'empêchant de s'engager à d'autre travail. » Et plus loin : « Quoi qu'il en soit, je ne vois pas bien que dans l'état où je suis, ayant à servir une Eglise nombreuse et un peuple qui n'est pas naturellement assez discret pour savoir ménager le temps de ses ministres, je puisse m'engager à un travail de longue haleine, et à cela je ne sache point de remède. J'ai de la santé, grâce à Dieu ; j'ai de l'inclination à l'étude ; mais, en vérité, il n'est pas possible de se remuer sous le faix qui nous accable (1). »

Et avec tout cela, Claude montre la plus grande humilité. C'est elle qui lui fait répondre à ceux qui l'encouragent et le remercient d'avoir répondu au livre de M. Arnaud : « Au reste, que peut un pauvre provincial, dénué du fond que la nature peut donner et des grâces que l'art et l'expérience et le commerce du beau monde peuvent acquérir. Je n'ai que l'amour de la vérité qui m'anime et la prière vers Dieu qui me soutient (2). »

C'est cette humilité qui le fait presque s'excuser d'avoir publié son ouvrage : « Je ne sais, » dit-il, « comment il s'est fait que je me produise contre l'aversion que j'ai eu toute ma vie pour cela et contre la résolution constante que j'avais prise de ne m'ériger pas en auteur. Néanmoins, me

---

tes des protestants cruellement opprimés dans le royaume de France ; Réponse à un traité de l'Eucharistie attribué à M. Le Camus, évêque de Grenoble.

(1) Lettres V et VI.

(2) Lettre IV.

voilà déjà sur les rangs; je vous assure que c'est par force. Mme de Turenne et Mlle de la S. en sont la première cause... Vous y avez aussi beaucoup contribué (1). »

Une fois descendu dans l'arène, il y porte un courage indomptable; qu'un obstacle se présente, il le renversera. C'est le sentiment qui lui dicte les paroles suivantes au sujet de la publication manuscrite de sa réponse à Arnaud : « Quoique j'aie été empêché que Mlle de la S. ne donnât cet écrit au public, par des raisons de temps et de l'état où nos affaires ont été, je vois que les choses ont changé de face, et qu'il y aurait du crime maintenant de se retenir par ces principes de prudence. » C'est ce courage qui lui fait affronter une populace en courroux, pour accomplir son devoir ; c'est lui qui met dans sa bouche cette réponse si ferme et si digne que nous lui avons vu faire à l'intendant de l'Ile-de-France.

Maintenant étudions Claude sous le rapport de la prédication.

(1) Lettre IV.

DEUXIÈME PARTIE.

Claude prédicateur.

La prédication réformée a parcouru, au dix-septième siècle, deux périodes bien différentes. De didactique qu'elle était au commencement, elle devient pratique ; elle laisse de côté les grands problèmes qu'elle étudiait avec acharnement pour se porter au sein même de la religion ; au lieu de s'élancer au milieu des questions controversées, elle s'occupe de consoler et de sanctifier l'homme ; elle écarte les discussions et se contente d'exposer la vérité.

On le comprend sans peine : les temps étaient difficiles ; les protestants s'étaient vus restreindre peu à peu leurs droits ; leurs prédicateurs ne pouvaient, sans courir risque d'être interdits, faire la moindre allusion aux doctrines de la communion rivale. « Les sermons des pasteurs étaient recueillis par des espions aux gages des jésuites, et s'il s'y rencontrait quelques termes un peu vifs contre les enseignements du catholicisme, on citait ces pasteurs devant les tribunaux sous l'accusation de blasphème (1). » Ils devaient donc se rejeter sur les croyances particulières de leurs Eglises et sur la morale. Mais quels étaient les auditoires auxquels ils s'adressaient? C'étaient, comme le dit excellemment M. Vinet, « des auditoires de théologiens, quelquefois de martyrs (2). » Forcés de lutter à chaque instant pour défendre leurs croyances, les protestants de cette épo-

(1) De Félice, *Histoire des protestants de France*, p. 366.
(2) Vinet, *Histoire de la prédication parmi les réformés de France au dix-septième siècle*, p. 5.

que étaient tous un peu théologiens. Personne ne pouvait rester étranger aux graves questions qui s'agitaient sans cesse; aussi, ce qui serait incompris ou peu intéressant dans nos chaires, était nécessaire et fort goûté au dix-septième siècle. En outre, l'Eglise réformée ne présentait plus le touchant spectacle de cette union ferme et indissoluble dans une foi commune qui avait fait la grandeur du protestantisme au seizième siècle, lorsque grands et petits, invinciblement attachés aux mêmes croyances, se trouvaient unis pour subir les mêmes épreuves, courir les mêmes dangers et braver la mort sur les mêmes champs de bataille. L'indifférence, qui avait épargné les rangs les plus humbles, avait gagné les chefs naturels du grand parti protestant, ceux dont le nom était un drapeau, les Châtillon, les Sully, les Turenne. Leur apostasie avait affligé l'Eglise, et leur exemple avait trouvé des imitateurs. Ainsi, à côté d'illustres confesseurs qui sacrifiaient leurs biens et leur personne à la cause qui leur était chère, on voyait des renégats qui, par frayeur ou par calcul, abandonnaient la foi de leurs pères. C'étaient sans doute, pour la plupart, « les gens de la lie du peuple, ou des fripons qui trafiquaient périodiquement de leur conscience, ou des malheureux qui prenaient l'argent pour avoir un morceau de pain, sans aucune intention de renoncer à leur culte (1). »

Quoi qu'il en soit, au milieu de ce relâchement général, la chaire protestante devait retentir de paroles d'exhortation, quelquefois même d'une grande dureté, si l'on en juge par cet extrait des sermons de Claude : « Nous sommes intéressés et avares, durs et inflexibles, injustes et violents, fiers et arrogants, sensuels et adonnés à nos plaisirs, envieux, médisants, malins, implacables... C'est sur cela que Dieu nous fait entendre sa voix depuis fort longtemps; il

(1) De Félice, *op. cit.*

nous exhorte, il nous censure, il nous presse, il nous solli-
cite, il nous châtie, il nous supporte; et cependant combien sont petits les fruits qu'il a recueillis jusqu'ici de tant
de soins!... Que pouvons-nous donc espérer, ou, pour
mieux dire, que ne devons-nous pas craindre de notre
état, puisque nous sommes sourds à sa parole et aveugles
à ses jugements, également insensibles à sa voix et aux
coups de sa verge (1) ! »

La prédication de Claude occupe une période de qua-
rante années, de 1645 à 1685, époque de la Révocation de
l'édit de Nantes; néanmoins il a prêché jusqu'à sa mort. Il
ne nous reste qu'un petit nombre de ces discours, probablement à cause du peu de temps que ses nombreuses occupations lui laissaient pour la publication de ses sermons. Et
même nous n'avons pu nous procurer qu'une faible partie
des sermons qui ont été publiés (2). Nous pensons néanmoins en avoir assez lu pour connaître le genre de prédication de notre auteur.

On est frappé d'abord par le plan. Claude ne se contente
pas, comme ses devanciers, de suivre pas à pas le texte : il
le résume dans une ou deux idées qu'il énonce ordinairement dans son exorde. Ainsi, au commencement du premier
sermon sur la parabole des Noces, il dit : « Elle se divise (la
parabole) en deux parties générales : la première contient
l'histoire de ceux qui avaient été au commencement conviés
aux noces du prince, et la seconde celle de ceux qui y fu-

---

(1) Deuxième sermon sur la parabole des Noces, p. 78, 79.

(2) Le volume que nous avons sous les yeux (Montauban, 1821)
renferme cinq sermons sur la parabole des Noces et deux autres
discours, l'un sur les fruits de la repentance, l'autre sur la tristesse
du Saint-Esprit. Nous avons, en outre, la copie d'un autre sermon sur
Genèse, XVII, 78, intitulé *Exhortation faite par M. Claude pour ceux
de son Eglise de Paris.* — On a publié aussi un sermon sur Matthieu,
XVI, 18, prononcé le dimanche 15 novembre 1682, et un autre sur
Ecclésiaste, VII, prononcé à La Haye, le 21 novembre 1685.

rent ensuite appelés, sur le refus que les autres firent d'y
venir. La première propose quatre grands mystères sous
quatre différentes images : la manifestation du Messie sous
l'image des noces d'un fils de roi ; la vocation des Juifs sous
l'image des conviés qui furent appelés aux noces; la rejec-
tion que ces mêmes Juifs firent du Messie, sous l'image du
refus que les conviés firent de venir à ces noces; la punition
exemplaire de ce peuple sous l'image du châtiment que le
roi fit de ces conviés. La seconde partie représente quatre
autres mystères, également importants, sous un pareil
nombre d'images : la vocation des gentils, car c'est ce que
signifie cet envoi des serviteurs pour appeler ceux qui
étaient aux carrefours et aux grands chemins ; le succès de
cette vocation, qui est que le lieu des noces fut rempli de
gens qui étaient à table ; le mélange des hypocrites, des
mondains et autres pécheurs avec les vrais fidèles dans une
même profession extérieure de l'Evangile, — ce qui est représenté par la rencontre que le roi fit d'un homme qui
n'avait pas la robe de noces; la punition de ces pécheurs et
de ces hypocrites; car le roi dit à ses serviteurs : *Liez-le,*
pieds et mains, et le jetez dans les ténèbres du dehors. Et
enfin, après tout cela, il y a une conclusion que Jésus-Christ
tire de toute sa parabole : *Plusieurs*, dit-il, *sont appelés et*
peu sont élus. » Dans le troisième sermon sur la parabole
des Noces, il s'exprime ainsi : « Ces paroles se divisent
d'elles-mêmes en deux points : le premier contient ce que
le roi dit à ses serviteurs, et le second, ce que les serviteurs firent pour exécuter l'ordre qu'ils avaient reçu. L'un
est la vocation des gentils, en tant qu'elle a Dieu pour auteur, et l'autre, cette même vocation, en tant qu'elle a été
exécutée par les ministres que Dieu avait choisis pour
cela. » Dans le cinquième sermon sur la parabole des Noces, il dit : « Pour traiter plus distinctement une si grande
matière, nous la diviserons en deux points : le premier
sera de la vocation et de l'élection considérée en elles-

mêmes, car il faut expliquer ce que c'est. Le second regardera leur étendue, selon les bornes que notre texte leur
donne : *Plusieurs sont appelés et peu sont élus.* »

Un autre caractère général de la prédication de Claude,
c'est le côté pratique qui domine l'ensemble et qui en fait
la partie principale. Aussi laisse-t-il de côté toute question
oiseuse, tout ce qui ne se rapporte pas directement au
sujet qu'il traite et lui fait mépriser tout ornement. C'est
dans ce sens qu'il dit dans son premier discours sur la parabole des Noces : « Je ne m'arrêterai pas à mettre ici en
parallèle toutes les conformités qui se peuvent trouver entre
une noce et l'Evangile du Sauveur du monde, et beaucoup
moins m'appliquerai-je à pousser avec excès cette figure de
la noce, pour la convertir en allégorie. Les allégories for-
cées dégénèrent en jeux d'esprit, qui ont le malheur de
ne plaire à personne et n'édifient nullement la conscience (1). »

Mais entrons plus avant dans les détails, et pour avoir
une idée claire de sa prédication, analysons un ou deux
sermons, le premier et le quatrième sur la parabole des
Noces.

Exorde. — Le but de Claude est d'étudier deux images :
les noces du fils du roi, la vocation des conviés.

Premier point. — Les noces du fils du roi sont l'image de
la manifestation du Messie. Qu'est-ce que le royaume de
Dieu? C'est « l'état sous l'Evangile, la religion chrétienne
telle que nous l'avons reçue de Jésus-Christ et de ses apôtres. » C'est dans ce sens que Jésus l'emploie souvent. Cette
expression a été puisée dans Daniel; elle explique très-bien
la nature, l'essence et les qualités de l'Evangile ; elle distingue la religion chrétienne des autres religions et réfute les
erreurs introduites dans le monde par la vanité humaine.

Réflexion. — Cette expression combat l'idée juive d'un

(1) P. 16.

Messie temporel, celle d'un pouvoir ecclésiastique temporel, celle que l'on peut établir la religion par la violence; elle combat ceux qui introduisent des cérémonies dans le culte, comme si nous étions sous la loi et non sous la grâce. Le royaume nous est représenté sous la forme d'une noce royale.

Deuxième point. — Les premiers invités sont le peuple juif. Pourquoi? Etait-il le plus digne? Non! Mais alors pourquoi cette préférence de Dieu? Elle résulte de son bon plaisir. Mais n'est-ce pas injuste? Non : Dieu ne doit rien à personne. Comment invite-t-il aux noces? Deux fois il envoie ses serviteurs, c'est-à-dire Moïse et les prophètes d'abord, Jésus et ses disciples ensuite. Les premiers annoncent la venue du Messie, les seconds son arrivée et son existence.

Remarque. — S'ils furent appelés, c'est que Dieu le voulut. Les paroles de Jésus font allusion à ce qui est dit de la Sapience dans le neuvième chapitre des Proverbes : « Il résulte de là que tout ce qui est contenu dans le huitième et neuvième des Proverbes touchant la Sapience, est un oracle qui regarde l'Evangile de Jésus-Christ, et par conséquent que cette Sapience est le Fils de Dieu, le Messie qui devait venir au monde, l'époux de l'Eglise, celui-là même dont il est dit ici que le Père éternel célèbre les noces. »

Application. — De tout ce qui a été dit résultent la divinité de Jésus-Christ, l'amour ineffable de Dieu, sa fidélité inviolable. — Faisons notre devoir et profitons de ce qui nous a été donné : « Ces noces évangéliques seront suivies un jour des noces de la félicité éternelle. »

Dans l'exorde du quatrième sermon sur la parabole des Noces, Claude établit la supériorité de la religion chrétienne sur les autres religions; toutes admettent que l'homme est pécheur et qu'il est exposé à la colère céleste; mais elles séparent ces deux éléments, et en agissant ainsi, elles supposent ou que Dieu est négligent, ou qu'il est impitoyable;

la religion chrétienne, elle seule, réunit les deux idées et dit que si Dieu punit, c'est que l'homme est coupable.

Premier point. — La rencontre, dans la salle du festin, de l'homme qui n'a pas la robe de noces, signifie que les hypocrites sont mêlés aux fidèles. Le roi n'entre pas mû par un sentiment de curiosité, mais il vient dans le but de juger ; le mot *voir* a ce sens. Il entre à trois reprises : 1° Pendant la vie, au moyen de la conscience ; 2° au moment de la mort, qui est suivie d'un premier jugement ; 3° au dernier jour, après lequel le dernier jugement aura lieu ; le premier change avec l'homme, le second est irrévocable, mais il n'est pas universel ; le troisième est irrévocable et universel. La robe de noces est une allusion aux coutumes juives. L'expression *homme* ne signifie pas un homme, mais une espèce d'hommes. Quelle est cette robe ? C'est la foi dont les qualités sont la pureté, la chasteté, la sincérité, la vie, l'efficacité et la perfection. Qui est cet homme ? L'homme peut se trouver dans trois états différents : il peut être ennemi de Dieu, ou enfant désobéissant et rebelle, ou enfant obéissant. Ceux qui se trouvent dans le premier et dans le deuxième cas sont condamnables. Ces hommes sont les hérétiques, les superstitieux, les profanes et les mondains, les demi-convertis, ceux qui se relâchent ou qui se laissent tenter.

Deuxième point. — La punition qui sera infligée aux hypocrites est représentée par l'image de l'homme lié et jeté hors du festin. Les paroles de Jésus signifient que si l'on n'a pas la robe, tout le reste est inutile. Ces paroles sont un reproche ; elles nous montrent qu'il faut unir la sainteté à la pratique des bonnes œuvres. L'homme resta bouche close, ce qui signifie qu'on s'excuse soi-même, mais qu'on ne peut se défendre devant Dieu. Si l'homme ne peut répondre quand Dieu fait l'enquête, que fera-t-il lorsque l'arrêt sera prononcé ? Les serviteurs qui lient l'homme et le jettent dans les ténèbres du dehors ne sont pas les mêmes que les premiers qui ont fait l'invitation : ce sont ou les mauvais anges, ou les moyens généraux dont se sert la Providence. *Liez-le, pieds et mains*, ce qui signifie : les peines sont inévitables; car les pieds marquent la fuite, les mains la résistance. *Dans les ténèbres*, c'est-à-dire en enfer; *du dehors*, c'est-à-dire loin de la présence de Dieu; *il y aura des pleurs et des grincements de dents*, c'est-à-dire il y aura désespoir et rage. Voilà donc l'arrêt définitif de Dieu bien différent du premier, qui n'était que temporaire. Si l'homme se repent, Dieu lui fait grâce. Mais, dira-t-on, Dieu n'est-il pas inconstant en pardonnant à l'homme qui s'est repenti? — Non; car la justice n'exclut pas la miséricorde.

Application. — Conservons le ministère de la parole de l'Evangile; tant d'hommes en sont privés! Nous ne valons pas plus qu'eux : mais Dieu est miséricordieux à notre égard. N'abusons pas de cette faveur, et souvenons-nous que Dieu entre quelquefois dans la salle du festin. Ne parlons pas de ces deux derniers jugements, mais du premier : combien en trouvera-t-il d'irréprochables? Un bien petit nombre. Vrais fidèles, que vous êtes heureux! Mais prenez garde! Dieu veuille éclairer les hérétiques, les superstitieux et les profanes. Appel à ceux qui ont fait un pas dans la piété, appel à ceux qui se relâchent, à ceux qui sont tombés. Revenez avec un sincère repentir à Jésus. Le Seigneur veuille nous faire à tous miséricorde.

Ces deux exemples suffisent, nous le pensons, à faire connaître la méthode de Claude. Elle est, on le voit, analytique; mais on s'aperçoit qu'elle tend vers la synthèse. Il procède par voie d'explication, c'est-à-dire qu'il épèle son texte, lève les difficultés de mots ou d'idées, établit la croyance la plus conforme au texte et réfute les erreurs. Au milieu de son explication, il ne perd pas de vue son dernier point; ce n'est pas pour discuter qu'il explique le texte : c'est afin de donner une base solide aux conséquences qu'il tire L'explication vient après l'analyse de chaque membre

du texte. Dans le sermon sur Prov., XVI, 6, 7, intitulé
les fruits de la repentance, il donne une grande place à l'application. Il explique son texte et affirme ne pas s'adresser
aux profanes, aux hypocrites, mais à ceux qu'il a supposé
repentants : « Je ne veux pas parler ici de plusieurs profanes qui sont au milieu de nous, gens qui font profession
ouverte de débauche et de libertinage, qui n'ont nul sentiment ni de piété, ni de vertu, ni de véritable honneur ;
gens enfin plongés dans le vice, fiers, insensibles aux exhortations de la Parole de Dieu, et si occupés des idées de la
vie présente, qu'ils ne sont plus capables de songer à celle
qui est à venir... Je ne parle point ni des hypocrites qui
sont parmi nous sans être des nôtres, qui n'ont de la piété
que des apparences trompeuses, et qui cachent leurs impuretés ou leurs injustices sous un beau masque de dévotion ;
ni d'un certain nombre de froids et d'indifférents, qui regardent la religion comme une chose étrangère dont ils ne
s'embarrassent pas... L'espérance de la propitiation ne regarde que *ceux qui sont affligés, qui ont l'esprit brisé et qui
tremblent à la parole de l'Eternel.* C'est en vous, mes frères,
que j'ai supposé la repentance ; mais c'est à votre sujet aussi
qu'il me reste du scrupule (1). »

Plus loin, il énumère les calamités de l'Eglise et les vices
de son troupeau : « La colère de Dieu ne parut jamais ni si
grande ni si inexorable qu'elle a paru contre nous depuis un
assez long temps. Nos afflictions s'entassent les unes sur les
autres, comme les flots d'une mer irritée ; elles se suivent
les unes les autres de si près, qu'à peine avons-nous le loisir de soupirer pour chacune d'elles. Notre ruine ne fut jamais ni si ardemment désirée, ni si hautement demandée,
ni attendue avec plus d'espérance. Edom ne cria jamais ni
plus vivement ni plus fortement sur la misérable Jérusalem :
Découvrez, découvrez jusqu'à ses fondements. Avec tout cela,

(1) P. 315, 316.

on ne vit jamais dans nos troupeaux, et en particulier dans celui-ci, tant de vices et tant d'actions scandaleuses que nous en voyons aujourd'hui. Il n'y en eut jamais un si grand nombre de tout ordre et de toute espèce. Nous n'entendons parler que d'injustices et de violences, de querelles et de ressentiments, d'usures et d'oppressions, de fourberies et d'infidélités, d'adultères et de sales intrigues, d'ivrogneries et de dissolutions... Nous ne sommes plus cette *génération élue, cette nation sainte et ce peuple acquis* que nous étions autrefois ; nous ne pouvons plus nous appliquer ce que saint Paul a dit de l'Église : qu'elle est sans tache et sans ride, irrépréhensible et sainte, et que Jésus-Christ s'est donné lui-même pour elle afin de la sanctifier... Vit-on jamais l'ignorance, l'indifférence de religion, le mépris de la Parole de Dieu, les blasphèmes, l'impiété, régner avec plus d'audace qu'aujourd'hui ? Vit-on jamais plus d'orgueil et de vanité dans nos actions, plus de licence et de hardiesse dans nos discours, plus de médisances et de railleries amères dans nos entretiens, plus de jeux, de ris et de divertissements mondains dans nos assemblées de famille, plus de faste et de somptuosité dans nos habits, dans nos équipages et dans nos ameublements !... Nous sommes à deux doigts de notre ruine, et nous vivons pourtant encore dans la dernière corruption et dans la dernière sécurité (1). »

Il demande si, pour réparer tant de désordres, il suffit d'une repentance passagère : « Mais vous, gens de bien, car ce n'est qu'à vous que je parle, serez-vous si endormis qu'on ne puisse encore vous réveiller ? Aurez-vous tellement perdu l'usage de vos yeux que vous ne puissiez voir l'état où nous sommes, et en le voyant dans toute son étendue, vous contenterez-vous d'une médiocre repentance ? Serez-vous satisfaits de quelques mouvements passagers de douleur, de quelques regrets ordinaires, de quelques soupirs échappés ? »

(1) P. 317, 318.

Puis il applique à son auditoire l'explication du texte;
enfin il le bénit : « Dieu veuille vous redonner aujourd'hui
sa paix et sa faveur, et en vous pardonnant vos péchés,
vous faire bientôt cueillir les fruits de sa réconciliation avec
vous... Dieu veuille affermir pour toujours son alliance avec
ce troupeau, et vous conserver, à vous et à vos enfants,
jusqu'à la fin des siècles, le précieux avantage de sa parole
et de son service... Dieu veuille accompagner de son efficace
céleste la Parole qui vous est prêchée, et vous donner d'en
haut l'accroissement pendant que Paul plantera et qu'Apollos
arrosera, afin que vous puissiez lui rendre abondamment,
tous les jours de votre vie, les fruits que mérite sa culture...
Dieu veuille confirmer sa crainte et son amour dans vos
cœurs, et, en modérant vos passions, éloigner de vous les
occasions de mal faire et vous épargner les tentations...
Dieu vous fasse la grâce d'élever vos enfants dans les sentiments de la piété et de la justice, et lui-même veuille
tourner, par son Saint-Esprit, leurs jeunes cœurs à l'obéissance de ses lois et à l'espérance de son royaume, afin que,
faisant leur devoir, vous en ayez de la joie et de la consolation... Dieu veuille enfin bénir chacun de vous dans le travail de sa vocation, et vous départir des biens temporels ce
qu'il jugera lui-même vous être nécessaire pour le repos de
votre vie, et pour achever heureusement votre course en la
communion de Jésus-Christ, son Fils (1). »

La doctrine de Claude est orthodoxe : il ne craint pas de
traiter les questions de théologie les plus délicates et les plus
difficiles, mais c'est toujours avec la plus grande franchise ;
il accepte toutes les conséquences du principe qu'il vient
d'établir. Ainsi, dans le cinquième sermon sur la parabole
des Noces, il admet la prédestination absolue et ajoute :
« Je sais qu'il y a quelques esprits fiers et emportés qui la
trouvent dure ; mais qu'importe qu'ils la trouvent dure ! Ce

(1) P. 334, 335.

ne sera jamais mal fait à nous d'avoir plus de soumission et
d'obéissance pour la doctrine de l'Ecriture que de complaisance pour la fierté d'un Arminius ou d'un Molina (1). »

Il a une marche clairement tracée ; chaque phrase,
chaque mot va au but. Il enchaîne avec soin toutes les parties de son discours et développe chacune d'elles en regard
de la place qu'elle occupe ; il a peu d'imagination, mais
quelquefois de la verve et de la chaleur d'âme ; le plus souvent, il a de la justesse et de la force ; il a plus l'éloquence
de la raison que l'onction. Un de ses sermons fait seul exception : c'est celui qu'il prononça en quittant son Eglise de
Paris. Le moment dans lequel il le prononça était exception-
nel, comme il le dit lui-même dans l'avertissement dont il
fait précéder le discours ; il l'appelle « une exhortation faite
à la hâte et dans le plus grand trouble de ma douleur. Ce
n'est pas une explication régulière du texte ; la douleur ne
souffre ni l'art ni la méthode : ce sont les mouvements de
mon cœur navré de tristesse et des conseils dont je vous
conjure de conserver la mémoire. » Ce sont des cris qui
partent du cœur, des mouvements d'une rare éloquence ;
l'émotion le fait sortir de ce ton monotone et compassé, froid
et retenu, qui lui est habituel, et qui appartient aussi à la
plupart des prédicateurs réformés de ce siècle. En voici
quelques extraits : « Sacré lieu, honneur de Jacob, murs
sacrés fondés sur le sang de Jésus-Christ, cimentés du sang
des martyrs, places de ce saint lieu, figures augustes de
Dieu, siége et source des divins oracles, demeure du Dieu
saint, maison du Dieu vivant, auguste lieu. Qui sera la
main sacrilége, la main de la justice divine ? car tout ceci
est ce que sa main et son conseil ont déterminé. Malheur sur
Jérusalem, disons-nous depuis longtemps ; malheur sur le
temple : voici le jour fatal que nous avions prédit... Eglise

(1) P. 193.

du Seigneur, autrefois toute ma joie, aujourd'hui toute ma douleur, pleurez! le sujet est trop juste.

» Oh! plût à Dieu qu'à l'exemple du souverain sacrificateur Jehojada, nous fussions en ce moment employés à renouveler l'alliance entre Dieu et son peuple! Promettez à Dieu de cheminer en ses voies ; que la vérité vous sera plus chère que toutes choses, et de lui être fidèles jusqu'à la mort, et je vous jurerai de sa part qu'il sera encore votre Dieu! « Oui, » a dit l'Eternel, « je leur serai Dieu. » Vous le promettez? Vous, cieux, je vous prends à témoin entre ce peuple et son Dieu. De la sorte, Dieu sera toujours votre Dieu, vous serez sans pasteurs, mais vous aurez pour pasteur le grand Pasteur des brebis, que vous irez entendre dans sa Parole. Vous n'aurez plus les serviteurs, mais vous aurez le Maître. Vous ne viendrez plus entendre nos prédications, mais vous irez au sermon du Fils de Dieu, et tirerez les instructions de sa bouche. Vous n'entendrez plus notre parole, mais vous entendrez la voix du Seigneur. Vous n'aurez plus de temples, mais le souverain n'habite point les temples faits de sa main. De tous vos cœurs, bien unis en sa foi, faites-lui une maison sainte qui s'élève pour être un tabernacle de Dieu en esprit. De vos maisons faites des temples ; consacrez-les à Dieu par un jeûne solennel, et là rendez-lui soigneusement vos services ; surtout que le jour du Seigneur vous soit saint; car ce jour est saint à l'Eternel...

» Fiez-vous en l'Eternel ; c'est chose grande que sa fidélité. Et dans ce désastre, nous prierons comme vous ; nous sommes toujours vos pasteurs. Oui, le dernier moment de ma vie, qui, dans mon pieux dessein, eût été le dernier de mon ministère parmi vous, sera le dernier de mon amour. Jérusalem, si je t'oublie, que ma droite s'oublie! Sainte famille de mon Père, cher héritage de mon Dieu, sacré troupeau de mon divin Maître, si je ne vous prêche dans ce lieu, je vous rassemblerai dans mon cœur. Si je ne vous bénis de cette chaire, je vous bénirai dans mon cœur ; et

là vous ferez le principal sujet de ma joie ou de ma tristesse, l'unique sujet de mes prières, et la continuelle matière de mes vœux ardents. Les heures qui étaient destinées
à vous prêcher, le seront à prier, et à conjurer le ciel pour
attirer ses grâces sur vous. Et toi, Seigneur, je ne te lais-
serai point aller que tu ne les aies bénis. »

Le style de Claude est précis, classique; il a le goût pur,
mais l'horreur de tout faux brillant. Il le dit lui-même dans
l'épître dédicatoire de son sermon sur les fruits de la repentance : « Pour ce qui regarde la forme, on n'y trouvera, à
la vérité, ni beaucoup de feu, ni, beaucoup d'élévation, ni
beaucoup de justesse de style, ni peut-être même aucune
de ces grâces que le siècle aime; mais on y trouvera au
moins une bonne intention et un caractère de simplicité
sans affectation et sans fard, ce qui est, à mon avis, plus
propre à persuader que toute la rhétorique du monde. »
Tous les critiques sont à peu près unanimes à dire qu'il
était excellent improvisateur et parfois éloquent, quoique
son style fût peu brillant et sa voix peu agréable. Moréri (1), qu'on ne peut accuser de partialité à l'égard de
Claude, dit : « Quoique son extérieur n'eût rien qui impo-
sât, quoique sa voix même fût désagréable, son style peu
brillant et peu fleuri, il faut avouer cependant que son éloquence était mâle, vigoureuse, soutenue de raisonnements
bien poussés et très-propres à persuader ceux qui étaient
dans les mêmes principes que lui. » Bayle (2) trouve que
« ses sermons contiennent un grand ordre, une profonde
théologie, beaucoup de grandeur et de majesté, une éloquence mâle, un raisonnement solide. » Nicéron (3) s'exprime en ces termes : « La prédication l'occupait moins que

(1) Moréri, *Dictionnaire historique et critique*, article *Claude*.
(2) Bayle, *Dictionnaire historique et critique*, article *Claude*.
(3) Nicéron, *Mémoires pour servir à l'histoire des hommes illustres
de la république des Lettres*.

tout autre, parce qu'il prêchait avec une grande facilité; il concevait aisément les choses, et les expressions se présentaient si bien à lui, qu'on avait de la peine à distinguer ce qu'il disait par la seule méditation, de ce qu'il avait écrit. Il est vrai qu'il n'avait pas ces dehors brillants qui en imposent à beaucoup de personnes, ni la voix agréable ; mais ses sermons renferment un grand ordre, une éloquence mâle et beaucoup de grandeur et de majesté, quoique le style en fût simple et peu fleuri. » On lit ailleurs (1) : « Il prêchait avec une grande facilité ; il avait une éloquence mâle, un raisonnement solide, quelquefois subtil ; son style est simple et peu fleuri ; sa voix n'avait rien d'agréable, ce qui, lorsqu'il fut question de l'attacher au Consistoire de Charenton, fit dire à Morus : « Il aura toutes les voix pour lui, hormis la sienne. » Haag, dans la *France protestante*, dit : « Comme prédicateur, Claude possédait une facilité d'improvisation singulière qui ne nuisait nullement au développement méthodique de son argumentation. Son éloquence était mâle, pleine de grandeur et de majesté, et il aurait, on peut le dire, exercé un empire irrésistible sur son auditoire, si la nature l'avait doué de ces dehors imposants, de cet organe harmonieux qui séduisent toujours la multitude et font souvent la moitié du succès de l'orateur. » Enfin, M. le professeur Nicolas, dans l'article qu'il consacre à Claude, dans la *Nouvelle biographie générale*, publiée par Firmin Didot frères, Paris, 1854, dit de Claude : « Il n'était pas moins remarquable comme prédicateur. Doué d'une grande facilité de parole, il improvisait d'ordinaire ses discours, et cependant sa diction était vive et serrée. »

Cette étude serait incomplète si nous ne disions pas un mot de son *Traité de la composition d'un sermon*. L'ouvrage est divisé en dix chapitres : le premier traite de la con-

(1) *Biographie universelle ancienne et moderne, rédigée par une société de gens de lettres et de savants.* Paris, 1813.

nexion (liaison du texte avec le contexte) ; le second, de la
division ; le troisième, de la tractation ; le quatrième, des
règles générales de la prédication ; le cinquième, des textes
que l'on doit traiter par voie d'explication ; le sixième, de
ceux que l'on doit traiter par voie d'observation ; le septième, de ceux que l'on peut traiter par voie d'application
perpétuelle ; le huitième, de ceux qui peuvent se traiter
par voie de proposition ; le neuvième, de l'exorde ; le
dixième, de la conclusion. Claude s'occupe plus de la
structure du sermon que du sermon lui-même ; il le considère plutôt sous le rapport de l'art, que d'après le but qu'il
doit atteindre. Son traité n'est guère qu'un recueil de plans
de sermons et d'analyses de textes ; mais il entre dans des
détails infinis. Ainsi, dans le chapitre VI, il donne à l'in-
vention vingt-sept sources ; mais aussi d'autres parties sont
bien restreintes. Tandis qu'il consacre trois cent trente pages
au corps du discours, il n'en donne que quatre à l'application. Nous le trouvons ici en contradiction avec lui-même ;
car nous avons vu que, dans ses sermons, il accordait à
cette partie une place importante et considérable. Ces réser-
ves faites, l'ouvrage renferme d'excellents conseils ; le chapitre IX est sans contredit le meilleur du traité.

———

Nous sommes arrivé à la fin de notre tâche ; nous ne
prétendons pas avoir épuisé la question. Heureux si nous
sommes parvenus au but que nous voulions atteindre : de
rappeler au souvenir de notre Eglise l'un des pasteurs les
plus éminents du dix-septième siècle et de caractériser sa
prédication. Puisse la contemplation de cette noble figure
nous remplir d'une sainte émulation !

———

THÈSES.

I. L'unité dogmatique absolue n'a jamais existé; elle est impossible et ne sera toujours qu'un idéal.

II. Le christianisme est éminemment social.

III. La prédication chrétienne ne devrait pas rester étrangère aux grandes questions morales et sociales qui s'agitent de nos jours.

IV. Dans l'inspiration, l'élément divin ne détruit pas l'élément humain; donc, la théopneustie plénière ne nous paraît pas être soutenable.

V. L'autorité canonique de la deuxième épitre de saint Pierre est contestable.

Le Président de la soutenance,

J. PEDÉZERT.

Montauban, le 26 mars 1868.

Vu par le Doyen,

G. DE FÉLICE.

Vu et permis d'imprimer :

Le Recteur,

ROUSTAN.

POLYCARPE

ÉVÊQUE DE SMYRNE.

ESSAI CRITIQUE.

THÈSE

Publiquement soutenue à la Faculté de théologie protestante de Montauban,

EN JUIN 1868,

PAR FRANCK PUAUX, DE LUNERAY (SEINE-INFÉRIEURE),

BACHELIER ÈS LETTRES

Aspirant au grade de bachelier en théologie.

———— ◦◦◦◦◦ ————

TOULOUSE

IMPRIMERIE DE A. CHAUVIN

RUE MIREPOIX, 3.

—

1868

MEIS

E. PICTET PRÉVOST, O. VALLETTE.

F. P.

EMPIRE FRANÇAIS.

Université de France. — Académie de Toulouse.

FACULTÉ DE THÉOLOGIE PROTESTANTE DE MONTAUBAN.

PROFESSEURS.

MM. De FÉLICE, ✵ doyen   Morale et éloquence sacrée.
     NICOLAS, ✵. . . .   Philosophie.
     SARDINOUX, ✵. .   Exégèse et critique du Nouv. Testam.
     PÉDÉZERT. . . . .   Littérature grecque et latine.
     BOIS. . . . .   Hébreu et critique de l'Anc. Testam.
     MONOD. . . . . . .   Dogmatique.
     BONIFAS. . . . . .   Histoire ecclésiastique.

EXAMINATEURS.

MM. PÉDÉZERT, président de la soutenance.
     NICOLAS, ✵.
     BOIS.
     SARDINOUX, ✵

La Faculté ne prétend approuver ni désapprouver les opinions particulières du candidat.

POLYCARPE

ÉVÊQUE DE SMYRNE.

INTRODUCTION.

L'auteur d'un livre remarquable sur les Pères apostoliques, l'abbé Freppel, après avoir rappelé les débats qui
s'élevèrent au dix-septième siècle à propos de l'authenticité des épîtres d'Ignace, ne peut s'empêcher de sourire de
la naïveté avec laquelle un écrivain proclame hautement que
la critique est née de nos jours. « C'est par cette phrase ma-
gistrale, » dit-il, « que débute un livre récent, qui sous le titre
d'*Etudes d'histoire religieuse* n'est que le reflet d'une érudition étrangère. »

Ce n'était pas sans raison, du moins nous le pensons, que
l'auteur des *Etudes d'histoire religieuse* écrivait cette phrase
qui blesse si fort le théologien de la Sorbonne.

On ne songe pas à mettre en doute la science d'un Daillé,
le talent d'un Pearson. Le présent ne fait pas si bon marché
du passé et sait encore lui garder quelque respect. Cependant
il semble à l'honorable professeur que les érudits des siècles
passés ont le droit de réclamer, du milieu de leurs in-folio,
auprès desquels nos rares in-octavo seraient trouvés bien
légers dans la balance de la justice (1). Qu'ils réclament,

---

(1) *Les Pères apostoliques*, p. 347.

c'est leur droit ; car ils resteront toujours les hôtes poudreux des grandes bibliothèques, tandis que ces in-octavo, plus nombreux cependant qu'on ne veut le dire, se trouveront partout, sur la table de travail de l'homme du monde comme sur l'établi de l'ouvrier.

Cette publicité justifie mieux que les paroles la vérité de cette affirmation : « La critique est née de nos jours, » car l'action est le véritable, le seul caractère de la vie. Autant l'ancienne critique influa peu sur le courant des idées contemporaines, autant la nouvelle a su s'emparer de la direction des études et prendre une place qu'il serait difficile de lui disputer.

Naguère inconnue, sans influence, elle a vu en peu de temps sa puissance grandir et s'affirmer d'une manière éclatante. On se souvient encore de l'émotion causée par l'apparition du livre du docteur Strauss ; il sembla qu'un horizon nouveau se fût ouvert devant les yeux de l'homme. Il est permis de dire que dès lors tout fut remis en question. On s'empressa d'employer cette nouvelle méthode à l'examen de questions ou de faits qui semblaient ne plus devoir même être l'objet d'un doute.

Les controverses soulevées par les publications récentes sur la vie de Jésus et sur l'authenticité du quatrième évangile ont donné la mesure de son importance. Ce n'est pas ici le lieu de discuter les défauts ou les avantages de la critique ; mais on peut dire qu'elle provoque les recherches personnelles, et fait comprendre la nécessité d'arriver par soi-même à des résultats précis qui permettent de nier ou d'affirmer en connaissance de cause.

Cette étude sur Polycarpe est le résultat d'un travail fait sous l'influence de cette critique nouvelle. Notre plan s'indiquait par la nature même des choses : il fallait retracer dans une première partie la vie de l'évêque de Smyrne en réunissant les trop rares données que nous a laissées un siècle peu jaloux de la gloire de ces grands hommes.

L'epître aux Philippiens devait faire le sujet d'une seconde
partie où les questions ordinaires que soulève la critique
devaient être abordées. C'est ce que nous avons essayé de
faire en restant fidèle aux principes d'une saine critique, les
seuls qui, sagement observés, assurent la légitimité des recherches et donnent aux résultats leur véritable signification.

PREMIÈRE PARTIE

Vie de Polycarpe.

Il serait difficile de faire une biographie complète de l'illustre évêque de Smyrne; car les documents manquent presque complétement. Nous n'avons pas sujet de nous en étonner. L'époque qui vit naître Polycarpe se préoccupa moins des hommes que des idées. On a remarqué que dans les temps difficiles, dans les jours de lutte, l'homme s'efface devant la cause qu'il soutient; Polycarpe était un de ces hommes-là.

L'histoire ne s'est jamais faite l'humble servante des personnalités; je parle de cette histoire que le grand orateur romain appelait respectueusement *magistra morum*; de cette histoire qui n'est pas seulement inscrite aux chartes des bibliothèques, mais qui est gravée dans le cœur des peuples. Elle ne nous a pas même conservé la date de la naissance de l'évêque de Smyrne; elle ne saurait nous indiquer le jour de sa mort; et cependant elle a ceint le front du martyr d'une auréole de gloire que les siècles n'ont pu ternir. Il n'appartenait qu'au siècle apostolique de présenter à nos yeux étonnés une pareille insouciance de la gloire humaine. A l'exception de saint Paul, pas un de ces hommes qui ont plus fait pour l'humanité que ces rois, que ces princes, dont les chroniques ont raconté les moindres actions, n'a trouvé un seul biographe. Lorsque, deux siècles plus tard, saint Jérôme voulut publier son catalogue des hommes illustres, quelques pages lui suffirent pour rappeler

tout ce qu'on savait de la vie de ces premiers fondateurs
du christianisme.

Aussi n'avons-nous aucun donnée sur les premières
années de la vie de Polycarpe (1). Sans doute originaire de
l'Asie Mineure, il naquit à la fin du premier siècle, et probablement il se convertit encore jeune aux idées chrétiennes.
Disciple de saint Jean, d'après certains critiques, il fut
appelé par lui à occuper le siége épiscopal de Smyrne (2).
Il n'est pas inutile de rappeler les circonstances dans lesquelles se trouvait l'Eglise chrétienne lorsque Polycarpe fut
nommé évêque. Après la ruine de Jérusalem les disciples
et les derniers apôtres s'étaient dispersés ; il n'était pas de
contrée du monde ancien qui n'eût eu connaissance des
événements qui s'étaient passés en Judée. Saint Jean, le
dernier débris de cette grande et héroïque génération, qui
avait vécu avec le Seigneur, se sentait mourir. Les autres
avaient disparu ; on entrait déjà dans une nouvelle période,
période de transition ingrate entre toutes.

Il est plus facile de poser les bases d'une œuvre que d'en
assurer la durée. Aux premiers jours, on le sait, l'enthousiasme anime les cœurs, provoque le dévouement, favorise
les plus audacieuses entreprises ; la lutte double les forces ;
mais lorsque, fatigués, les combattants demandent le repos,
il est nécessaire de posséder des hommes qui continuent la

---

(1) Il existe une relation de la vie de Polycarpe, retrouvée par le
père Halloixius à la suite d'un manuscrit qui contenait les actes de
son martyre ; mais son autorité est infirmée par tous les critiques.

D'après Irénée, Polycarpe aurait été appelé à occuper l'évêché de
Smyrne par les apôtres. (V. Eusèbe, *Hist. eccl.*, IV, 13.)

(2) Temple Chevalier, dans sa *Translation of the epistles of Clement
of Rome*, etc. prétend que Polycarpe fut élevé dans la foi chrétienne
par Bucolus, évêque de Smyrne. Plus tard, il fut ordonné diacre et
catéchiste de l'Eglise de cette ville ; à la mort de Bucolus, il fut appelé à le remplacer sur le siége épiscopal. L'auteur anglais ne cite
pas la source où il a pris cette donnée. — Contre cette opinion, voir
l'affirmation de Tertullien, *De præscriptione hereticorum*, c. 32.

lutte avec constance. Saint Jean, en choisissant Polycarpe,
assurait au christianisme de l'Asie Mineure un défenseur
d'un rare courage, d'une inflexible fermeté ; un homme
enfin qui saurait se montrer supérieur aux événements et ne
se laisserait point guider par eux.

Il savait que Polycarpe poursuivrait sa route sans jamais
se laisser arrêter et finirait par faire triompher le christianisme.

Peu de temps après ces événements, saint Jean, arrivé
aux dernières limites de l'âge, mourait. Polycarpe avait
connu à Ephèse un des hommes dont le nom fut mêlé à tous
les événements qui agitèrent l'Eglise chrétienne à la fin du
premier siècle : je veux parler d'Ignace, « évêque d'Antioche »
et disciple de saint Jean. On peut croire qu'ils s'étaient sans
doute rencontrés auprès de l'apôtre. Bien que Polycarpe fût
plus jeune qu'Ignace, ils se lièrent d'un étroite amitié. La
persécution devait bientôt briser cette union. Ignace, condamné à mort par Trajan, avait accepté avec joie le martyre,
remerciant Dieu de l'avoir jugé digne de confesser son nom.
Polycarpe avait appris la fatale nouvelle, son ami devait
aller à Rome pour y être, suivant la coutume, livré aux bêtes
du cirque ; il passa par Smyrne et vint lui dire une dernier
adieu. L'évêque d'Antioche précédait Polycarpe dans la voie
douloureuse du martyre : l'un finissait sa course, l'autre
entrait à peine dans la vie. De tout côté on était accouru
pour saluer une dernière fois le disciple de saint Jean mar-
chant à la mort. Quel spectacle dut offrir la vue de ce grand
évêque, trouvant encore dans sa douleur la force de consoler les chrétiens d'Asie !

Ignace, quittant Smyrne, se rendit par Philippes à Rome
et mourut de la mort du martyre (1). Polycarpe restait presque seul de cette génération vaillante qui avait fondé
l'Eglise d'Asie ; disciple de saint Jean, fidèle ami d'Ignace,

(1) *Actes du martyre d'Ignace*, chap. 12 à 14.

il hérita du respect qui avait entouré ces deux grands
docteurs. Jeune encore, il fut considéré comme une des colonnes de l'Eglise, et à peine entrait-il dans la vie que
déjà il assumait sur lui une lourde responsabilité.

L'évêque de Smyrne n'était pas indigne d'une si grande
tâche : il était de ceux dont l'apôtre dit qu'il ne faut pas
mépriser la jeunesse ; aussi Ignace lui rendait-il ce glorieux
témoignage qu'il avait trouvé dans l'Eglise dont il était le
conducteur une foi inébranlable (1). Au moment de mourir,
il recommandait à son ami l'Eglise d'Antioche, en le priant,
pour me servir des paroles d'Eusèbe, d'en avoir un soin
digne d'une personne en qui il avait une entière confiance ;
Tillemont ajoute : (2) « On voit qu'il lui parle comme à un
évêque très-saint, mais que Dieu voulait élever à une sainteté beaucoup plus grande. »

Polycarpe était devenu l'évêque d'une cité dont le nom
allait grandissant tous les jours. Fière de sa position unique
dans l'Asie Mineure, de ses monuments dus à la libéralité
des Césars ou à la munificence de ses citoyens ; assise au
fond de son beau golfe, Smyrne offrait à ses habitants toutes ces jouissances dont l'antiquité fut si jalouse (3).

Déjà sous Auguste, le géographe Strabon vantait sa beauté.
Sous les Antonins cette prospérité s'était encore accrue : elle
rivalisait avec Ephèse (4).

On vantait surtout son école d'éloquence. Ses professeurs
étaient u niversellement connus ; les étudiants accouraient de
toute l'Asie Mineure, et même de la Grèce et de contrées

---

(1) ἐν ἀκινήτω πίστει. *Ep. ad Smyrn.*, 1.

(2) Tillemont, II, 359.

(3) Pour tout ce qui concerne la ville de Smyrne, il faut consulter
les remarquables mémoires de M. le professeur Cherbuliez, de Genève,
sur la ville de Smyrne et son orateur Ælius Aristide.

(4) « Hujus itaque Asiæ urbes præcipue duæ fuere : Smyrna et
Ephesius utraque Ioniæ, utraque libera, utraque metropolis » (Isaaci
Vossii, *Epist. secund.*).

plus lointaines encore, pour suivre les cours de son académie. Sous cette douce influence, les habitants de Smyrne
étaient devenus les Athéniens de l'Asie Mineure. Les jours
où les rhéteurs en renom déclamaient devant le peuple as-
semblé au théâtre leurs compositions ampoulées, la ville
était en fête.

La communauté chrétienne de Smyrne était sans doute
peu nombreuse, mais sa fidélité était connue. Saint Jean avait
dit, en parlant de cette Eglise : « Je connais tes œuvres, ton
affliction, ta pauvreté, quoique tu sois riche, et les outrages
de ceux qui se disent Juifs et qui ne le sont point, mais qui
sont la synagogue de Satan. Ne crains point les choses que
tu vas souffrir. Voici, le diable va jeter en prison quelques-
uns de vous pour que vous soyez éprouvés ; et vous serez
affligés pendant dix jours. Sois fidèle jusqu'à la mort, et je
te donnerai la couronne de vie (1). »

A la suite des événements malheureux qui avaient amené
la ruine de Jérusalem, les Juifs s'étaient dispersés; toutes les
grandes villes de l'Asie Mineure avaient reçu dans leurs
murs des colonies de ces exilés qui, dans leur malheur,
conservaient pour les chrétiens une haine que rien ne pouvait apaiser.

Tels étaient les éléments de la population de la métropole
de l'Ionie; les chrétiens n'étaient qu'une infime minorité qui
se perdait dans la foule des païens. Maintenir et affermir
la foi d'une Eglise naissante, lutter continuellement contre
le fanatisme des Juifs, démontrer sans cesse l'excellence et
la supériorité des idées chrétiennes, telle était l'œuvre que
devait accomplir l'évêque de Smyrne. Elle exigeait des dons

(1) *Apoc.*, II, 9-11. Quelques critiques ont prétendu que l'ange de
l'Eglise de Smyrne était Polycarpe ; rien ne prouve d'une manière
absolue la vérité de cette assertion. Cependant nous ne pensons pas
que Polycarpe fût déjà à la tête de l'Eglise à l'époque à laquelle écrivait saint Jean, entre 70 et 80.

qui se rencontrent rarement réunis : au sérieux de la vie, il devait savoir joindre ces qualités de l'esprit et cette exquise urbanité que recherchaient les habitants de Smyrne. Dans ses relations avec des hommes préoccupés des intérêts politiques de la cité, aimant les beaux-arts, cultivant les belles-lettres, il devait faire comprendre que, loin de dédaigner ces arts qui sont le charme et l'ornement de l'esprit, loin de proscrire les préoccupations généreuses du citoyen pour sa patrie, le chrétien les comprend mieux que tout autre dans leur véritable grandeur. Il devait surtout faire respecter dans sa personne les principes religieux qui étaient à la base de sa vie, sachant avec quelle facilité on rend la religion responsable des fautes de ses ministres.

Polycarpe fut-il à la hauteur d'une mission semblable ? rien ne paraît nous prouver le contraire. L'histoire malheureusement ne nous a conservé que peu de détails sur l'activité de l'évêque de Smyrne : « Il fut le primat de toute l'Asie (1), » dit saint Jérôme ; « il est le père des chrétiens, » s'écriait, dans l'amphithéâtre, la foule qui demandait sa mort. Peu d'événements vinrent troubler le cours d'une vie si saintement employée. Après la mort d'Ignace il écrivit une lettre aux Philippiens, la seule qui nous soit restée de lui.

La lecture de ces quelques pages laisse deviner un esprit déjà mûr : il y a déjà en lui toute la foi énergique d'un saint Paul tempérée par l'influence de son maître saint Jean. Nous trouvons chez lui l'affirmation de l'apôtre des Gentils, et cependant il nous semble entendre comme l'écho lointain de la voix de celui qui disait : « Aimez-vous les uns les autres. »

Les années s'écoulèrent. Dernier survivant des hommes des temps apostoliques, Polycarpe voyait son influence s'étendre sur le monde chrétien. Homme de transition, il unissait un passé glorieux à un présent plein de riches espérances. Il accueillait auprès de lui des jeunes hommes qui

---

(1) Saint Jérôme, dans le *Catalogue des hommes illustres*.

devaient plus tard jouer un rôle éminent dans l'Eglise ; c'est ainsi qu'Irénée venait demander à l'évêque de Smyrne de se préparer à être un jour le défenseur des vérités chrétiennes. En la même époque un jeune homme qui devait suivre une route bien différente, Florinus, se partageait avec Irénée l'affection de Polycarpe. — On ne saurait relire sans émotion les pages où Irénée, devenu le défenseur de l'Eglise, rappelle à Florinus, alors l'ennemi de cette même Eglise, les jours heureux où, assis aux pieds du bienheureux Polycarpe, ils l'écoutaient rappelant les souvenirs du passé :

« J'étais encore bien jeune quand je vous ai vu dans l'Asie Mineure auprès de Polycarpe. Alors vivant avec un grand éclat à la cour, vous vous efforciez de mériter l'estime de l'évêque de Smyrne.

» Je me souviens mieux de ce qui se passait alors que des événements qui sont survenus depuis : les souvenirs de l'enfance, vous le savez, sont les plus vivaces de tous. Aussi pourrai-je rappeler le lieu même où était assis le bienheureux Polycarpe lorsqu'il discutait. Je le vois encore entrer et sortir : sa démarche, son extérieur, son genre de vie, les discours qu'il adressait au peuple, tout est gravé dans mon cœur. Il me semble encore l'entendre raconter les entretiens qu'il avait eus avec saint Jean et avec plusieurs autres qui avaient vu le Seigneur lui-même, nous rapporter leurs paroles, et tout ce qu'il avait appris sur Jésus-Christ, ses miracles et sa doctrine, de ceux mêmes qui l'avaient approché.

» Il nous répétait leurs paroles littéralement, et ce qu'il disait était en tout point conforme avec l'Ecriture sainte. Aussi écoutais-je avec recueillement le saint évêque, et je ne gravais pas sur des tablettes, mais au fond de mon cœur, ces précieux entretiens. Je puis donc protester devant Dieu que si cet homme apostolique avait entendu parler de quelque erreur semblable aux vôtres, il se serait à l'instant bouché les oreilles et se fût écrié : « Mon Dieu, à quels jours m'aviez-vous réservé (1) ? »

On peut juger, par ce précieux témoignage, de l'heureuse influence qu'exerçait Polycarpe dans l'Asie Mineure. On voyait en lui le type de cet évêque chrétien dont la main de saint Paul avait si vigoureusement dessiné les traits dans ses épîtres à Timothée et à Tite; les paroles que son ami Ignace lui avait adressées en mourant avaient porté leur fruit. L'évêque de Smyrne conservait l'unité de la foi; il savait tolérer dans la charité le mal qu'il ne pouvait empê-cher, unir à la simplicité de la colombe la prudence du ser-pent, joindre au ministère de la parole celui de la prière.

Ne sommes-nous pas en droit de le penser, en voyant de quelle haute vénération l'Eglise entourait le disciple de saint Jean? Que dire de son activité? On le sait, l'Asie Mineure de tout temps avait envoyé sur les rives lointaines de hardis colons fonder des stations commerciales dont le nom était connu dans le monde entier; devenue chrétienne, elle en-voya des missionnaires porter partout la nouvelle du salut; c'était auprès de Polycarpe que se formait Irénée qui, plus tard, fut une des gloires de l'Eglise des Gaules (2).

Sous le règne d'Antonin le Pieux, vers l'année 162, nous retrouvons l'évêque de Smyrne à Rome. Anicet salua en lui le dernier représentant des temps apostoliques. C'était à l'époque où les fameuses querelles sur la Pâque agitaient l'Eglise. Polycarpe avait peut-être quitté l'Asie dans l'espoir de provoquer une entente qui n'était plus possible. Déjà se formaient ces divergences qui, en s'accroissant peu à peu, finirent par amener sa séparation des deux Eglises d'Orient et d'Occident. Notre intention n'est pas de rappeler ici les circonstances d'une lutte qui agita l'Eglise d'une manière si

---

(1) Eusèbe, *Hist. eccl.*, V, 19.

(2) D'après Grégoire de Tours, Polycarpe aurait lui-même envoyé Irénée à Lyon. (*Mémoires pour servir à l'histoire ecclésiastique*, t. III, p. 81. Paris, 1695.)

pénible, et pour des motifs, au fond, de peu de valeur; il nous suffira dedir e que le pieux évêque de Smyrne était resté fidèle à la coutume dont son maître saint Jean lui avait donné l'exemple à Epbèse.

On sait combien l'esprit de charité chrétienne resta étranger aux luttes dogmatiques de cette époque. Cependant le respect qu'on professait pour l'évêque de Smyrne était tel, qu'on oublia les divergences de doctrine pour ne songer qu'à l'homme. L'évêque de Rome se fit remplacer par Polycarpe, dans la célébration du service divin, pour laisser voir la profonde entente qui régnait entre eux.

Cependant le disciple de saint Jean ne pouvait quitter Rome sans laisser des traces de son passage : de nombreux marcionites et valentiniens, cédant à l'influence de sa parole, renoncèrent à leurs erreurs. — Un jour, dit saint Irénée, que Polycarpe rencontra l'hérétique Marcion dans les rues de Rome, celui-ci lui demanda s'il le connaissait : « Oui, » lui répondit l'évêque, « je te connais pour le premier-né de Satan. » Ces rares détails nous montrent qu'il avait hérité de saint Jean sa profonde aversion pour l'erreur.

Son séjour dans la capitale de l'empire romain ne fut pas de longue durée : il retourna en Asie. A partir de cette époque, l'histoire se tait et ne fait plus mention de lui. Sans doute il employa ses dernières années à consolider l'œuvre à laquelle il avait consacré toute sa vie.

La mort, a-t-on dit, est la pierre de touche des grands caractères. Polycarpe ne devait pas faillir à une si terrible épreuve : sa mort fut plus glorieuse que sa vie : « Nobilis vivendo, sed moriendo nobilior extitit, » écrit l'auteur anonyme de la vie de Polycarpe (1).

L'Eglise de Smyrne nous a conservé le récit de la mort et des souffrances de celui qui l'avait dirigée (2). On avait joui

(1) Dressel, *Prolégomènes*, XXXV.
(2) Les actes du martyre de Polycarpe remontent à la plus haute

pendant de longues années d'une heureuse tranquillité, lorsque la persécution éclata subitement avec une violence inouïe; Marc Aurèle gouvernait alors l'empire. L'évêque de Smyrne, le disciple de saint Jean était naturellement désigné aux coups des persécuteurs; il voulait demeurer au milieu des siens. Mais, cédant à la pression de ses amis, il se retira dans une campagne peu éloignée de la cité. Polycarpe passait sa vie en de continuelles prières, suppliant Dieu de prendre pitié de son Eglise. Il eut le pressentiment de sa mort prochaine et l'annonça tranquillement à ceux qui l'entouraient : « Il est nécessaire, » dit-il, « que je meure sur le bûcher. » A peu de jours de là, un de ses serviteurs mis à la torture trahit sa retraite. Une troupe nombreuse de soldats, de cavaliers se dirigea vers la campagne où se tenait le vieillard, « comme si on voulait, » disent douloureusement les Actes de son martyre, « s'emparer d'un malfaiteur. » Ils arrivèrent au soir. Polycarpe pouvait s'enfuir : il refusa : « Que la volonté de Dieu se fasse, » dit-il; et lui-même accueillit ses ennemis, et ne leur demanda que de pouvoir prier Dieu. Sa prière monta vers le ciel si puissante, il embrassa dans un si grand amour tous ceux qu'il aimait, les recommandant à Dieu, pauvres et riches, savants et ignorants, priant enfin pour l'Eglise entière, que les soldats se demandaient comment ils avaient eu le triste courage d'arrêter ce noble vieillard.

On le conduisit à Smyrne. Les hommes les plus considérés de la ville le suppliaient de rendre hommage à César et de sacrifier aux idoles. Polycarpe refusa. On l'entraîna à l'amphithéâtre ; une foule compacte et frémissante remplissait les gradins.

antiquité, et sont un des plus précieux documents pour l'histoire des persécutions sous les Antonins. (V. Eusèbe, *Hist. eccl.*, IV, 15.) Le caractère légendaire de la fin fait supposer une de ces interpolations malheureusement trop fréquentes à cette époque.

Il se passa une scène admirable dont l'histoire offre peu d'exemples : un évêque, un vieillard, depuis près de quatre-vingts ans l'honneur et la gloire de la ville de Smyrne, était seul debout au milieu du cirque. Un proconsul romain l'interrogeait : « Jure, » lui disait-il, « par la fortune de César, et pousse le cri consacré : périssent les impies ! » Polycarpe se retourna vers cette foule désireuse de son sang, et lente-ment promenant son regard autour de lui, calme, le visage sévère, il répéta les dernières paroles du magistrat romain : « Périssent les impies ! » Des cris de mort répondirent à la fière provocation du martyr. Le proconsul insistait : « Jure, » disait-il, « et je te rendrai à la liberté ; maudis le Christ. » « Il y a quatre-vingt-six ans que je suis le serviteur de Christ ; il ne m'a jamais fait de mal : comment pourrais-je maudire mon roi qui me sauve ? » répondit le vieillard. Nobles paroles, qui, à elles seules, suffiraient à sa gloire, et que l'Église con-servera toujours avec un soin jaloux, comme un des plus beaux exemples de fidélité chrétienne.

Il semblait que la lutte rendait à Polycarpe les forces que son grand âge lui refusait. Aux questions, aux supplications, il ne répondit que par le cris des martyrs : « Je suis chré-tien ! » Menacé d'être livré aux bêtes féroces, il affirmait sa foi avec d'autant plus d'énergie. Le proconsul parla du supplice du feu : « Qu'attends-tu ? » répondit stoïquement le martyr.

On ne saurait dépeindre le spectacle que présentaient alors les arènes de Smyrne. Un vieillard seul, sans appui, luttait contre un magistrat romain armé du plus terrible pouvoir, luttait contre un peuple avide de ces odieux spectacles ; et cependant, dans sa faiblesse, était encore vainqueur. Lors-que, suivant l'usage, d'après les ordres du proconsul, le héraut s'avança dans l'arène en proclamant par trois fois que Polycarpe avait déclaré être chrétien, une immense clameur s'éleva des gradins de l'amphithéâtre : « Mort au docteur de l'impiété ! c'est le père des chrétiens, l'adversaire de nos dieux (1) ! »

Il monta avec courage sur le bûcher ; les fidèles l'entouraient en pleurant et s'arrachaient ses vêtements pour conserver un dernier souvenir de celui qui avait été si longtemps le père des fidèles de l'Eglise de Smyrne. Le martyr allait mourir. Alors, levant les yeux au ciel, il s'écria :

« Dieu tout-puissant, Père de ton fils bien-aimé, Jésus-Christ, par lequel nous avons appris à te connaître, je te bénis de ce que tu m'as jugé digne, dans ce jour et à cette heure, de prendre rang parmi les martyrs et de boire à la coupe de ton Christ pour la résurrection en vie éternelle de mon âme et de mon corps. Puissé-je être accepté de toi comme un sacrifice qui te soit agréable. Je te loue, je te bénis, je te glorifie pour tout ce qui m'arrive (2). » .

Depuis les jours où saint Etienne mourait en répétant les paroles de son maître, où saint Paul et saint Pierre couronnaient leur vie par le martyre, jamais figure plus noble, plus vénérable n'avait paru dans les arènes. On est frappé par cette physionomie austère et calme, que rien n'épouvante, que rien ne peut ébranler. On sent que le grand évêque va

(1) Un fait remarquable à signaler, et qui montre combien les Eglises d'Asie faisaient peu de prosélytes parmi les Juifs, est la haine de ces derniers contre Polycarpe ; ce furent eux qui provoquèrent les troubles de l'amphithéâtre ; ce sont eux aussi qui feront les apprêts du supplice : μάλιστα Ἰουδαίων προθύμως ὡς ἔθος ἀυτοῖς εἰς ταῦτα ὑπουργούντων. Le malheureux peuple devait expier cruellement les persécutions qu'il prodiguait aux chrétiens.

(2) *Acta Polyc.*, c. XIV. Le récit des actes du martyre de Polycarpe à partir de ce moment perd ce caractère de simplicité qui fait son charme et assure sa vérité ; le miraculeux survient, la flamme du bûcher n'atteint pas le martyr : on est obligé de le percer d'un coup de lance ; une colombe sort de la blessure, en même temps que des torrents de sang éteignent le feu du bûcher. Inutile de dire que ces faits, ajoutés par une main étrangère, déparent ce récit, un des plus simples et des plus touchants que nous ait laissé l'antiquité chrétienne.

rejoindre ceux qui l'ont précédé, Ignace son ami, saint Jean son maître ; aussi il monte sur le bûcher comme on monte dans un temple.

Avec lui disparaît le dernier représentant de cette génération d'hommes vaillants qui fondèrent les Eglises de l'Asie et assurèrent le triomphe du christianisme en Orient.

Avec Polycarpe, il faut dire adieu au plus grand et au plus illustre de tous les siècles, celui qui a vu naître Jésus-Christ (1).

(1) On est peu fixé sur l'époque précise de la mort de Polycarpe. Des divergences considérables se sont produites entre les critiques. Les années 147 et 178 sont les deux limites extrèmes. D'après Pearson, l'évêque de Smyrne serait mort en 147 ; suivant Stierenius, en 161 ; d'après Scaliger, Giessler, Néander, en 167 ; suivant Baronius, en 169. .Basnage va jusqu'à l'année 178. A propos de cette date, le célèbre éditeur des *Pères apostoliques* s'écrie : « Les débats sont trop nombreux pour que je prétende avoir la force de les vider, à la fin d'un si long voyage. «Polycarpe, dans son édition, termine le volume.» Accablé de fatigues, brisé par la lutte, je ne me sens pas le courage de trancher une si grande difficulté ; aussi, lecteur, vois ici ma dernière note. »

Nous croyons l'avis de Cotelier fort sage. Mieux vaut un silence prudent qu'une affirmation téméraire ; une sage réserve le commande d'elle-même. Polycarpe fut enseveli à Smyrne même. En 1672, Thomas Smith, dans son ouvrage sur les sept Eglises d'Asie, avait donné une description de l'endroit où se trouvaient les restes du martyr. Voici, du reste, ses propres paroles : « A côté de la porte orientale de la citadelle, on voit encore deux aigles, insignes de la puissance romaine, largement et habilement sculptés ; de là nous descendîmes par des marches de marbre que les Turcs ont depuis enlevées au grand amphithéâtre où Polycarpe avait reçu la couronne du martyre. Les Grecs, au jour consacré à la mémoire du saint, se rendent à son tombeau. Il est encore assez bien conservé ; mais l'intempérie des saisons, le vandalisme des Turcs, la superstition des chrétiens d'Occident qui s'en disputent les débris, tendent à le faire tomber en ruine » (*Notice sur les sept Eglises d'Asie*, p. 164. Oxon, 1672). Ce tombeau existe encore de nos jours. Tischendorf, lors de son dernier voyage en Asie, alla visiter le sépulcre du martyr, situé non loin de Smyrne, au flanc de la montagne nommée Mustasie (Dressel, *Pères apost.*, *Proleg.*, XXXIX;

SECONDE PARTIE.

L'Epître aux Philippiens.

Des nombreux ouvrages que la tradition attribue à Polycarpe, un seul est venu jusqu'à nous : c'est cette épître qu'il adressait aux habitants de Philippes, et que dans son admiration, Irénée son disciple appelle ἱκανωτάτη (1), le seul témoignage qui devait rester de l'activité d'un des évêques les plus illustres de l'Asie Mineure.

Quelques siècles après sa mort, le mouvement s'arrête, Ephèse vit encore se réunir les derniers conciles généraux, Edesse, Antioche perdirent leurs écoles de théologie. Les hommes de talent disparurent, le silence se fit, et de ces glorieuses Eglises d'Asie, il resta à peine un douloureux souvenir. L'Asie Mineure venait d'être conquise par les califes. Qui dira jamais les trésors qui se perdirent? Notre épître échappa à la destruction ; elle le dut sans doute à sa célébrité : à l'époque de Jérôme, on la lisait dans toutes les Eglises d'Asie : « Quæ husque hodie in Asiæ conventu legitur (2). »

----

(1) Eusèbe, *Hist. eccl.*. IV, 14. Saint Jérôme parle de volumes de Polycarpe. Dans la vie de l'évêque de Smyrne, publiée par Halloix, il est fait mention de nombreuses lettres, homélies composées par notre auteur. D'après Suidas, il aurait eu des relations avec Denys l'Aréopagite, et aurait adressé des lettres pastorales aux habitants d'Athènes.

(2) *Hieronymus in catalogo*. La lettre aux Philippiens eut probablement les mêmes destinées que les épitres d'Ignace que l'évêque de Smyrne avait rassemblées pour les envoyer à l'Eglise de Philippes.

Rarement moins de doutes se sont élevés au sujet d'un ouvrage ancien ; aussi M. Freppel a-t-il raison de dire que l'authenticité de la lettre de Polycarpe ne soulève pas une ombre de doute chez la grande majorité des érudits (1). Lorsqu'il s'agit de discuter l'origine d'un livre, il est impossible, à notre avis du moins, de ne pas préférer les preuves externes aux conclusions tirées du livre lui-même. L'observation de ce principe élémentaire est à la base de toute sage critique ; car les preuves internes ne produisent guère que la vraisemblance et n'aboutissent généralement qu'à des résultats négatifs ; à moins, cependant, qu'elles ne viennent confirmer les preuves externes. Il s'agit, après tout, de constater un fait, et la critique impartiale « n'hésitera jamais entre un ensemble de conjectures plus ou moins plausibles, et une série de témoins dignes de foi qui se groupent autour de son berceau, ou s'échelonnent à peu de distance de là (2).»

Les témoignages externes sont peu nombreux ; mais ils ont tous une véritable importance et il n'est pas inutile de les rappeler dans cette étude.

Saint Irénée, qui fut disciple de Polycarpe, écrit dans son livre contre les hérésies : « Nous possédons l'épître de Polycarpe aux Philippiens, ouvrage d'une rare valeur : on y retrouve l'expression de la foi qui anima sa vie, la parole de vérité qu'il enseigna (3). »

Dans un autre endroit, le même auteur s'adresse à l'hérétique Florinus : « Vous savez, » lui dit-il, « qu'il est facile de

---

Un fait curieux à constater, mais dont il n'est permis de tirer aucune preuve, c'est que dans les manuscrits l'épître de Polycarpe suit toujours certaines épitres d'Ignace. (V. Dressel, *Prolégomènes*, *Notitia codicum*.)

(1) Freppel, *les Pères apostoliques*, p. 415.
(2) *Id.*, p. 343.
(3) Irénée, *Adversus hereses*, liv. III, chap. 3.

connaître la manière de penser de Polycarpe d'après les lettres qu'il écrivit aux Eglises voisines de Smyrne (1). »

A ce précieux témoignage d'Irénée, il faut ajouter celui de l'historien Eusèbe : « Polycarpe, » dit-il, « fait mention de ces faits dans son épître aux Philippiens ; » plus loin, il ajoute dans cette épître que nous possédons encore : « L'évêque de Smyrne fait mention de la première épître de saint Pierre (2). »

Saint Jérôme, qui s'était occupé de recueillir les souvenirs de l'antiquité, disait, en parlant de notre épître : « Polycarpe, disciple de l'apôtre Jean, appelé par lui à l'évêché de Smyrne, écrivit aux Philippiens une lettre importante qu'on lit encore dans toutes les Eglises d'Asie. » En écrivant à Lucinus il lui disait : « C'est par erreur qu'on t'a fait savoir que j'avais traduit les ouvrages de Joseph, de Papias, de Polycarpe, je n'en avais ni le temps, ni les forces (3). »

Nous ne croyons pas utile de rappeler les témoignages postérieurs de Maxime, Photius, Théodoret ; les textes que nous venons de rapporter, les auteurs que nous avons cités, ont une valeur qu'on ne peut leur refuser.

La lecture de l'épître aux Philippiens est la preuve la plus forte qui puisse venir à l'appui de tout ce que nous savons de l'évêque de Smyrne ; sa lettre est tout à fait conforme à l'idée qu'Irénée nous donne de lui. « On sent, » dit M. de Pressensé, « qu'il appartient à cette génération préoccupée de recueillir toutes les traditions de l'âge précédent et dont la mission est bien plutôt de conserver la croyance que de la formuler. » Il semblait que l'épître aux Philippiens, dernier écho de la parole apostolique, appuyée sur de semblables témoignages, dût échapper à la critique. Il ne devait pas en être ainsi. L'illustre Daillé, un des hommes qui honora le

---

(1) *Epistola ad Florinum apud Eusebium*, *Hist. eccl.*, lib. V, cap. 20
(2) Eusèbe, *Hist. eccl.*, lib. III, cap. 30 ; lib. IV, cap. 4.
(3) *Hieronymus in catalogo* ; *Epistola* 28 *ad Lucinum*.

plus la science protestante, a mis en doute son authenticité
en déployant un véritable luxe d'érudition. On ne peut considérer ces attaques que comme un contre-coup des controverses violentes qui se firent autour du nom et des œuvres
d'Ignace. Les intérêts dogmatiques et confessionnels occupèrent une bien grande place dans ces débats et nuisirent
souvent à la légitimité des résultats. Du reste, l'authenticité
de notre épître a trouvé de savants défenseurs ; qu'il nous
suffise de citer dans le passé : Nicolas Le Noury, Pearson,
Cotelier, Tillemont ; dans le présent : Héfele et Dressel, Ja-
cobson, Néander.

Notre intention n'est pas de rappeler ici les détails de cette
controverse. Les principaux arguments invoqués ont été
repoussés et non sans succès. Daillé avait conclu du silence
d'Origène et de Clément d'Alexandrie, à l'inauthenticité de
la lettre aux Philippiens.

Il a suffi de rappeler le témoignage d'Irénée pour faire
voir le peu de portée de cet argument. Aussi Daillé recon-
naissait-il lui-même l'impossibilité de soutenir la lutte sur
un semblable terrain. Il dirigea dès lors toutes ces attaques
contre le treizième chapitre de notre épître. « En faisant
cette réserve, il n'est rien, » disait-il, « dans le reste de
l'épître, que je ne sois prêt à accepter ou à reconnaître
comme venant de Polycarpe (1). »

Dès lors, ce fut sur la fin de l'épître que se portèrent toutes les critiques. On sait que nous ne possédons pas d'une
manière complète le texte grec de l'épître aux Philippiens.
Les quatre derniers chapitres ne nous ont été conservés que
dans l'ancienne version latine. Le treizième chapitre fut surtout, avons-nous dit, l'objet des attaques de Daillé. Le grand
critique ne pouvait comprendre le rapport des paroles :

---

(1) « His enim exceptis nihil in epistola videtur occurere quod vel
quemquam offendere vel Polycarpo indignum censeri debeat » (Dal-
leus, cap. 23, p. 429).

« scripsistis ad me et vos et Ignatius » avec celles qui pré-
cédaient ; ce post-scriptum n'avait pas sa raison d'être ; les
recommandations faites dans les dernières lignes du chapitre quatorzième terminaient naturellement la lettre. Aussi,
en retranchant le passage où il était fait mention des lettres
d'Ignace, l'épître reprenait-elle sa véritable physionomie.
Daillé ne pouvait s'empêcher de reconnaître dans ces lignes
la même main qui avait surchargé les épîtres d'Ignace de
ces interpolations faites dans un but que tout le monde
connaissait.

Pearson combattit ces arguments avec succès ; il avait le
droit, et à juste titre de s'étonner des objections soulevées
par son adversaire. En vertu de quelle autorité concluait-il
de ce qui devrait être du moins dans sa pensée à l'inauthenticité de ce qui était ? De quel droit prétendait-il imposer à
Polycarpe sa manière de concevoir la fin de l'épître aux
Philippiens ? Rien n'était plus arbitraire.

Du reste, cette manière de faire ne se retrouvait-elle pas
dans des ouvrages dont Daillé, à coup sûr, ne suspectait pas
l'authenticité ? saint Paul lui-même n'en avait-il pas fourni
de nombreux exemples ? la fin de l'épître aux Romains ne
se trouvait-elle pas naturellement indiquée à la fin du chapitre quinzième ? Le chapitre suivant n'avait-il aucune valeur
pour son adversaire ? Il indiquait et avec raison l'épître de
Clément qui présentait les mêmes irrégularités.

Du reste, Eusèbe avait cité ce passage en litige, et Daillé
aurait dû se souvenir que le célèbre historien possédait la
lettre de Polycarpe ; il est permis de croire qu'il ne se serait
pas rendu le complice de cette faute, et on peut lui attribuer
assez de discernement historique pour ne pas avoir reproduit volontairement un texte faux, surtout lorsqu'il s'agis-
sait d'une épître aussi connue, aussi répandue que celle de
Polycarpe (1).

(1) Pearson, *Vinditiæ Ignatianæ*, p. 301.

Daillé avait insisté avec plus de force sur la phrase qui terminait le chapitre treizième : « Et de ipso Ignatio et de his qui cum eo sunt quod certius agnoveritis, significate. »

Il est inutile de dire la valeur de ce détail; plus que tout autre, il peut nous donner les renseignements les plus exacts sur l'époque de la composition de notre épître.

Mais laissons parler Daillé : « La lettre a été écrite au moment où Ignace quittait Smyrne pour se rendre à Rome, nous dit-on; mais, en vérité n'a-t-on pas lu l'ouvrage dont on s'occupe? Que veut donc dire le chapitre neuvième? Polycarpe ne fait-il pas mention d'Ignace, de Rufus, de Zozyme? ne les propose-t-il pas comme exemple aux chrétiens de Philippes? Le terme ῷ καὶ συνέπαθον, a-t-il une valeur? Assurément un homme d'un peu de cervelle (*cui cerebrum sanum*), pour rappeler les locutions un peu familières de la théologie de cette époque, n'aurait jamais écrit une semblable phrase, encore moins le sage Polycarpe (1). »

Cette malheureuse phrase n'a pas encore pu trouver grâce devant la critique ; car il est évident qu'il peut sembler tout au moins étrange que Polycarpe demande des nouvelles de son ami qu'il savait mort. Cependant je ne puis me décider à croire que le faussaire auquel la critique prodigue ses dédains ait pu se montrer d'une maladresse aussi notoire; en vérité il ne méritait pas des attaques si savantes et si soutenues. Il est évident que si dans ses controverses relatives aux épîtres d'Ignace, Daillé avait rencontré partout des bévues semblables à celles qu'il signale, depuis longtemps la question serait vidée.

Il est permis de supposer chez un faussaire la poursuite d'un certain but; il serait assez difficile, je pense, de le montrer à propos de cette phrase. Aussi, s'il est permis de rejeter la faute sur quelqu'un, assurément c'est le traducteur latin qui est le coupable. Supposez le texte grec rétabli,

(1) Daillé, p. 429.

καὶ περὶ Ἰγνατίου καὶ περὶ τῶν μετ' αὐτου, tout s'explique, le récit même de la mort d'Ignace confirme cette manière de voir. Lorsque l'évêque d'Antioche quitta cette ville pour se rendre à Rome où il devait être mis à mort, il s'arrêta à Smyrne pour dire un dernier adieu à Polycarpe qu'il aimait comme un fils. Les actes de son martyre n'ont que peu de mots pour dire combien sa fin fut glorieuse : est-il étonnant que celui qui avait été si lié avec lui , son collègue dans l'épiscopat demandât avec sollicitude des détails sur les derniers moments d'un homme que toutes les Eglises pleuraient? C'était surtout aux Philippiens qu'il fallait s'adresser pour avoir des nouvelles ; leur ville, colonie importante , était le point de réunion des grandes voies militaires d'Asie et d'Europe ; toutes les dépêches passaient par Philippes. Aussi Polycarpe pensait avec raison que les chrétiens de cette ville, les premiers informés des événements de Rome, s'empresseraient de lui faire connaître ce qu'ils avaient appris de plus certain sur les derniers moments de l'évêque (d'Antioche). Cette hypothèse ne semble rien présenter qui puisse aller contre les données même de l'épître : elle a pour nous cet avantage de nous fixer d'une manière assez exacte sur l'époque de la composition de la lettre aux Philippiens.

D'après ce que nous venons de dire, il est évident que notre épître fut composée peu de temps après la mort de l'évêque d'Antioche, qui arriva, d'après les actes de son martyre, le vingtième jour de décembre avant les kalendes de janvier, sous les consulats du Sura et de Sénécion. D'après ces renseignements, il nous semble qu'on peut fixer les premiers jours de l'année 108 comme date de la composition de l'épître aux Philippiens.

Beaucoup de critiques n'admettent pas cette date , en s'appuyant sur le fait d'une seconde expédition de Trajan en 114 ; il aurait hiverné à Antioche, et pendant son séjour dans cette ville il aurait condamné Ignace à mort. Par cette manière d'envisager la question, on recule la composi-

tion de notre épître, de l'année 108 à 115. Mais il nous
semble que les données si exactes des consulats de Sura et
Sénécion, la date du 25 décembre, les kalendes de janvier,
sont autant de preuves qu'il est difficile de laisser dans
l'ombre.

Nous croyons, sans présomption, pouvoir affirmer l'authenticité de notre épître, et nous ne pouvons, en terminant cette discussion, que souscrire aux paroles de Moynius.
Il n'y a pas un seul écrit apostolique dont l'origine soit plus
prouvée pour nous; et s'il fallait en douter, il n'y a pas un
seul monument littéraire de l'antiquité qui ne pût offrir des
doutes et présenter des incertitudes (1).

La bibliographie de notre épître n'est pas sans intérêt. Le
texte latin fut imprimé pour la première fois, en 1498, par
les soins d'un des précurseurs de la Réforme en France,
le savant Jacques Lefebvre d'Etaples. Depuis, il a eu de
nombreuses éditions. Le plus correct, d'après le savant
éditeur des *Pères apostoliques*, est celui qui fut publié à
Venise en 1546.

La première édition grecque est due à Pierre Halloix,
qui la publia d'après une copie d'un des manuscrits du Vatican, en 1633. Jacob Usserus donna une nouvelle édition du
texte grec à Londres, en 1647. Notre épître a été publiée
depuis dans la grande collection des *Pères apostoliques* de
Cotelier, en 1672. Citons aussi l'édition de Thomas Smith,
en 1709, celle plus récente (1847) de Guillaume, faite
d'après les manuscrits des bibliothèques du Vatican, de Paris
et de Florence.

Citons enfin, dans des temps plus rapprochés de nous,
la belle édition des *Pères apostoliques*, du savant professeur
de la Faculté de théologie catholique du Tubingue, Héfele,
et surtout l'édition publiée en 1863 par Max Dressel,
qu'on peut regarder comme définitive.

(1) Moynius cité par Nicolas le Nourry, *Apparatus ad bibliothecam
maximam veterum Patrum*, p. 302.

Nous devons en arriver à l'épître elle-même et essayer
d'en indiquer rapidement le but. On se souvient qu'Ignace,
en quittant Smyrne, s'était rendu à Philippes. Polycarpe
remercie les habitants de cette ville de la sympathie qu'ils
ont montrée à son ami et à ses compagnons, et il les félicite
d'être restés fidèles à la foi que leur Eglise possède depuis
de si longues années. Il n'a eu d'autre intention, en leur
écrivant, que de répondre au désir qu'ils ont exprimé; car
leur maître est saint Paul. Polycarpe ne veut que leur retracer rapidement le tableau des devoirs généraux de la vie
chrétienne. Il veut rappeler aux veuves, aux épouses, aux
jeunes gens, aux jeunes filles, aux diacres, leurs obligations envers Dieu. Déjà, à cette époque, les hérésies commençaient à pénétrer dans les communautés chrétiennes.
Vivement préoccupé pour l'Eglise de Philippes, qui, plus
que toute autre, était exposée à subir cette fatale influence,
Ignace signale aux habitants de cette ville le danger des
idées du docétisme. Il les engage à rester fidèles aux doctrines de saint Paul, et les exhorte surtout à regarder à Jésus-
Christ. Polycarpe ne pouvait oublier les martyrs de la foi
chrétienne : Ignace, Zozyme, Rufus. Il rappelle leur souvenir aux fidèles de Philippes. Ils n'aimèrent pas le présent
siècle, mais celui qui mourut pour nous. Ce sont de tels
exemples qu'il faut se proposer. Une nouvelle était venue
l'attrister : un prêtre, nommé Valens, avait causé un grand
scandale en montrant une avarice honteuse. Sa femme avait
été la complice de sa faute. Ignace engage les Philippiens à
lui pardonner, en se souvenant des préceptes du Sauveur.

Il termine en leur annonçant qu'il leur envoie, avec cette
lettre, toutes les épîtres d'Ignace qu'il possède. Crescens les
leur portera. Il le recommande affectueusement aux Philippiens, ainsi que sa sœur, qui doit prochainement arriver
dans leur ville.

Telles sont, dans un résumé sec et rapide, les principales
idées contenues dans l'épître aux Philippiens. Il est facile de

se faire une opinion assez exacte des doctrines de l'évêque de Smyrne, d'après ses propres paroles. Disciple de saint Jean, il avait cependant subi l'influence de saint Paul. Le grand principe de la justification par la foi était à la base de sa vie : « Vous êtes sauvés par la grâce et non par les œuvres. » Plus loin, il ajoute encore ces paroles : « πίστιν, ἥτις ἐστὶ μήτηρ πάντων ἡμῶν (1). » Polycarpe avait compris la valeur rédemptrice de la mort du Sauveur : « Il a supporté d'en venir jusqu'à la mort pour nos péchés (2). » Sa divinité lui apparaissait dans toute sa splendeur. Il voit Jésus-Christ assis sur le trône à la droite : « Toutes les choses terrestres et célestes lui sont assujéties ; tout ce qui respire le sert. Il viendra juger les vivants et les morts (3). » Il parle de l'incarnation dans les mêmes termes que saint Jean, et il répète après lui que quiconque ne reconnaît pas que Jésus-Christ est venu en chair est un antechrist. Cependant, qu'on est loin de cette force qui caractérisa saint Paul, de cette profondeur qui fut le trait dominant de la vie de saint Jean ! La succession des apôtres était difficile à accepter. Ceux qui vinrent après eux ressentirent toutes les difficultés de l'œuvre. Le souvenir des hommes qui avaient eu l'inestimable privilége de connaître le Seigneur les écrasait. Ils se sentirent impuissants à continuer l'œuvre des apôtres, et se préoccupèrent sur toutes choses de rester fidèles aux enseignements laissés par les maîtres.

Plus que tout autre, avons-nous dit, Polycarpe était resté l'homme de la tradition. Aussi la véritable valeur de l'épître aux Philippiens se trouve moins dans les paroles de l'évêque de Smyrne que dans les nombreux passages des Ecritures qui y sont rappelés. La lettre semble, en effet, se composer de paroles de l'Ecriture habilement unies entre elles. Aussi

(1) *Ep. ad Philip.*, cap. I et III.
(2) *Id.*, cap. II.
(3) *Id.*, cap. I.

cette épître, dont l'authenticité est hautement reconnue,
présente-t-elle un intérêt incontestable pour l'histoire du ca-
non du Nouveau Testament.

Lorsqu'on se rappelle les circonstances dans lesquelles fut
écrite notre épître, il n'y a pas lieu de s'étonner du peu de
place qu'occupe la personnalité de Polycarpe dans cette
lettre. Les Philippiens avaient demandé à l'évêque de Smyrne
de leur écrire, et ce n'était que sur leur expresse invitation
qu'il y avait consenti (1). Il ne pouvait se dissimuler les
difficultés de la tâche ; saint Paul avait déjà adressé à cette
Eglise, la première fondée en Europe, une lettre admirable
dont les paroles étaient sans doute gravées dans le cœur
de tous.

L'Apôtre avait félicité ouvertement les chrétiens de cette
Eglise de leur fidélité à l'Evangile ; il aimait à se souvenir
de l'accueil qu'il avait reçu à Philippes, car la sympathie
affectueuse des fidèles l'avait accompagné après son départ :
« Lorsque je partis de Macédoine, il n'y eut que votre Eglise
qui me donna et de qui je reçus quelque chose ; » et il
ajoutait encore : « J'ai tout reçu et je suis dans l'abondance ;
j'ai été comblé en recevant, par Epaphrodite, vos présents,
suave parfum, sacrifice que Dieu accepte et qui lui est
agréable (2). »

Plus tard, ce même Epaphrodite, qui avait été admis à
l'intimité de saint Paul vint continuer l'œuvre de l'Apôtre à
Philippes. Aussi, peut-on dire que cette Eglise, pour me
servir d'un terme de l'Ecole, était paulinienne ; illustrée par
des souvenirs apostoliques, elle avait su garder la haute
place que lui avait assignée l'estime de saint Paul.

Polycarpe ne pouvait oublier, en écrivant aux Philippiens,
sa jeunesse, son inexpérience. Sa lettre trahit sa crainte et
ses appréhensions : « Ne croyez pas, » leur dit-il, « qu'il eût

(1) *Ep. ad Philip.*, cap. III.
(2) *Id.*, cap. IV, 17 à 20.

présomption de ma part; vous savez que c'est sur votre
demande que je vous adresse ces lignes : ce n'est pas moi
qui pourrais jamais m'élever à la hauteur de saint Paul, qui,
pendant son séjour au milieu de vous, annonça avec tant de
force et de talent la parole de vérité (1). » Que pouvait-il faire,
si ce n'était d'emprunter à l'apôtre des Gentils ses enseignements, et d'en rappeler le souvenir aux habitants de
Philippes ? Est-il possible de méconnaître son humilité, en
l'entendant avouer que s'il est ignorant des saintes Ecritures,
ceux à qui il écrit en ont du moins une grande connaissance ? C'est assez dire que, se défiant de lui-même, Polycarpe en appela à une parole toujours entendue avec respect :
celle des apôtres.

Quelle valeur doit-on attribuer aux paroles rapportées
par Polycarpe, et quelle conclusion peut-on en tirer pour ou
contre l'authenticité de certains livres du Nouveau Testament ?

Il est difficile de se prononcer sur cette dernière question
que soulève l'étude de notre épître, et il y a autant de danger,
ce me semble, à affirmer qu'à nier ; tout au plus peut-on
hasarder une hypothèse, et c'est ce que nous essaierons de
faire.

L'épître aux Philippiens ne contient pas moins de qua-
rante citations ou allusions se rapportant soit aux Actes, à la
première ou à la deuxième de Pierre, aux Ephésiens, Thes-
saloniciens, Galates, Philippiens, Corinthiens, Romains,
Timothée, première de Jean, Matthieu. Polycarpe a-t-il eu
en main les sources de ces ouvrages, ou a-t-il cité de mémoire certaines paroles à lui transmises par la tradition?
Telle est la question dans toute sa difficile simplicité. Je ne
fais pas allusion ici à certaines citations sur l'authenticité
desquelles le doute n'est plus permis. La lecture même de
l'épître nous en donne la preuve, en nous apprenant, par

(1) *Ep. ad Philip.*, cap. III.

exemple, pour saint Paul, que l'Eglise de Philippes avait reçu de lui des lettres. Le véritable intérêt de ce débat repose avant tout sur les citations relatives à Matthieu et à la première de Jean ; mais nous y reviendrons plus tard.

En l'année 108, époque de la composition de notre épître, le temps des grandes luttes était passé ; on entrait dans une nouvelle période. La prédication, ou plutôt la parole chrétienne, merveilleux instrument de la conversion des peuples, avait depuis la mort des apôtres perdu de son importance ; le livre, dernier écho de l'enseignement apostolique, avait usurpé cette place. Les croyances chrétiennes commençaient à pénétrer les classes supérieures. Les hommes, sinon savants, du moins instruits, devenaient un besoin pour l'Eglise.

Dans de semblables circonstances, il eût été étonnant, en vérité, que l'évêque d'une des villes les plus instruites de l'Asie Mineure ne se fût pas distingué autant par les dons du cœur que par les qualités de l'esprit ; il eût été non moins étonnant qu'on eût confié à un jeune homme la direction d'une Eglise d'une telle importance sans mettre à sa disposition quelques ouvrages sur la vie et l'enseignement de Jésus.

On pourra nous objecter, il est vrai, les propres paroles de l'auteur : « Confido vos esse bene exercitatos in sacris litteris et nihil vos latet, mihi autem non est concessum (1). » Parfaitement ; nous l'accordons, n'y voyant qu'une preuve de plus de la nécessité où il était d'aller aux sources elles-mêmes puisqu'elles ne lui étaient pas familières.

Telle est notre hypothèse, et je regrette d'avouer que c'est une hypothèse, car il me semble que la vérité ne doit pas être bien loin. Ignace, qui se connaissait en hommes, désignait Polycarpe comme capable de la parole de Dieu, et s'il ne fut pas un savant dans sa jeunesse, du moins il le devint

(2) *Ep. ad Philip.*, cap. XII.

plus tard ; car, dans l'arène, le peuple le désignait comme le docteur de l'impiété, ὁ τῆς ἀσεβείας διδάσκαλος. Et lorsque les luttes sur les Pâques se renouvelèrent, Polycrate, évêque d'Ephèse, s'écriait après la mort des apôtres : « De grandes lumières se sont éteintes en Asie, et Polycarpe n'est pas cité à la dernière place. »

Malheureusement il ne nous est pas permis d'affirmer que l'évêque de Smyrne ait eu entre les mains des manuscrits de tel ou tel livre ; mais, venons-en aux citations elles-mêmes.

Les citations dans la lettre sont parfois précédées de l'expression εἰδότες ὅτι, ou bien μνημονεύοντες δὲ ὡς εἶπεν ὁ κύριος ou encore καθώς εἶπεν ὁ κύριος. Les citations se détachent assez généralement sur le contexte d'une manière assez nette et assez tranchée ; mais parfois aussi elles se distinguent assez difficilement. Une étude consciencieuse de ces diverses citations semblerait prouver, — et cette conclusion peut se présenter sans présomption, — que l'évêque de Smyrne citait librement. Je n'en donnerai qu'un exemple. L'épître de Pierre, désignée déjà depuis des siècles comme citée dans notre épître, n'est presque jamais rappelée exactement, et cependant il n'y a pas moins de douze allusions à cette lettre. J'en donnerai un exemple plus remarquable peut-être encore. S'il était une épître que Polycarpe dût connaître, c'était, sans aucun doute, celle que l'Apôtre adressa aux Philippiens ; cependant les deux citations qu'il en fait ont subi l'influence du contexte et n'ont pas reproduit la version primitive.

Etudions de près le passage célèbre du chapitre II, qui n'a d'analogue que celui de Clément Romain dans sa première épître aux Corinthiens, chap. XIII.

Μὴ κρίνετε ἵνα μὴ κριθῆτε. La citation, d'après Matthieu, est textuelle ; mais celle qui suit ἀφίετε καὶ ἀφεθήσεται ὑμῖν, ἐλεεῖτε ἵνα ἐλεηῶντε n'est plus qu'une allusion à Matth., VI, 12, ou à Luc, VI, 37, ᾧ μέτρῳ μετρεῖτε ἀντιμετρηθήσεται ὑμῖν. Ces der-

nières paroles sont-elles de Luc, de Matthieu ou de Marc? il
serait en vérité fort difficile de le dire; mais un fait que je
tiens à signaler, c'est que les paroles attribuées au Seigneur,
comme celles qui précèdent, sont reproduites avec une
fidélité relativement beaucoup plus grande. Et à l'appui de
ce fait, je citerai encore, dans cette même épître, le passage
du chapitre VII: το μὲν πνεῦμα πρόθυμον ἡ δε σάρξ ἀσθηνες, reproduction fidèle et exacte de Matthieu et de Marc, précédée de
l'expression caractéristique καθώς ἔιπεν ὁ κύριος. Aussi, il me
semble que sans témérité, on peut avancer que déjà à cette
époque les paroles du Seigneur étaient conservées avec une
rare fidélité et reproduites avec une grande exactitude, et
que dès lors, les analogies frappantes entre les citations des
Pères et celles des Evangiles que nous possédons plaident
en faveur de leur origine apostolique

Une autre conclusion qui me paraît ressortir de l'étude des
citations patristiques, c'est qu'on n'avait pas encore pour
les œuvres des apôtres le respect et la vénération qui s'y
attachèrent plus tard. Un fait dont l'importance n'échappera
à personne, c'est que dans ces précieux monuments que
nous a légués le siècle apostolique, on ne retrouve aucune
mention des écrivains sacrés, si toutefois j'en excepte saint
Paul sur lequel Clément, Ignace et Polycarpe donnent quelques détails.

On a remarqué que Polycarpe ne faisait pas mention de
son maître, saint Jean, dans la lettre aux Philippiens; il n'y
a point lieu de s'en étonner. Écrivant à une Eglise toute
remplie des souvenirs de saint Paul, il ne devait et ne pouvait faire appel qu'aux enseignements de l'apôtre des Gentils.
Cependant, comment pourrait-on méconnaître l'influence de
saint Jean? n'est-ce pas lui qui s'écrie, par la bouche de son
disciple : « Celui qui ne confesse pas Jésus-Christ venu en
chair est antechrist? » Nous ne pouvons, en terminant cette
étude, qu'indiquer d'une manière rapide la valeur du témoignage de Polycarpe dans la plus grande question critique de

notre époque : nous voulons parler de l'authenticité du quatrième évangile.

On connaît les efforts désespérés d'une école célèbre pour reculer la date de l'évangile de Jean et pour en faire l'œuvre d'un faussaire vers le milieu du second siècle. Il me semble qu'il n'y a qu'une seule réponse à faire. Pensez-vous que Polycarpe, dont l'autorité était alors reconnue dans toutes l'Asie, eût permis qu'un pareil scandale se produisît; pensez-vous que ce saint homme, qui disait à Marcion qu'il était le premier-né de Satan, eût souffert qu'on profanât la mémoire de l'apôtre que Jésus aimait et qui avait été son maître? Est-il possible de supposer un seul instant qu'un livre de la valeur de l'évangile de Jean eût été publié sans que le dernier disciple de saint Jean en eût eu connaissance?

C'est ainsi qu'il appartenait à l'évêque de Smyrne, bien des siècles après la mort de son maître, de venir revendiquer énergiquement pour saint Jean la composition des pages les plus précieuses que les hommes possèdent.

THÈSES.

I

Les questions relatives à la nature, à la base et à la composition de l'Eglise sont d'une actualité pressante.

II

Le synode nous paraît être le complément indispensable de l'organisation de l'Eglise réformée de France.

III

Le pasteur doit sans cesse se souvenir que l'Eglise est moins faite pour lui que lui pour l'Eglise.

IV

Il serait à désirer qu'on opérât des réformes sérieuses dans le culte.

V

La prédication chrétienne dans notre Eglise ne répond pas toujours aux besoins de l'époque.

VI

On a accusé à tort le protestantisme d'être l'ennemi des beaux-arts.

VII

L'arianisme a été dans un certain sens une réaction contre l'invasion des idées païennes dans l'Eglise.

VIII

Le christianisme n'a rien à redouter de la science.

IX

L'histoire ecclésiastique ne consiste pas seulement dans la narration des faits, mais encore et surtout dans leur appréciation.

X

L'Eglise chrétienne a raison de soutenir la réalité et l'importance de la résurrection de Jésus-Christ.

Vu par le Président de la soutenance,

PÉDEZERT.

Montauban, le 15 mai 1868.

Vu par le Doyen,

G. DE FÉLICE.

Vu et permis d'imprimer :

Le Recteur,

ROUSTAN.

FÉLIX NEFF

MISSIONNAIRE ET PRÉDICATEUR.

THÈSE

Publiquement soutenue à la Faculté de théologie protestante de Montauban,

EN 1868,

Par Aimé MARCHAND, du Forest-St-Julien (Hautes-Alpes),

Bachelier ès lettres,

ASPIRANT AU GRADE DE BACHELIER EN THÉOLOGIE.

TOULOUSE

IMPRIMERIE DE A. CHAUVIN

RUE MIREPOIX, 3.

—

1868

EMPIRE FRANÇAIS.

Université de France. — Académie de Toulouse.

FACULTÉ DE THÉOLOGIE PROTESTANTE DE MONTAUBAN.

PROFESSEURS.

MM. De FÉLICE, ✳ doyen   Morale et éloquence sacrée.
NICOLAS, ✳. . . .   Philosophie.
SARDINOUX, ✳. .   Exégèse et critique du Nouv. Testam.
PÉDÉZERT. . . . .   Littérature grecque et latine.
BOIS. . . . .   Hébreu et critique de l'Anc. Testam.
MONOD. . . . . . .   Dogmatique.
BONIFAS. . . . . .   Histoire ecclésiastique.

EXAMINATEURS.

MM. BOIS, président de la soutenance.
NICOLAS, ✳.
BONIFAS.
MONOD.

*La Faculté ne prétend approuver ni désapprouver les opinions
particulières du candidat.*

AVANT-PROPOS.

« Quest-ce qu'une biographie ? Est-ce, » se demande
M. E. Reuss, « la simple récapitulation chronologique d'une
» série d'événements ? Non, c'est avant tout le tableau pro-
» gressif de la vie intérieure d'un homme ; c'est l'histoire de
» l'éducation qu'il a reçue d'abord, ainsi que de celle qu'il
» s'est donnée plus tard lui-même ; c'est le récit de la ma-
» nière dont il est devenu ce qu'il a fini par être ; c'est la
» recherche de la nature véritable de son originalité, des
» tendances de son esprit, du but de ses efforts et de ses
» moyens d'action ; c'est, en un mot, le grand drame de la
» lutte d'une volonté de héros, soit avec les forces d'inertie,
» soit avec la résistance active de la légitimité indivi-
» duelle (1). »

Telle sera l'idée qui présidera à l'étude que nous avons
entreprise. Les faits déjà assez connus, grâce à des travaux
antérieurs sur le même sujet, ne trouveront ici qu'une place
secondaire ; nous ne les mentionnerons qu'autant qu'ils pourront nous expliquer le développement intérieur et la vie in-

(1) *Théolog. Apost.* Préface.

time de celui qui , à juste titre , fut appelé l'apôtre des Alpes. Si cependant il nous arrivait d'entrer dans quelques
détails et d'outre-passer ainsi le but que nous nous sommes
proposé, ce serait pour mettre au jour quelques documents
inédits (1), qui, nous osons l'espérer, combleront les lacunes qu'on peut toujours remarquer dans les travaux de ce
genre.

C'est par le même motif que nous donnons un petit aperçu
de l'état religieux des Hautes-Alpes avant Félix Neff. Sa vie
missionnaire est si étroitement liée aux habitants de ces
pays reculés ; leurs mœurs, leurs habitudes ont si profondément agi sur son caractère, qu'il est nécessaire de retracer en quelques lignes le triste état des Vaudois français
pendant la période qui s'écoule depuis la Révolution jusqu'à
l'an 1821. Nous verrons ainsi d'un seul coup d'œil le vaste
champ que défricha le missionnaire, les ronces et les épines
qu'il dut en extirper pour le rendre productif et propre à
recevoir la bonne nouvelle du salut.

(1) La plupart de ces lettres inédites , appartiennent à ma famille.
D'autres m'ont été fournies par M. Næff, pasteur dans le canton
de Vaud , par M. Baulme,·pasteur à Meauzac et par M. Bachasse, de
Mens. Je leur exprime ici toute ma reconnaissance.

INTRODUCTION.

_____

Les Hautes-Alpes avant Félix Neff.

L'histoire des protestants des Hautes-Alpes est intimement liée à celle des Vaudois du Piémont. Leur origine est la même : tous remontent au delà du treizième siècle ; leurs traditions sont identiques : toutes racontent que leurs doctrines ne sont pas le résultat d'une réforme, mais bien la continuation de la prédication apostolique dans ce qu'elle avait de plus simple et de plus primitif. Ce qui rend cette union plus frappante encore, ce sont les rapports que, pendant des siècles, ils n'ont cessé d'entretenir entre eux. Persécutés, ils se soutiennent mutuellement et meurent ensemble ; libres, ils se réunissent au haut de leurs montagnes neigeuses pour s'édifier et chanter des cantiques à l'Eternel ; toujours ils n'ont eu qu'un cœur et qu'une âme pour garder et pratiquer les principes divins, qui, depuis si longtemps, étaient leur unique partage.

Si les temps de lutte, de combat et de souffrances sont un puissant stimulant pour persévérer dans la foi de ses pères, si les persécutions, l'exil et la mort n'ont d'autre résultat que de multiplier le nombre des chrétiens, il n'en est point ainsi des jours de prospérité et de repos. La vie chrétienne fait bientôt place à une froide orthodoxie, et le dogme formulé n'enfante plus alors que l'alanguissement et la mort.

Il en fut ainsi, lorsque le 24 août 1789, l'assemblée constituante proclama la liberté de conscience et des cultes. La France entière s'émut à ces paroles nouvelles ; les protestants de tous pays s'en réjouirent, et les Vaudois, jusqu'alors harcelés de tous côtés, purent, de 1800 à 1814, jouir de ces priviléges qu'ils n'avaient fait qu'entrevoir. Dès lors se manifesta chez eux une décadence religieuse (1), dont nous n'avons pas à rechercher les causes, mais qui marque le terme de leurs rapports avec leurs frères des Hautes-Alpes. Froids et indifférents pour leurs propres Eglises, ils ne s'occupèrent plus de celles qu'ils avaient si souvent secourues, et qui gémissaient dans la plus profonde misère. Leurs pasteurs, plongés tout entiers dans l'atmosphère dissolvante de la philosophie ou de l'impiété, ne traversèrent plus les hautes cimes pour venir annoncer la bonne nouvelle à ces âmes délaissées qui, faute de conducteurs spirituels, allaient chercher dans le catholicisme la satisfaction de leurs besoins religieux.

Aussi, pendant les quinze années du Consulat et de l'Empire, le nombre des protestants des Hautes-Alpes n'a-t-il cessé de décroître. Les prêtres romains, usant du droit de prosélytisme à eux seuls accordé, allaient de village en village, de hameau en hameau, engager les uns et forcer les autres à rentrer dans le giron de l'Eglise. Leurs moyens étaient quelquefois la violence et les vexations, mais plus souvent la douceur et les promesses. Ignorants et crédules, les Vaudois français se laissaient séduire et embrassaient aveuglément une croyance que leurs pères avaient toujours combattue.

Une autre tendance non moins pernicieuse se faisait jour parmi les habitants de ces montagnes : c'était l'esprit du temps, l'indifférence en matière de religion. Privés de pas-

(1). Monastier, *Hist. des Vaudois*, t. II, p. 198, 200. — Bost, *Lettres de Neff*, t. IV, p. 338-340.

teurs, ils en étaient réduits à vivre de la vie de souvenirs.
Leurs traditions glorieuses, leurs souffrances passées étaient
bien toujours gravées dans la mémoire des vieillards, qui
à leur tour les racontaient à la nouvelle génération ; mais
la vie intérieure, la foi vivante qui en étaient la source et
le principe avaient complétement disparu. La Bible, enfin,
reléguée dans le coin le plus obscur de ces misérables chaumières, n'éclairait plus, ne réchauffait plus les membres
épars de cette antique Eglise... la lumière était mise sous le
boisseau !

Cette décadence de la vie religieuse fut bientôt suivie des
plus désastreuses conséquences. L'ignorance la plus complète, le relâchement des mœurs, les penchants de mauvais
cœurs qui ne sont plus dirigés par une conscience saine et
éclairée, vinrent remplacer les sublimes vertus que les an-
cêtres avaient puisées dans l'Evangile. Plongés tout entiers
dans leurs travaux matériels et éloignés de tout centre de
civilisation, ils vivaient grossièrement et sans dignité. Point
d'écoles fixes, temples presque toujours fermés (1) (par indifférence ou pour cause politique), démoralisation croissante : voilà en quelques mots le triste état des populations
des Alpes durant cette période.

Cependant, il y avait quelques exceptions. De loin en
loin nous pouvons remarquer quelques lueurs de vie chrétienne, quelques germes féconds, quelques familles qui
gémissaient entre elles du mal qui les enveloppait de toute
part. Mais elles étaient enchaînées, comme le dit M. Char-
ronnet (2) ; elles pouvaient exister, mais elles ne pouvaient
autour d'elles répandre la vie, le prosélytisme leur étant à
peu près interdit : elles ne se laissèrent point décourager, et

(1) Celui de Dormillouse, construit en 1745, occupé par les catho-
. liques jusqu'à la Révolution; celui de Saint-Véran, 1804, et d'Arvieux,
1806. — Grâce au manque de pasteurs et au peu de zèle des protestants, ces temples n'étaient que très-rarement ouverts.
(2) *Guerres de religion dans les Hautes-Alpes.*

profitant d'un décret qui créait les deux places d'Arvieux et d'Orpierre, nous les voyons, le 12 novembre 1818, élire un Consistoire composé seulement de quatre membres laïques. Quelques pasteurs vinrent les visiter, mais l'âpreté du climat, les difficultés occasionnées par l'étendue de ces vastes paroisses furent cause qu'ils abandonnèrent leur œuvre à peine commencée. Enfin, Noble d'Aldebert vint se fixer à Orpierre, où, pendant de longues années, il exerça son ministère avec le plus grand zèle et la plus grande activité. Grâce à lui, quatre autres paroisses furent reconnues, des écoles furent fondées, et des pasteurs appelés dans ce nouveau champ de travail. Neff répondit à cet appel, et le 7 décembre 1823 il était nommé pasteur de la section d'Arvieux.

Mais n'anticipons pas ; nous avons vu l'œuvre qu'il y avait à faire, voyons maintenant de quelle manière l'ouvrier se prépare à l'accomplir.

PREMIÈRE PARTIE.

Félix Neff missionnaire.

§ 1. — *Jeunesse de Neff; sa vocation à la vie missionnaire.*

Vous connaîtrez la vérité, et la vérité vous rendra libres.
(Jean, VIII, 32.)

Félix-Henry Näff (1), né à Genève le 8 octobre 1798, reçut de sa mère les premiers principes d'une éducation qui eut sur toute sa vie une influence profonde. Douée d'une grande délicatesse d'esprit, elle sut affermir et développer les germes heureux qu'en mainte circonstance elle avait pu remarquer dans son jeune enfant. En stimulant sa curiosité, en exerçant sa mémoire déjà exceptionnelle et en offrant une nourriture saine, sinon chrétienne, à sa vive intelligence, elle commença une œuvre que l'étude, la méditation et l'expérience devaient plus tard accomplir.

Félix n'avait encore que quatre ans et demi lorsque Mme Neff alla se fixer à la campagne. La raison de santé motiva cette résolution; mais au fond elle craignait pour son fils les mauvais exemples et les pernicieuses compagnies de la ville. Tout entier à ses courses dans les champs, à ses observations enfantines, à « sa recherche des sour-

---

(1) C'est la vraie orthographe, comme nous le verrons dans la première lettre que nous avons de lui.

ces, » il acquit bientôt de nouvelles forces et de nouvelles connaissances. Sa mère était son précepteur; avec elle il étudia non-seulement les éléments de la grammaire, de la géographie, mais il se forma un caractère ardent et réfléchi. Avec le pasteur de la paroisse, il apprit un peu de latin. Cependant ce fut dans la botanique qu'il étudia tout seul, qu'il fit les progrès les plus sensibles. Son goût prononcé pour cette dernière science le fit entrer chez un jardinier fleuriste, où il composa un traité sur *la Culture des arbres et de la haute futaie*. Il avait alors seize ans. Ses premières lectures avaient été des voyages, et des fables, en particulier celles de La Fontaine, qu'il aimait passionnément : nous le verrons plus tard y puiser beaucoup de comparaisons.

Peu à peu son esprit prit une autre direction. La vie des champs, l'éducation qu'il avait reçue, l'indépendance dont il jouissait, tout lui inspira des pensées plus sérieuses sur sa nature, ses besoins et ses aspirations. Il avait lu plus jeune les *Pensées de Rousseau*, il lit maintenant l'*Emile* avec une grande avidité. « La dialectique vive, catégorique et » ardente de l'auteur lui plut au dernier point (1). »

Captivé pour la forme, il ne le fut pas moins pour le fond. Cet infini que Rousseau voile à son Emile; ce Dieu que, selon lui, on ne peut connaître à quinze ans, cette conscience enfin dont le vicaire savoyard parle avec tant d'éloquence, toutes ces notions agirent profondément sur F. Neff. Il entrevit alors que l'homme ayant été créé à l'image de l'infini doit pouvoir le saisir; il comprit que si Dieu ne peut raisonnablement être démontré, du moins il se fait sentir d'une manière incontestable; sa conscience le lui disait et « la conscience ne trompe jamais : elle est le vrai guide de l'homme (2). »

(1) Bost, *Lettres de F. Neff*, t. I, p. 37.
(2) Rousseau, *Conf. de foi du vic. sav.*, t. III, p. 91.

Ces pensées, jointes au sentiment profond qu'il avait de sa misère spirituelle et de son égoïsme, le jetèrent dans une angoisse cruelle. « O mon Dieu, » s'écriait-il souvent, « fais-moi connaître ta vérité, daigne te manifester à mon » cœur. »

C'est au milieu de cette inquiétude et de ce travail intérieur qu'une épreuve l'obligea d'entrer, en 1815, dans le service militaire à Genève. Là encore il se distingua par son zèle et son activité. « Vous ne laissez rien faire aux » soldats, » lui dit un jour son capitaine en le voyant travailler à leur place. « — C'est la meilleure manière de » commander, » répondit-il. Parole admirable! prédiction touchante des travaux futurs du missionnaire (1) ! Devenu sergent d'artillerie, il se voua avec ardeur à l'étude des mathématiques, qui influèrent beaucoup sur sa manière de penser et particulièrement sur sa diction. « Il s'exprimait » d'une manière brève et pleine de justesse; ses comparai- » sons étaient parfaites; il disait beaucoup, très-bien et en » peu de mots (2). »

Son nouveau genre de vie, ses nouvelles études ne furent qu'un palliatif qui ne put ni calmer ses souffrances intérieures, ni réduire au silence sa conscience agitée et troublée. Le mal qui l'entourait obsédait sans cesse son cœur, mettait à nu ses propres transgressions, et produisait dans cette âme, altérée de la soif de la vérité et du salut, un tourment spirituel sans égal. Il relut Plutarque et Rousseau, ses auteurs favoris; mais leur Dieu n'était plus celui qui pouvait le satisfaire, l'aimer et opérer son salut. Plus il cherchait le Dieu des chrétiens, plus il semblait s'éloigner de lui.

A cette époque avait lieu à Genève un réveil ecclésiastique et dogmatique. Quelques étudiants en théologie, non

---

(1) Bost, *Lettres de F. Neff*, t. I, p. 38.
(2) *Notice française*, 1831, p. 8.

satisfaits des études purement scientifiques de la faculté,
s'unirent avec « la Société des Amis, » fondée en 1810 et
« dont le but était de s'encourager mutuellement à persister
» et à croître dans l'amour de Dieu et du Sauveur (1). » Ces
réunions perdirent bientôt leur intimité et leur simplicité
par la présence de la trop célèbre baronne de Krüdener.
Après une vie des plus dissipées, elle s'était jetée dans le
mysticisme le plus absolu, et devenait bientôt l'âme de l'ancienne secte des bruglériens (2), connus en Suisse, dans le
dix-huitième siècle, par leur coupable et leur honteux anti-
nomisme. Après elle, arrivèrent à Genève Robert Haldane et
Henri Drummond. Ces deux Anglais donnèrent comme base
à la nouvelle Eglise la *doctrine* de l'Evangile telle qu'elle est
exposée dans la plupart des articles de la confession de foi
de La Rochelle.

Bien que le plus grand nombre des partisans de ce réveil
fussent dominés par les préoccupations dogmatiques, qui, à
leurs yeux, étaient d'un intérêt suprême (3), il y en avait
cependant d'autres qui étaient animés d'une piété plus simple, plus pratique, et dont le seul but était la conversion et
le salut des âmes. Parmi eux se distinguaient Pyt et Gon-
thier. Ce dernier connut Neff, dont il devint, pour ainsi
dire, le père en la foi. Par lui, le jeune soldat évita les écueils
d'une froide orthodoxie, d'un stérile dogmatisme, et ban-
nissant de son esprit le doute, l'incertitude et l'angoisse, il
vit en Dieu un Père, en Jésus-Christ un Sauveur, et dans
l'Ecriture sainte le dépôt de tous ces trésors.

Quant aux questions ecclésiastiques et dogmatiques que
le mouvement religieux avait mises à l'ordre du jour, Neff y
demeura presque toujours étranger. Ce n'est que de loin en
loin que nous le verrons entrer en lutte soit pour faire

---

(1) Guers, *Vie de Pyt*, p. 10.
(2) E. Chastel, *Cours d'histoire ecclésiastique*.
(3) De Goltz, *Genève religieuse*, p. 156.

triompher son indépendance, soit pour opposer ses vues sages et modérées aux excès où plusieurs nouveaux *réveillés* étaient entraînés en matière de doctrine.

Posséder une Bible, la lire, la méditer, tels étaient pour le moment les vœux les plus chers du nouveau disciple de Christ. Voici, pour se procurer ce livre précieux, la lettre qu'il écrivit à l'un de ses cousins du canton de Vaud. C'est la première que nous avons de lui; elle est inédite et dépeint bien la naïveté et l'ardeur de sa foi :

« Genève, le 30 novembre 1818.

» Mon cher cousin,

» Je prends la liberté de vous adresser la demande ci-
» après, parce qu'ayant vu votre nom sur le catalogue des
» fondateurs de la louable Société biblique du canton de
» Vaud, je pense que vous ne serez pas fâché du désir que
» j'ai de posséder une Bible à moi. Si vous aviez la bonté
» de me faire livrer celle qui se trouve dans la bibliothè-
» que que mon père a laissée, vous me rendriez un grand
» service. Je ne demande rien d'autre de sa bibliothèque,
» parce que j'estime mieux une ligne de la Parole vivante
» du Dieu de vérité, que tous les ouvrages humains faits
» ou à faire. Si vous avez cette bonté, je puis vous pro-
» mettre que vous n'aurez pas lieu de vous en repentir, et
» que je n'en ferai point un usage que l'on puisse désap-
» prouver. Je termine en vous saluant de cœur, et en vous
» assurant du plus profond respect, etc.

» Félix-Henry Næff. »

Quelques mois après, il quittait l'habit militaire pour se vouer tout entier à l'œuvre de l'évangélisation. Sa vocation ne lui semblait pas douteuse. Il avait souffert, lorsque le doute le retenait encore dans ses chaînes; il avait pleuré sur ses fautes, et autant il avait déployé de zèle pour trouver la vérité, autant va-t-il maintenant travailler avec ardeur pour la faire briller autour de lui. Les dispositions chrétiennes, qui l'animaient, étaient les seules véritables, les seules légitimes, puisqu'elles étaient nées du trouble, de l'angoisse, et que le calme et la paix dont il jouissait intérieurement n'étaient que le produit de ses luttes et de ses tristesses précédentes. Bien que, comme saint Paul, il n'eût pas eu un signe particulier, une vision spéciale, qui fît de sa conversion une conversion extérieure et miraculeuse, il n'en est pas moins vrai qu'il était animé des mêmes sentiments que l'Apôtre : même piété, même ardeur, même zèle, même activité. Demander à ces hommes de vivre pour eux-mêmes, de concentrer dans leur cœur et dans leur esprit leur bonheur et leurs espérances, c'eût été leur demander de renier leur propre foi. Christ tout en tous, tel était leur christianisme.

Son caractère, sa foi, son individualité, tout portait Neff à envisager la rédemption sous ce point de vue large et vraiment évangélique. Ce qui contribua le plus à développer en lui ces germes heureux qui caractérisent un futur missionnaire, ce fut la lecture et la méditation des Ecritures. Dans les vies saintes et pastorales, il vit un modèle à suivre, un idéal à réaliser, un but vers lequel devaient désormais tendre tous ses efforts. Ce fut par cette lecture qu'il affermit sa vocation, au point de la rendre irrésistible. Lors de sa conversion, Jésus lui avait dit : Suis-moi ; maintenant l'Apôtre ne cesse de lui répéter : « Annonce ces choses et les enseigne (1). »

D'ailleurs l'œuvre était grande, le champ de travail était vaste, de tous côtés perçaient le dogmatisme et l'indifférence. Les luttes, qui avaient eu pour résultat de populariser les questions religieuses, avaient enlevé tout ce que le christianisme contenait d'édifiant et de salutaire. Le corps restait, mais l'esprit avait disparu. Il fallait donc un réveil dans le réveil. Ce fut l'œuvre de Pyt d'abord, qui, après

(1) 1 Tim., IV, 11.

avoir, avec le plus grand zèle, exercé le pastorat dans la nouvelle Eglise de Genève, vint en France, où il eut une heureuse influence sur les pasteurs et sur les troupeaux (1). Neff aussi, pendant environ six mois, fit des tournées d'évangélisation dans le canton. Guidé par son ardent amour des âmes, il allait dans les chaumières les plus reculées, rassemblait les quelques campagnards qu'il pouvait rencontrer sur sa route, afin de leur parler de leur salut et de leurs intérêts spirituels. Il le faisait avec des termes si simples et si bien appropriés à la vie des champs, qu'«on comprenait tout ce qu'il disait (2). »

Comme ses travaux pouvaient facilement être continués dans le pays, grâce à l'extension rapide de l'Evangile dans cette contrée, Neff résolut de parcourir la Suisse française pour y visiter les Eglises. Il traversa d'abord le pays de Vaud, où il se mit en rapport avec des pasteurs fidèles. Dans leurs conversations et leurs conseils, il puisa de précieuses leçons sur les devoirs difficiles de la cure d'âmes et de la conduite d'un troupeau. De là il passa dans le canton de Neuchâtel, où nous le voyons tour à tour, à la Chaux-de-Fonds, un peu intimidé par la foule qui se pressait pour l'entendre ; aux Billodes, entouré de jeunes enfants, auxquels il apprend le chant et annonce la bonne nouvelle du salut ; à Bâle, écoutant un sermon que le pasteur « déclamait contre lui et sa secte ; » et enfin aux Petits-Ponts, bien reçu par les mennonites, qui se plaignent de la tiédeur générale.

Sa visite à Moutiers est pour nous intéressante, car c'est là qu'il entra particulièrement en rapport avec les moraves. Cette Eglise, où M. Bost avait été pasteur, était assez flo-

(1) Guers, *Vie de Pyt.*
(2) Ce sont les expressions d'un pauvre campagnard, qui nous racontait dernièrement, les larmes aux yeux, les pieuses consolations que Neff lui avait jadis données.

rissante pour que Neff écrivît le 28 novembre 1820 : « Il y
» a ici des chrétiens dont le zèle, l'humilité et l'amour me
» font honte, et qui ont bien autrement d'expérience qu'au-
» cun de nous ; aussi je profite à leur école (1). » Il imita
un peu « les *diasporas* » des frères en organisant dans cette
paroisse, sous le nom de *Société des Amis*, des groupes de
jeunes gens dont le but était l'édification mutuelle ; cependant il ne leur donna aucune forme liturgique. Cette idée
lui plut beaucoup, et sa réussite le combla de joie.

Après plusieurs courses dans le canton de Berne, où
quelques ecclésiastiques lui suscitèrent maints obstacles, il
revint à Genève, tout heureux d'avoir contribué à la conversion de quelques âmes et de s'être affermi lui-même dans
sa foi et ses croyances.

Ces premiers essais révélèrent plusieurs des éminentes
qualités dont il était doué pour accomplir l'œuvre difficile
d'un évangéliste. Ils montrèrent que Neff, dès le commencement de son ministère, était : 1° *Pacifique.* Il voulait la
paix pour le pasteur et pour le troupeau. Ses efforts
n'avaient qu'un but : resserrer ces liens par une piété plus
fervente, une charité plus grande et un amour de Dieu plus
profond. 2° *Humble.* Cette humilité n'avait rien de factice :
elle provenait d'un sentiment sincère de son indignité personnelle. 3° *Partisan de l'Eglise établie.* Il ne voulait point
de séparation. Plusieurs de ses lettres sont catégoriques à
cet égard : « Je vous supplie au nom du Seigneur, » écrivait-il de Berne en 1820, « qu'il ne soit jamais question de
» séparation ni de rien de semblable ; ce serait tout perdre
» pour un rien. » 4° *Energique.* Son activité brisait tous les
obstacles qui pouvaient s'opposer à l'avancement de son
œuvre. Un pasteur voulait-il entraver ses réunions particulières, il l'éclairait sur ses devoirs et sur ceux de tous les
chrétiens, qui doivent, autant qu'il leur est possible, faire

(1) Bost, *Lettres de F. Neff*, t. I, p. 105.

avancer le règne de Dieu. Un autre se parait-il du man-
teau de l'orthodoxie pour jouir du repos et alléger ses
fonctions, il travaillait à éveiller en lui une foi vivante et
véritable.

Tous ces dons, joints à une charité parfaite, disent assez
pourquoi les débuts du jeune missionnaire furent suivis de
si grandes bénédictions.

§ 2. — *Développement de sa vie missionnaire.*

> Qu'ils sont beaux les pieds de celui qui,
> apportant de bonnes nouvelles, publie la
> paix sur les montagnes et dit à Sion : Ton
> règne vienne !
>
> (Esaïe, LII, 7.)

Vers la fin d'août de la même année, Neff, à l'exemple
de son ami Pyt, gagnait la France et se rendait à Grenoble,
où le pasteur absent demandait un suffragant. Cette Eglise,
bien qu'ayant à sa tête un conducteur fidèle et dévoué,
n'avait montré jusque-là qu'une indifférence prononcée pour
les choses religieuses. Point de zèle pour le culte public,
point de vie intérieure, point de signes précurseurs d'une
ère nouvelle et plus propice à l'avancement du règne de
Dieu.

Le jeune missionnaire attendait de ses travaux de meilleurs résultats. Habitué qu'il était à évangéliser dans les endroits peu populeux de la Suisse romande, il ne prévoyait
pas les obstacles de toute espèce que la même œuvre ren-
contrerait nécessairement dans une ville, l'indifférence,
pour ne pas dire l'incrédulité, qu'il fallait y vaincre, l'instruction qu'il devait posséder pour être à la hauteur de ses
paroissiens, la solitude spirituelle enfin qu'une personnalité
comme la sienne ne manquerait pas de trouver dans un
centre plus considérable.

La principale difficulté qu'il eut à surmonter fut le caractère officiel que sa position de suffragant lui avait donné. La simplicité, la liberté dont il avait joui jusqu'alors avaient fait place au cérémoniel dans le culte et à la froideur dans les visites. La robe le gênait, le luxe l'importunait, les soirées l'ennuyaient : « Tout me glace, » disait-il; « jamais je » n'ai eu le cœur si peu affamé du salut des âmes... Greno- » ble est un cimetière. »

C'est au milieu de ce profond découragement qu'il reçut de Genève une lettre de ses amis, qui lui reprochait sa rudesse et son imprudence. « Me dire d'être doux, » s'écriat-il alors dans un moment d'amertume, « c'est dire à un » bossu : tiens-toi droit. » Puis, tempérant bientôt sa fougue, il ajoutait : « Quand je réfléchis aux innombrables » imperfections de mon caractère, à mon peu d'amour » pour Christ et pour les âmes qu'il est venu chercher, je » suis tenté de maudire mon jour, comme Jérémie, et de » me retirer, comme Elie, dans quelque antre, en atten- » dant que l'Eternel prenne mon âme. »

Disons-le tout de suite : si Neff a été ce qu'il a fini par être, s'il a accompli une œuvre qui a laissé des traces si profondes, c'est qu'il a connu tout le mal qui se cache dans les plus profonds replis du cœur humain, qu'il a bu au calice des amertumes et des déceptions, et que c'est dans ces souffrances mêmes qu'il a trouvé les armes de la victoire. En accordant le succès à ses premiers essais en Suisse, Dieu voulait lui révéler les signes d'une vraie vocation et les talents dont il l'avait doté pour l'accomplir. A Grenoble, il veut éprouver son serviteur, vivifier sa foi, exercer sa patience et développer en lui le sentiment de son impuissance personnelle. Ce temps d'arrêt fut un creuset qui purifia les mobiles de toutes ses actions et écarta de ses désirs ce qu'il pouvait y avoir d'impur et de souillé : « J'avais passé un » grand mois loin de Dieu, » dit-il, « et mille fois l'ennemi » m'avait trouvé endormi ou désarmé, et m'avait vaincu. » Eh bien ! hier, me trouvant seul à la maison pendant

» une partie de l'après-midi, j'ai pu me recueillir, prier,
» et au bout d'une heure j'avais trouvé le bord (1). »

Le 28 décembre de la même année, Neff venait à Mens,
où il avait été appelé comme suffragant de M. R., absent
pour quelques mois. Il y trouva une vaste Eglise très-bien
organisée (environ trois mille protestants), mais assez tiède
sous le rapport spirituel. La piété, le sérieux, l'austérité
surtout qu'il montrait dans sa prédication, lui aliénèrent
d'abord plusieurs familles qui prétendirent être fatiguées de
ses visites.

Cependant ces préventions diminuèrent peu à peu. La
simplicité de son cœur, son amour des âmes, son zèle, tout
lui attira la vénération et la reconnaissance de la plus grande
partie de la population. « On sentait, » disait quelqu'un,
« que quelque chose de nouveau allait se passer; car le
» foyer d'amour renfermé dans le cœur du suffragant proje-
» tait déjà autour de lui de grosses étincelles. » Au service
divin ordinaire il ajouta des réunions d'édification, dont le
chant faisait partie intégrante. Aux visites pastorales, que
nous nommerons officielles, il ajouta les visites intimes;
aux rapports généraux du pasteur avec sa paroisse, les rapports particuliers vraiment efficaces. Les catéchumènes atti-
rèrent principalement son attention : il comprit que c'était là
qu'il devait porter toute sa sollicitude. Les fruits qu'il en re-
cueillait devinrent, comme dans les Alpes, les plus beaux
fleurons de sa couronne.

Ses heures de loisir étaient consacrées à l'instruction de
quelques jeunes gens qu'il destinait particulièrement au
saint ministère (2). Leurs progrès et leur admission à la

____

(1) Bost, Lettres, t. I, p. 153.

(2) L'Espérance, dans son numéro du 13 septembre 1867, faisait
remonter l'origine de l'école modèle de Mens à F. Neff, et le 22 novembre de la même année elle distinguait la fondation de la création.
D'après ce journal, Neff fonda l'école et André Blanc l'organisa. Sans
vouloir revenir sur cette singulière distinction, nous devons cepen-

faculté de Montauban lui inspirèrent plus tard des lignes
admirables sur les devoirs d'un étudiant en théologie. Il sut,
avec un tact remarquable, attirer insensiblement le pasteur
Blanc dans ses vues, et le faire coopérer à son œuvre.
M. Blanc, à cette époque, quoique animé des meilleurs sentiments, n'était cependant pas encore possédé de cet amour
des âmes qui le distingua plus tard. Il dut son réveil à
Neff, comme celui-ci lui dut une foule de conseils et de le-

dant dire qu'elle n'est ni basée ni exacte. Que Neff, à Mens, ait eu
quelques élèves auxquels il ait enseigné « les premiers principes des
sciences humaines, » qu'il y en ait eu *un* qui ait pu obtenir un
diplôme d'instituteur, rien de plus simple et de plus naturel; mais
conclure de là à la fondation d'une école normale, rien aussi de plus
exagéré. D'ailleurs toutes ses lettres sont contraires à cette hypothèse.
Le but du missionnaire n'était pas, à Mens, comme il le fut plus tard
à Dormilliouse, de faire des régents, mais bien plutôt de développer
le goût de l'évangélisation et du pastorat (voir Bost, *Lettres*, t. I,
p. 241, 374). De plus, si l'école modèle eût été fondée à cette époque,
il en serait certainement sorti des instituteurs non-seulement pour
Mens, mais aussi pour les Alpes; tandis que c'est Neff, au contraire,
qui des Alpes en envoie deux dans le Triève (Bost, t. II, p. 162), et
reçoit à son école un élève venu des environs de Mens (*Id.*, p. 161).
Ce n'est que dans les Alpes qu'il connut tout le prix de l'instruction
pour les instituteurs, et qu'il fonda une école adaptée à ces vues. Du
reste, le silence complet de F. Neff, ainsi que des habitants de Mens
dont la correspondance a été publiée, est une preuve fort concluante
sur le sujet. Voici enfin quelques lignes qui ne laisseront aucun doute;
elles sont extraites d'une lettre que M. Baridon, de Freyssinière, adressait à André Blanc, le 27 juillet 1832, pour lui exposer le besoin im-
périeux de posséder un établissement pour l'instruction des jeunes
gens protestants, soit de l'Isère, soit des Hautes-Alpes. « Je sais, »
lui dit-il, « que vous avez beaucoup travaillé pour remédier à cet
» inconvénient; peut-être même y êtes-vous parvenu en établissant une
» école ou collège (j'ignore votre plan), suivant ce que m'en a rapporté
» Jacques Puieu au retour de son voyage de Mens au mois dernier.
» Dites-moi où vous en êtes : je verrai ces détails avec le plus grand
» plaisir, car j'y suis intéressé de toute manière. » C'est André Blanc
qui jeta « les premières assises » de l'école qu'il faisait reconnaître
par le gouvernement le 16 juillet 1833.

çons sur la théologie en général. Ces deux serviteurs de
Dieu se comprirent, se complétèrent si bien, qu'ils se
vouèrent une amitié qui dura jusqu'à la mort. Leurs lettres,
leurs adieux rappellent l'intimité qui régnait entre David
et Jonathan. C'est à cette heureuse conformité de pensées
que l'Eglise de Mens a dû son union, même dans son
réveil.

Elle eut cependant des crises à traverser : la mondanité,
quoique vaincue, y conservait encore de redoutables adhérents. Une réaction était inévitable. Elle éclata à la suite
d'un sermon de Neff, où l'orateur établissait que les mérites de l'homme ne sont devant Dieu que comme un drap
souillé, et que ce n'est qu'en Christ seul que nous devons
nous confier pour obtenir la vie éternelle. Les uns, frappés,
effrayés même de la sévérité de ces paroles, se rendirent
chez lui pour obtenir de plus amples explications. Neff les
leur donna, et ils crurent. Les autres, indignés de ce langage, qui mettait à nu l'égoïsme de leurs pensées et de
leurs actions, devinrent les ennemis plus ou moins directs
du nouveau prédicateur.

L'arrivée du pasteur que Neff remplaçait, loin de mettre
fin à ces troubles, les augmenta encore. Les débats du
Consistoire, quoique favorables à l'évangélisation commencée, ne purent ramener la paix et la concorde. « On écri-
» vit des lettres anonymes à Neff (1) ; on insulta publique-
» ment celui qui passait pour son plus grand protecteur
» (A. Blanc); on assaillit sa maison ; on osa même proférer
» l'horrible blasphème de : A bas Jésus-Christ ! Mais l'œu-
» vre de l'Evangile allait croissant chaque jour : la Bible
» était lue plus assidûment; les assemblées publiques et par-
» ticulières de Neff étaient fréquentées par la plus grande
» partie de la population ; beaucoup de personnes qui,
» jusque-là, avaient vécu dans les excès et la dissipation,

(1) André Blanc, *Mélanges historiques* (inédits).

» menèrent désormais une vie chrétienne... Des villages
» entiers renoncèrent à leurs fêtes et à leurs divertisse-
» ments pour lire la Parole de Dieu et chanter des hymnes
» en son honneur. »

Le missionnaire répondit à tous les besoins de son œuvre.
Prêchant plusieurs fois chaque dimanche à Mens ou dans
les environs, il sut affermir les nouveaux chrétiens sans
attaquer personnellement ses adversaires. Allant dans les
chaumières les plus reculées, il y constituait de petites
réunions, à la tête desquelles il.mettait soit un de ses élèves,
soit un chrétien sur lequel il pouvait compter. Stimulant
sans cesse le zèle de son collègue, il se réjouissait de ses
progrès dans la foi et dans la prédication, et en faisait bientôt le plus ardent défenseur de sa cause.

Son influence se fit sentir dans toutes les classes de cette
petite société. Les femmes vendirent leurs bijoux pour en
consacrer le montant à l'œuvre des missions ; les riches
donnèrent beaucoup pour organiser une société de traités
religieux ; les pauvres gagnèrent en ordre et en propreté ce
qu'ils perdirent en vices et en débauche ; les vieillards, sévèrement censurés au sujet de leur indifférence en matière
de religion, redressèrent leurs voies ; « les enfants enfin se
» recherchaient uniquement pour se parler de leurs âmes,
» pour s'exhorter et s'instruire (1). »

Malgré les succès incontestables et les bénédictions réelles
que Dieu avait accordés à son œuvre, Neff avait toujours
conscience de sa position, qui était alors peu régulière.
Animé des sentiments qui font le véritable chrétien, pos-
sédant tous les signes d'une vraie vocation et toutes les
vertus pour l'accomplir, il lui manquait la consécration préa-
lable au saint ministère. Ce besoin de recevoir l'imposition
des mains ne se manifesta en lui que progressivement.
A Genève, il regardait cet acte comme convenable, mais

(1) Bost, *Lettres*, t. I, p. 220.

non pas comme nécessaire. Son séjour à Grenoble modifia
quelque peu ses idées ; il comprit que, sans être une nécessité, l'imposition des mains était cependant un moyen efficace d'exercer le ministère : « Laissez ignorer ici, » écrivait-il à ses amis de Genève, « ce que j'ai été et même ce
» que je suis encore : un simple laïque ; cela gâterait tout
» pour le moment. »

A Mens, sa position officielle de pasteur catéchiste, et
surtout les troubles qui avaient été dénoncés à l'autorité,
tout lui faisait rechercher l'ordination avec plus d'ardeur.

Comme il n'avait point fait d'études théologiques, et que
par conséquent une Eglise française ne pouvait régulièrement réaliser son désir, il se rendit en Angleterre où les
communautés indépendantes, plus libres dans leurs actions,
pouvaient lui imposer les mains, après avoir pris connaissance des signes de sa vocation et de ses propres doctrines.
Le 19 mai 1823, neuf pasteurs et docteurs en théologie lui
conférèrent, dans la chapelle de Poultry, les qualités et les
droits d'un ministre de l'Evangile.

M. Bost, dans sa *Visite aux Hautes-Alpes* (1), après avoir
retracé les travaux de Neff et les dons qui le caractérisaient,
termine en faisant l'apologie de cette manière de consacrer :
« Que l'Eglise, » dit-il, « selon l'ordre positif de l'Ecriture,
» laisse à chaque chrétien, non à certains jours seulement,
» mais dans toutes ses assemblées, le droit de prendre la
» parole, de s'adresser à ses frères quand il s'y sent porté,
» et l'on verra bientôt quels sont les hommes qui ont le vrai
» don de la prédication... En peu de temps on pourra faire
» un choix entre eux, Que ceux que l'Eglise aura ainsi dé-
» signés soient mis à part et consacrés. » Il conclut en montrant que les facultés de théologie enseignent aux futurs pasteurs trop de science et pas assez de piété.

Sans méconnaître ce que ces principes ont de vrai, nous

(1) P. 139-142.

ne pouvons cependant pas les accepter, car l'auteur donne
ici pour règle ce qui n'est précisément qu'une exception. En
effet, conclure du chrétien Neff à ce que doivent être tous
les autres chrétiens, c'est faire un *à priori* que l'expérience
et le bon sens repoussent. Si dans le siècle apostolique nous
voyons les principes précités mis en usage, c'est que l'influence des apôtres et des premiers disciples sa faisait encore
directement sentir, que la foi était plus fervente, la piété
plus vive et l'Esprit-Saint répandu avec plus d'abondance.
Au deuxième siècle déjà, les futurs ministres se groupent
sous la direction d'hommes éclairés et distingués autant par
leur science que par leur piété. Quoi de plus simple, du
reste ? Aurait-on moins de confiance dans l'enseignement
de chrétiens pieux et instruits, qui ont déjà fait leurs preuves dans l'œuvre du Seigneur, que dans le jugement du
troupeau, qui trop souvent est plongé dans l'ignorance et les
préjugés ? Les directions et les leçons d'un corps ecclésiastique n'offrent-elles pas plus de garanties dans une consécration, que le choix de simples fidèles, qui ne sont pas toujours bien qualifiés pour juger de la compétence ou de la
piété de leur conducteur ? En outre, méconnaître l'utilité de
la science pour le pasteur, c'est la méconnaître pour le troupeau ; c'est nier la civilisation, le progrès, et, par conséquent, les premiers éléments du christianisme, qui veut
que nous éprouvions toutes choses et que nous retenions ce
qui est bon.

Qu'on nous pardonne cette digression : loin d'avoir voulu
infirmer l'acte solennel par lequel Neff vit s'ouvrir pour lui
un horizon nouveau, nous avons désiré, au contraire, en
montrer l'efficacité. Par là l'Eglise acquit un ouvrier qui ne
rencontrera que bien peu d'imitateurs. Cependant nous
croyons qu'elle ne doit pas abuser de ses ordinations sans
études théologiques, car elle s'exposerait à recevoir dans
son sein des hommes incapables d'accomplir tous les devoirs

du ministère évangélique. Elles doivent se produire seulement en raison de la rareté des Neff.

Le jeune pasteur vit dans sa consécration un nouveau motif pour travailler avec plus d'activité encore à l'œuvre qu'il avait entreprise. Il avait promis d'y consacrer ses forces, il va tenir sa promesse et frapper de plus grands coups à la racine du mauvais arbre. Il fut cependant quelque peu déçu, lorsqu'à son retour à Mens on lui communiqua une lettre du préfet, dans laquelle les petites réunions étaient interdites. Enlever à Neff ce moyen d'évangélisation, c'était lui enlever les armes du combat, et partant, la victoire ; c'était mettre fin aux rapports intimes qui le liaient à son troupeau et particulièrement à ses catéchumènes ; c'était, en un mot, le réduire à l'impuissance. « Je me considère, » écrivait-il à ce moment, « comme étant ici bien peu solide, » et je ne sais trop si j'y pourrai rester encore. J'attends la » décision du maître de la vigne. Je lui demande force et » patience ; car, sans m'étonner aucunement, tout ceci me » fatigue, surtout à cause de la distraction que cela occa- » sionne chez les personnes bien disposées qui ne s'occupent » que de ces choses et non de leurs âmes. D'ailleurs, » disait-il quelques mois auparavant, « je préférerais infini- » ment la vie mobile d'un missionnaire ; mais si j'ai quelque » désir de demeurer dans cette contrée, c'est principale- » ment par amour pour les âmes, et qu'il me semble qu'une » grande œuvre s'y prépare. »

L'œuvre qu'il prévoyait s'était accomplie ; les fruits de ses travaux étaient manifestes ; son collègue pouvait désormais les développer et les faire mûrir ; rien ne l'empêchait donc plus de réaliser ses espérances.

Sur les conseils d'André Blanc, originaire des Hautes-Alpes, les vues de Neff se dirigèrent vers ces contrées sauvages et délaissées. La perspective d'y jouir d'une pleine liberté d'action, d'y retrouver des sites semblables à ceux que sa mère lui avait fait admirer dans sa patrie, et surtout de faire briller, sur ces hautes montagnes, le flambeau de la vérité, tout l'engagea à devenir pour ce pays un nouvel Oberlin. Ses adieux à l'Eglise de Mens, ses recommandations aux catéchumènes, ses larmes enfin en quittant les amis qui le suppliaient de rester au milieu d'eux, sont la preuve la plus évidente des immenses bénédictions que Dieu avait répandues sur cette première partie de son œuvre. Il part, mais ses prières accompagneront sans cesse le petit troupeau.

Nous ne le suivrons ni à Bourgoin, ni à Lyon, ni à Grenoble, d'où il écrivait, le jour de son anniversaire (il avait alors vingt-six ans), une lettre à sa mère pour lui annoncer sa nouvelle résolution : « J'ai pris mes précautions, » lui dit-il, « contre le climat glacé du pays où je vais me ren- » dre. J'ai en particulier fait faire une bonne capote en pe- » luche (souvenir du soldat), un gilet à manches trico- » tées (1), etc. » Petit détail de famille d'autant plus précieux qu'il se rencontre bien rarement dans ses lettres, où son corps est presque toujours oublié.

Le 18 octobre 1823, il arrivait dans la vallée de Freyssinière. De là son œil embrasse d'un regard l'immense travail que son vaste champ lui impose; puis, confiant en Dieu et plein d'un saint amour pour les âmes, il parcourt, dans tous les sens, cet imposant assemblage de vallées, de forêts, de ravins, de neiges éternelles. Ses premières courses à travers le Briançonnais, Freyssinière et le Queyras eurent principalement pour but de connaître les Eglises qui y étaient disséminées et de rallier les membres épars de cet antique troupeau. « Le temps est magnifique, » écrivait-il de Briançon plein d'enthousiasme; « je me porte à merveille; les mon- » tagnards s'étonnent de l'agilité avec laquelle je gravis

(1) Les dames de Mens, lors de son départ, avaient à son insu renouvelé tout son linge usé par le service et la vétusté. Neff était pauvre.

» leurs rochers, et de la facilité avec laquelle je me fais à
» leur genre de vie. »

Une nouvelle difficulté venait entraver ses premiers pas :
le sous-préfet lui demandait un acte de naturalisation, et de
plus une vocation à lui adressée par le consistoire d'Orpierre. Nouvelles courses, nouveaux soucis, nouveau triomphe ; le 7 décembre 1823, le Consistoire le nommait, à
l'unanimité, pasteur de la section d'Arvieux, et demandait
à Son Excellence le ministre de vouloir bien lui accorder la
naturalisation. Nous donnons en note l'extrait de cette déli-
bération, qui montre l'étendue et les difficultés de la paroisse
désormais confiée aux soins de l'ardent ouvrier (1).

(1) « Séance du 7 décembre 1823, sous la présidence de Noble d'Al-
» debert :

» Monsieur le président a déposé sur le bureau une lettre en date
» du 25 novembre dernier, des principaux notables laïques composant
» la section d'Arvieux, par laquelle ces chers frères en Jésus-Christ
» supplient le vénérable consistoire de vouloir agréer et de faire nom-
» mer par le gouvernement le sieur Félix-Henry Neff, ministre du
» saint Evangile, pour leur pasteur.

» Après lecture faite de cette lettre, un membre s'est levé et a dit :
» La demande des chrétiens évangéliques de la section d'Arvieux est
» juste. L'état de souffrance dans laquelle ont gémi les habitants des
» nombreuses communes qui professent la religion réformée, et qui
» sont recommandés à notre sollicitude, doit vous toucher. Depuis
» l'organisation des cultes, l'Eglise réformée d'Arvieux n'a eu qu'un
» pasteur qui, après un séjour de deux ans, s'est vu contraint par des
» raisons de santé de solliciter son changement. Cette section de notre
» consistoire comprend toutes les communes des arrondissements de
» Briançon et d'Embrun où se trouvent des protestants. Le pas-
» teur appelé à sa desserte est obligé d'aller souvent des communes
» de Molines à Saint-Véran, situées à l'extrémité orientale de l'ar-
» rondissement de Briançon, à Lagrave, située à l'extrémité septen-
» trionale dudit arrondissement, et de la commune du Grand-Villard
» à celle de Freyssinière, comprise dans l'arrondissement d'Embrun.
» Cet éloignement des divers lieux de culte, la rigueur du climat, la
» traversée des montagnes et des ravins nécessitent absolument un
» pasteur jeune, robuste, et surtout animé du désir sincère de remplir

L'œuvre de Neff se concentra principalement dans les deux vallées du Queyras et de Freyssinière. Celle du Champsaur, bien qu'ayant été le but de plusieurs de ses courses, n'était pas de son ressort. Dans cette dernière, il ranima les sentiments religieux, soit par des visites aux familles, soit par l'institution des réunions du soir, soit par l'instruction des catéchumènes. Ce mouvement fut encouragé par des pasteurs fidèles et dévoués qui vinrent se fixer dans cette contrée, depuis lors renommée par le zèle et l'intelligence de ses habitants.

Il n'en fut pas de même dans le Queyras, où la Parole de vie trouva peu d'écho et peu de sympathie. Foncièrement indifférents et égoïstes, les protestants de ces hautes vallées croyaient que le pasteur ne devait jamais quitter Arvieux, qui était le chef-lieu de la seconde section consistoriale. Ils voulaient l'avoir toujours au milieu d'eux, non pour écouter et suivre ses enseignements journaliers, mais uniquement pour faire leurs baptêmes et leurs mariages, ce qui pour Neff était loin d'être l'essentiel. Leur légèreté, leur frivolité aggravaient encore ces dispositions. Il avait beau prêcher « d'une manière terrible, » disait-il, rien ne les touchait; ils étaient comme un rempart de terre glaise, où le boulet entre, mais où rien ne bouge.

L'opposition la plus marquée se manifesta parmi les femmes de Brunissard (1). Neff, pendant les six mois qu'il avait séjourné dans ce pays, n'était pas parvenu à pouvoir s'en faire écouter. « Elles le fuyaient comme la peste, » dit M. Ca-

» exactement les fonctions de son auguste état. Jusqu'à présent vous » avez cherché vainement un sujet capable de remplir ce but ; nul n'a » eu le courage de se charger de la desserte de la susdite Eglise. Le » sieur F. Neff s'offre pour cela et convient parfaitement. » Suivent la demande de naturalisation et les considérations par lesquelles Neff est nommé à l'unanimité pasteur d'Arvieux.

(1) Petit village non loin d'Arvieux.

doret (1), « avec des yeux hagards et irrités; leur orgueil
» leur faisait croire que les observations qu'on pouvait leur
» adresser n'avaient pour but que de les humilier ou de les
» tourner en ridicule. »

Malgré ces obstacles, le courage du missionnaire ne se
démentit point. Fort de la bonté de la cause qu'il voulait
faire triompher, il multiplia ses visites, ses appels et ses
exhortations. Il put paraître sévère, importun même à ces
montagnards qui eussent désiré un prédicateur plus com-
plaisant, un conducteur moins rigide... Sa mission, à lui,
était d'annoncer l'Evangile tel qu'il était et non tel qu'on
voudrait qu'il fût. Il voulait les convaincre de péché et de
souillure pour exciter en eux le repentir, et par là les placer
sur le chemin du salut; ils résistaient cependant, et leurs
âmes, qui lui étaient si chères, et pour lesquelles il
avait sacrifié son temps, ses forces et sa vie tout entière,
rebelles à ses appels, allaient se perdre dans les plaisirs.
Il ne faudrait pas connaître le caractère ardent de Neff pour
ne pas prévoir les souffrances intérieures qu'il eut à endurer
au milieu de ce peuple, qui restait sourd à sa voix, et pour
ne pas excuser ces paroles amères qu'il lui adressait souvent : « Je vous blesse sans doute par des vérités pénibles
» à entendre; mais si vous persistez, du moins je serai net
» de votre sang. » Puis, tombant à genoux, il passait des
nuits entières en prières et en supplications. Puissant
moyen de retremper ses forces durant l'orage et de comprendre ce que saint Paul dit aux Galates « du travail d'en-
fantement » qu'il souffrait pour eux!

Comme nous aurons occasion de le dire bientôt, ses travaux n'avaient pas eu partout d'aussi tristes résultats. Dans
la vallée de Freyssinière, il avait de nouveaux chrétiens,
des fils en la foi, qui l'attendaient toujours avec impatience
pour recevoir et pratiquer ses enseignements. Neff venait

(1) *Voyage aux Hautes-Alpes* (inédit).

puiser au milieu d'eux le courage, la patience, les ten-
dresses qu'il ne trouvait pas dans le Queyras et dont cependant il avait un si grand besoin. Il recommençait ensuite ses
longues et pénibles tournées pour frapper avec une nouvelle
force à la porte de tous les cœurs. Souvent ce ne fut pas en
vain : à Fontgillarde se manifestèrent quelques signes de vie
religieuse ; à Saint-Véran, de jeunes hommes de dix-huit à
vingt ans donnèrent quelques marques, sinon de réveil, du
moins de bonnes dispositions ; aux Moulins (près d'Arvieux),
une femme pleura sincèrement sur ses péchés et voua une
amitié éternelle à celui qui avait été le moyen de sa conversion.

Vers la fin de décembre 1824, Neff dut s'absenter de nouveau pour se rendre à Grenoble, où l'appelaient encore les
affaires de sa naturalisation. Il en profita pour revoir les
amis qu'il avait laissés dans le Triève, et pour les affermir
dans la route que depuis son départ ils avaient si fidèle-
ment suivie. Il avait besoin lui-même de savourer les fruits
de ses travaux passés, de se recueillir dans les pieuses assemblées, que naguère il y avait instituées, et d'en retirer
de nouveaux gages de succès pour son œuvre des Alpes.
Après avoir, avec André Blanc, résolu une tournée dans les
vallées vaudoises du Piémont, il revint à Orpierre, et de là
à Guillestre, d'où il écrivit à son collègue de Mens les impressions que lui avait laissées le président : « En somme,
» je ne puis qu'être content de lui, » dit-il, le 24 janvier 1825 (1) : « il m'a témoigné beaucoup d'intérêt. Les
» affaires de Jésus lui donnent beaucoup de tracas : il n'y
» est pas très accoutumé. Nous avons eu quelques conversa-
» tions sérieuses. Il dispute avec assez d'opiniâtreté, et,
» comme vous pouvez croire, sans intelligence *spirituelle*.
» Cependant j'ai lieu de croire ses préventions contre les
» *évangéliques* affaiblies. Au moment de mon départ, il était

(1) Lettre inédite.

» très-ému. Il m'embrassa, les larmes aux yeux. J'en profi-
» tai pour lui parler très-sérieusement. Il vint m'accompa-
» gner assez loin, et tout le long je l'entretins de choses sé-
» rieuses ; il les reçut mieux que de coutume. Priez pour
» lui, afin que le Seigneur ouvre ses yeux...

» Parti d'Orpierre le samedi, je vins prêcher le dimanche
» à Trescleoux : tout y est mort, comme vous le pensez
» bien. Cependant il y avait une assemblée très-nombreuse.
» Lundi j'ai passé à Serres, mardi à Gap, mercredi à Saint-
» Laurent, jeudi à Gap et à Savine, vendredi à Guillestre,
» où j'ai trouvé deux lettres de Genève ; samedi à Arvieux.
» Jacques Philippe me dit que M. Dumont était à Grenoble
» pour les fêtes ; il me tarde de savoir s'il est définitivement
» installé chez vous. Dimanche j'ai prêché à Arvieux, et suis
» allé coucher à Molines. Lundi, fête de saint Antoine, j'ai
» prêché à Saint-Véran : le temple était tout plein. La Mis-
» sion y a passé dans mon absence. Elle a réussi à détour-
» ner du protestantisme un jeune homme, C. M., en lui
» promettant de le faire prêtre et de le tirer de la conscrip-
» tion. Sa mère, catholique, n'y a pas peu contribué. Il est
» actuellement à Savine, chez un curé. Cette désertion avait
» abattu nos gens. J'ai tâché de les remonter en leur prê-
» chant tout à fait d'abondance sur Jean, VI, 67-69. Mon
» arrivée a paru leur causer une grande joie. A Saint-Véran,
» on manifeste toujours d'assez bonnes dispositions. La veuve
» A. R. avance à grands pas ; elle tient des assemblées chez
» elle tous les dimanches au soir. On y lit Nardin. Chez
» J. Ph., sa belle-sœur et sa nièce sont toujours bien dispo-
» sées ; la dernière apprend des passages par cœur et paraît
» bien les comprendre. Le reste d'Arvieux dort comme la
» mort... Adieu, cher frère et ami ; que le Seigneur vous
» fortifie et vous bénisse.

» NEFF. »

Quelques mois après, il passait le Col de la Croix, et arrivait à la Tour, dans les vallées vaudoises. Les tournées qu'il

3

fit dans les principales paroisses de cette vieille et glorieuse
Eglise ne lui révélèrent que tiédeur chez les pasteurs, que
légèreté et insouciance chez les membres du troupeau. Ses
prédications, ainsi que celles d'André Blanc, n'eurent d'autre effet que d'attirer sur eux les sarcasmes et les railleries
de la masse ignorante, rien n'indiquant chez elle les moindres traces de sentiments religieux. Il y eut cependant quelques heureuses exceptions, quelques cœurs qui comprirent
les paroles sérieuses qui leur étaient adressées. Antoine
Blanc fut un de ceux qui les saisit avec le plus d'ardeur. Il
devint dans la suite le représentant de tout ce qu'il y avait
de vie et de piété dans ces vallées. Sur les conseils de Neff,
il établit chez lui des assemblées religieuses, qui, plus
tard, appelées « réunions de la Costière, » exercèrent une
influence directe autant que salutaire sur les pasteurs et les
fidèles.

De retour dans les Hautes-Alpes, il ne cessa d'encourager
ces nouveaux disciples de Christ. Voici, à ce sujet, une
lettre qu'il écrivait à la femme d'Antoine Blanc :

« Arvieux, novembre 1825.

» Madame et bien-aimée sœur en Jésus-Christ (1),

» Si nous étions du monde, nous parlerions comme le
» monde, c'est-à-dire que je débuterais par de grands
» compliments sur les honnêtetés dont vous m'avez comblé,
» et l'amitié que vous m'avez témoignée pendant le temps
» que j'ai passé chez vous. Mais comme chrétien, je dois
» vous dire que si je conserve un souvenir bien agréable de
» mon séjour à Saint-Jean, c'est principalement à cause de
» la grâce que le Seigneur vous a faite de recevoir sa parole
» avec promptitude; car je ne perds pas de vue le but de ma
» vocation, qui est d'annoncer cette bonne parole. En con-

(1) Lettre inédite.

» séquence, je ne puis considérer que sous ce rapport tou-
» tes nos relations, et tous ceux-là me sont étrangers qui
» n'écoutent pas l'Evangile. Hélas! combien d'étrangers un
» citoyen du ciel trouve dans sa patrie, dans son Eglise, et
» souvent même dans sa propre famille! Mais si souvent ses
» proches lui sont étrangers, *ceux qui étaient éloignés se*
» *sont rapprochés par le sang de Jésus* (Ephós., II, 13, 17, 19).
» Il trouve des frères, des sœurs, des pères, des mères, des
» fils et des filles cent fois plus qu'il en a perdu (Matth.,
» XIX, 29), et partout où il rencontre un disciple de Jésus-
» Christ, il trouve un véritable ami. Peu lui importe qu'il
» soit blanc ou noir, civilisé ou sauvage, riche ou pauvre,
» savant ou ignorant : c'est une brebis du bon Berger, un
» racheté du même Sauveur !

» Voilà, bien-aimée sœur, les liens qui m'attachent à
» vous et à tous ceux qui tendent au même but; voilà la
» source de l'affection que je vous porte et de la joie que
» j'aurai de vous revoir, s'il est possible. En attendant que
» j'aie cet avantage, je désire y suppléer de mon mieux
» dans la présente, en vous parlant des mêmes choses dont
» je vous ai souvent entretenue pendant le peu de jours que
» j'ai passés près de vous.

» Je ne peux pas, il est vrai, me faire une idée bien
» juste de vos sentiments et de votre état spirituel, mais je
» ne puis douter que le Seigneur ne vous ait réveillée de
» l'assoupissement naturel où tout le monde est plongé pour
» vous découvrir dans quelle misérable position nous som-
» mes. C'est toujours par là que le Seigneur entre en ma-
» tière avec ses enfants ; ces commencements sont souvent
» bien pénibles, et il serait très-possible que vous n'en eus-
» siez pas encore trouvé le bout ; mais, s'il en est ainsi, pre-
» nez patience, il faut que tout ce venin sorte avant d'en
» être délivré ; le grand médecin qui nous traite sait bien
» ce qui nous convient et jusqu'à quel point il doit faire
» saigner la plaie de notre cœur. Ayons espérance en lui et

» disons, comme David : *Quand je t'invoque tu m'entends,*
» *quand il est temps tu me consoles* (Ps. CXXXVIII). Seule-
» ment, prenez bien garde de ne pas chercher de soulage-
» ment loin du Seigneur dans la distraction, la légèreté, en
» perdant de vue vos péchés et votre misère. Cette guéri-
» son-là est pire que la maladie : *la main qui nous a blessés*
» *doit nous guérir* (Osée, VI, 1). Quelque peine que nous
» éprouvions à nous approcher de Jésus, quelque crainte ou
» fausse honte qui nous retienne, faisons effort et jetons-
» nous à ses pieds comme la Cananéenne ; n'attendons pas
» une repentance, une humilité, une ferveur qui ne vien-
» dra d'ailleurs que de lui, et que nous voudrions lui offrir
» de nous-mêmes par un reste de propre justice cachée.
» Allons à lui tels que nous sommes : on ne saurait trop le
» répéter, ce mot dit tout ; oui, tels que nous sommes, avec
» notre esprit léger et distrait, notre cœur orgueilleux, hy-
» pocrite, endurci ; non, rien au monde ne doit nous éloi-
» gner de Jésus-Christ ; portons-lui toutes nos misères ,
» traînons à ses pieds tous nos ennemis spirituels ; sa glo-
» rieuse présence leur fera peur et nous en serons délivrés.
» Considérez que toute pensée, quelque divine et humble
» qu'elle paraisse, qui tend à nous tenir loin du Sauveur,
» est une tentation du Malin.

» Prenez donc courage, bien-aimée sœur, et cherchez
» incessamment ce bon Sauveur, ce pain de vie, cette
» source jaillissante en vie éternelle. Persévérez dans la
» prière, ne pussiez-vous que soupirer ou répéter avec le
» péager : Seigneur, aie pitié de moi, votre prière sera tou-
» jours écoutée ; priez donc, priez ; prosternez-vous aux
» pieds du Seigneur comme celle dont vous portez le nom ;
» il vous aime tout autant que la sœur de Lazare : il a souf-
» fert pour vous comme pour elle. Choisissez donc, comme
» elle, la bonne part, personne ne vous l'ôtera ; oui, cher-
» chez-le de tout votre cœur, ce bon berger, qui vous cher-
» che lui-même avec tant d'amour ; croyez à sa tendresse , à

» sa fidélité, heurtez à sa porte jusqu'à ce qu'il se lève pour
» vous donner le pain vivifiant (Luc, XI, 5-13) ; ne vous
» relâchez point et bientôt, j'en suis sûr, vous trouverez le
» repos de votre âme ; vous éprouverez que le royaume de
» Dieu est paix, justice et joie par le Saint-Esprit.

» J'espère que vous ne tarderez pas à m'annoncer cette
» bonne nouvelle. S'il en était autrement, dites-le-moi, et je
» tâcherai de vous faire découvrir parmi cette fange les
» traces des solides promesses... Exhortez votre sœur à
» prier, à lire, à fuir le train du monde ; édifiez-vous l'une
» l'autre, et loin de vous laisser détourner par le monde,
» tâchez plutôt d'en sauver quelque autre avec vous. Que le
» Seigneur vous fortifie et vous garde en sa paix. Amen.

» Félix Neff. »

L'année suivante, il lui envoyait encore des lignes remarquables (1) sur les entraves qu'en sa qualité de femme
elle pouvait susciter à l'œuvre de son mari, sur la légèreté,
sur « l'orgueil qui, très-subtil, » dit-il, « nous fait aisément
» perdre le vrai point de vue sous lequel nous devons envi-
» sager l'œuvre de Dieu en général, et la change pour nous
» en une affaire d'opinion et de parti. Cette orgueil étouffe
» ou refroidit la charité, dont nous devrions être animés
» même envers nos plus cruels ennemis, qui devrait prési-
» der à toutes nos paroles et actions. Il nous porte à jeter
» du ridicule sur ceux qui ne pensent pas comme nous et à
» traiter de légèreté les choses les plus sérieuses, les plus
» dignes de nous arracher des soupirs et des larmes (2)...

(1) M. Bost fait dater cette lettre de Vars, le 19 juillet 1826. C'est
à tort : l'original que nous avons sous les yeux fut écrit à Arvieux,
le 24 juillet 1826. De plus, dans les *Lettres et Biographie de Neff*, cette
lettre a presque été rendue méconnaissable par les additions et les
coupures qui y ont été faites.

(2) Les altérations précédentes (voir Bost, *Lettres*, t. II, p. 137)

» Le meilleur remède, ajoute-t-il plus bas, pour ce mal et
» pour tous les autres, auxquels notre cœur soit sujet, est,
» sans contredit, une recherche constante de cette commu-
» nion intérieure avec le Seigneur Jésus-Christ, qui consti-
» tue, à proprement parler, la vie du fidèle, et peut seule
» le rendre vraiment fécond en fruits de justice et de sain-
» teté. »

Il n'en continuait pas moins à aider Antoine Blanc par ses
directions et ses conseils ; c'est ainsi qu'à propos d'un procès, il lui écrivit de Vars, le 4 juillet 1826, une lettre toute
particulière, il est vrai, mais touchante par les conseils et
les marques d'affection qu'elle renferme (1) : « Il me sem-
» ble, » lui dit-il en terminant, « que vous feriez bien de
» réfléchir mûrement et avec impartialité, ce qui est cer-
» tainement difficile à l'homme, mais qui ne doit pas être
» impossible pour un chrétien. Prenez en tout ceci conseil
» non de la chair et du sang, non de la partie orgueilleuse
» et irritable de votre cœur, mais du véritable conseiller, de
» l'Esprit de vie, de sagesse et de paix qui doit présider à
» toutes nos actions et même à toutes nos pensées. Rappe-
» lez-vous de votre sainte vocation et dirigez-vous en con-
» séquence. »

Un mois après, le 8 août, il lui écrivait de Molines, et
après lui avoir parlé des livres de dévotion qu'il lui avait
envoyés et des cantiques qu'il désirait recevoir du Piémont,
il ajoute : « Quant aux choses spirituelles, comme que
» puisse aller *l'extérieur*, tâchons que l'homme *intérieur* n'en
» souffre pas ; ils ne doivent rien avoir de commun. D'ail-
» leurs, si nous sommes en paix et en communion avec
» Dieu, peu importe le reste. C'est donc à ce but qu'il faut
» tendre, regardant comme ennemies toutes les pensées qui

avaient dénaturé le sens de ce dernier passage, empreint d'un libéralisme véritablement chrétien.

(1) Inédite.

» peuvent nous retarder dans notre course. Ne vous don-
» nez point de repos que vous n'ayez ainsi trouvé Jésus, et
» en lui le repos de votre âme (1)... » « Je suis bien aise que
» les sermons de Nardin vous soient parvenus, » lui écrivait-il encore de Vars le 29 septembre; « je pense qu'ils
» vous font plaisir. C'est un livre basé sur la doctrine évan-
» gélique la plus pure et sur l'expérience chrétienne la plus
» profonde et la plus simple. Je pourrais vous procurer
» aussi les sermons de Burder, ainsi que d'autres traités re-
» ligieux. Il faut semer avec discernement et économie,
» mais *il faut semer* et mettre la chandelle sur le chandelier ;
» car si on attend que le vent ne souffle plus, on la tiendra
» toujours cachée, et si on regarde toujours les nuées, on
» ne sèmera jamais (2). »

Vient enfin une lettre que Neff adressait à Mme Vinçon,
née Blanc, de Saint-Germain (vallées vaudoises), à l'occasion du jour de Noël. Elle est remarquable par les sentiments de joie et de bonheur que la circonstance lui inspire :
« Je vous écris à la hâte ce petit mot (3) pour vous souhai-
» ter, comme on dit, le *bon jour de Noël.* Hélas ! ce jour
» pourrait dire à beaucoup de gens comme Jésus au jeune
» homme : Pourquoi m'appelles-tu bon ? Mais bénissons
» mille fois le Seigneur de ce que nous savons pourquoi ce
» jour est bon ! Puissions-nous dire que nous savons com-
» bien il est bon ! Mais c'est un mystère que nul ne peut
» sonder, pas même les anges ; car, sans contredit, ce
» mystère est grand : Dieu manifesté en chair, sa Parole
» faite chair habitant parmi nous ; Emmanuel, Dieu avec
» nous ; nous n'étions plus avec Dieu ; le péché avait fait
» séparation entre nous et lui et nous avait bannis de sa
» présence. Le péché, en corrompant nos esprits et nos

(1) Lettre inédite.
(2) *Id.*
(3) *Id.* du 25 décembre 1826.

» cœurs, en avait banni la pensée et l'amour de Dieu ; nous
» n'étions plus avec lui, nous le fuyions, nous lui tournions
» le dos. Mais voilà, Jésus-Christ s'est fait Emmanuel ; il est
» venu chercher ce qui était perdu, il a dépouillé l'éclat de
» sa gloire, et enveloppé d'infirmités, il est venu parmi les
» hommes doux et humble de cœur. Nous savons mainte-
» nant à qui nous adresser, dans quel cœur verser nos pei-
» nes et nos angoisses. Nous n'avons pas besoin de monter
» aux cieux et d'entrer dans le sanctuaire magnifique, dont
» le chérubin même n'approche qu'en tremblant et qu'en
» voilant sa face. Il est tout près de nous, il est *avec nous,*
» et nous pouvons nous le figurer toujours sous la forme du
» Fils de l'homme ; c'est toujours Jésus, le prophète de Na-
» zareth, allant de lieu en lieu faisant du bien, embrassant
» et bénissant les petits enfants, que de tendres mères lui
» présentaient avec simplicité et confiance, entrant chez les
» péagers, se mettant à table avec eux, conversant familiè-
» rement avec une porteuse d'eau (Jean, IV) ; en un mot
» se mêlant dans la foule avec les pauvres, les ignorants,
» les pécheurs, et étant pour tous *Emmanuel,* Dieu avec
» nous.

» Oh! que nous sommes heureux d'avoir un tel Dieu, un
» Emmanuel dans le royaume de sa gloire! *Son désir est que*
» *là où il sera, ceux que le Père lui a donnés y soient aussi*
» *avec lui* (Jean, XVII). L'Agneau lui-même nous paîtra et
» nous conduira aux vives fontaines des eaux. Il sera le
» flambeau de la sainte Jérusalem ; ses élus verront sa face,
» et leur nom sera écrit sur leurs fronts. Le chrétien pour-
» rait-il supporter l'idée d'être au ciel privé de la présence
» de son aimable et bien-aimé Sauveur? Quel vide! quel
» désert qu'un paradis sans Jésus!... Que les affaires de ce
» monde aillent bien ou mal, que les biens périssables nous
» échappent, que les douleurs affaiblissent notre corps de
» poussière, que le monde gronde, insulte, calomnie, mau-
» disse, persécute, nous avons un Emmanuel, un Jésus qui

» demeure avec nous jusqu'à la fin du monde, et de l'amour
» duquel nous ne pourrions nous séparer. »

Le mouvement religieux, qu'il avait lui-même produit,
affermi et développé par des lettres (1) où son cœur lui
donnait une véritable éloquence, ne fut pas le seul fruit de
ses nombreux travaux. La vallée de Freyssinière, séparée
de celle du Queyras par de hautes montagnes, nourrissait
une population tout aussi ignorante, il est vrai, mais plus
sympathique, plus intelligente, et mieux disposée à profiter
des enseignements de l'évangéliste. Neff s'en aperçut bientôt, et franchissant à pied, dans des sentiers rocailleux et
défoncés, les 244 kilomètres de sa vaste paroisse, il arrivait
dans les hameaux de Vars, de Pallons, des Ribes, des Vio-
lins, et enfin dans « son cher Dormilliouse, » tous endroits
pauvres, misérables, et plongés dans les plus profondes ténèbres spirituelles.

C'est là cependant que son œuvre devait atteindre sa plus
haute perfection et manifester tous les dons précieux du
missionnaire.

Tout y était à créer et à organiser. L'agriculture, mal
conçue et mal pratiquée, nourrissait à peine les habitants.
L'instruction y était nulle, et l'évangélisation avait encore à
y jeter ses premières racines. Neff, comme les serviteurs de
Dieu qui vont dans les pays lointains apporter les bienfaits
du christianisme, comprit que le côté matériel d'une population aussi pauvre devait être d'abord l'objet de ses soins
et de sa sollicitude. Il leur procura ce dont elle avait le plus
grand besoin, c'est-à-dire des fontaines publiques, des rou-
tes meilleures tracées à travers les glaces, des temples nouveaux, dont il cassait et taillait lui-même les pierres.

« Voici, » dit M. Cadoret (2), « comment il s'y prenait
» pour trouver des ouvriers : il convoquait les habitants de

(1) Voir Bost, *Lettres*, t. II, p. 140, 144.
(2) *Voyage aux Hautes-Alpes*.

» la contrée, et, après leur avoir montré la nécessité d'éle-
» ver une maison au Seigneur, il choisissait un homme de
» chaque village pour ne pas faire de jaloux, et leur disait :
« Je vous nomme directeurs en chef des travaux ; les autres
» et moi sommes dès aujourd'hui sous vos ordres. » Cette
» proposition flattait les directeurs, excitait leur zèle, et
» l'élan donné, le temple était bientôt terminé. »

Grâce à son ancien métier de jardinier, il put aussi amé-
liorer l'agriculture et les autres travaux de ce genre. Ses
habitudes d'ordre, d'économie et de propreté ne furent pas
non plus sans influence sur la transformation complète
d'hommes qui jusqu'alors étaient restés étrangers aux plus
simples notions sociales.

M. Ladoucette, ancien préfet des Hautes-Alpes, rend justice à ce zèle et à ce dévouement : « Neff, » dit-il, « voulut
» propager la culture de la pomme de terre, et, pour joindre
» l'exemple au précepte, il en avait lui-même dans son jar-
» din. Il allait dans les champs montrer sa méthode, que
» plusieurs ont adoptée, et qui s'étend chaque jour. En 1823,
» on n'était plus en usage d'arroser les prairies à Dormil-
» liouse, dont les anciens canaux étaient comblés par les
» avalanches. Neff convoque les habitants et se met au point
» du jour à leur tête. Il est doux de parler des succès de cet
» homme, dont le nom doit vivre à jamais dans la vallée
» reconnaissante (1). »

Ces heureux résultats étaient loin de lui faire oublier le
but principal qu'il désirait atteindre. Il voulait donner à ces
commencements de civilisation une base solide sur laquelle
ils pussent s'affermir et progresser. Il adopta, comme
moyens, la culture de l'esprit et la culture du cœur, c'est-
à-dire l'instruction et l'évangélisation.

« Il y a longtemps que je suis convaincu du besoin d'in-
» struction, » disait-il, « mais jamais je n'en avais plus

(1) *Histoire, antiquités des Hautes-Alpes*. Paris, 1834.

» vivement senti la vérité que depuis que j'habite parmi les
» peuples les plus reculés de France. »

Qu'on ne lui reproche donc plus d'avoir négligé cette partie importante de son œuvre. S'il n'a pu entièrement l'accomplir, c'est qu'un obstacle matériel et primordial venait
arrêter sa marche, paralyser ses efforts. La pénurie d'instituteurs, la grande dissémination des protestants, ses tournées, dont chacune lui prenait près d'un mois, tout cela ne
lui permettait pas d'ouvrir dans chaque localité une institution pour les enfants. Il choisit le moyen le plus sage en con-
centrant ses forces et en fondant à Dormilliouse une école
normale mixte. Son intention n'était plus ici, comme à
Mens, de faire des évangélistes, mais bien plutôt de former
des instituteurs capables qui, tout en inspirant dans la suite
le goût de la piété à la nouvelle génération, lui donneraient
une instruction plus suivie et des directions plus éclairées.

Son attente ne fut point déçue : toutes les vallées des
Alpes répondirent à son appel en lui envoyant vingt-cinq
jeunes gens dont les progrès rapides furent pour lui un sujet de grande joie. Outre l'écriture, la lecture, la grammaire, etc., il leur enseignait le chant, n'ayant d'autre
instrument que sa poitrine, déjà très-fatiguée par les conversations, les marches et les prédications. Il tenait essentiellement à la réussite de cette dernière branche ; car,
outre que la musique avait pour lui des charmes ineffables,
il la regardait encore comme un puissant moyen de réveil et
d'édification. Ajoutons cependant qu'il n'aimait pas les mélo-
dies douces et tendres : « C'est mou, » disait-il, « c'est
mou ; cela affaiblit. » Il lui fallait des hymnes empreints de
plus de virilité et d'énergie. Les sentiments ardents doivent
s'exprimer avec ardeur aussi. Pendant tout le temps qu'il
séjourna dans les Hautes-Alpes, il dirigea lui-même cette
école, où, dans la mauvaise saison, il donnait de quatorze
à quinze leçons par jour.

Le terrain ainsi préparé, Neff se vouait tout entier à

l'évangélisation. Cette personnalité puissante qui ne sentait
rien à demi, qui avait puisé dans le christianisme tout ce
qu'il y a de réellement pratique et de vivifiant, ne laissait
jamais échapper une occasion favorable de rendre témoignage à la vérité, et ne pouvait avoir aucun rapport avec
ses semblables sans travailler immédiatement à leur salut.
Toujours en présence de son Dieu et en communion avec
lui, il était enflammé d'amour pour les âmes qu'il trouvait
sur son chemin : « Je devrai un jour, » répétait-il souvent,
« rendre compte même des minutes que je passe en dili-
» gence avec des étrangers. » Ce profond sentiment du devoir dirigeait ses pas, dictait ses paroles, inspirait ses
actions. Partout où il allait, il répandait le trouble dans les
consciences endormies, livrait à la fausse sécurité une guerre
à outrance, et faisait resplendir au dehors la lumière du
Christ qu'il portait en lui-même (1).

(1) Qu'il nous soit permis ici de nous élever contre une distinction
que, bien à tort, selon nous, on a voulu établir, entre l'évangélisation
et le prosélytisme du missionnaire (voir Bost, t. II, p. 106-108). Faire
de Neff un polémiste et un controversiste (ce à quoi conduit nécessairement l'idée du prosélytisme), c'est méconnaitre son caractère
autant que ses tendances. Sans doute, par lui quelques catholiques
romains ont été amenés à l'Evangile; mais faut-il conclure de là que
Neff en fit une partie spéciale de son œuvre et que dans ce but il se
servit de moyens particuliers? Ne doit-on pas plutôt attribuer ces
changements à la force des choses, au témoignage que les protestants
rendaient à la parole de Dieu et en faire par conséquent des prosélytes
non de Neff, mais de la vérité? On en a la preuve, du reste, dans le
passage où il avoue lui-même *qu'il ne connaissait pas personnellement*
tous ceux de la commune de Champcellas qui cherchaient la vérité
(voir Bost, t. II, p. 101). Non, Neff n'aimait pas la conséquence du
prosélytisme, c'est-à-dire « la controverse dont le résultat est rarement satisfaisant » (*Id.*, p. 366, 367, 394). Une fois même attaqué par
un curé sur les questions de doctrines, il pria André Blanc de répondre pour lui (*id.*, p. 65). Si des catholiques romains furent convertis, ils le furent par ses prédications ordinaires dont sa vie était
la plus frappante application; par le beau spectacle d'une mort chré-

Un abîme le séparait dès lors de la nonchalance et du
découragement qu'il avait dû éprouver à Grenoble. C'était
hautement, sans réticence, qu'après avoir convaincu l'homme
de péché, il lui annonçait désormais la grâce de Dieu, qu'il
le pressait de se convertir, et qu'il s'efforçait de le ramener
au Sauveur. Son courage était devenu de l'opiniâtreté,
sans lui faire néanmoins négliger la prudence et les ména-
gements si nécessaires dans une pareille entreprise.

Ici encore ce furent les catéchumènes qui réclamèrent ses
premiers soins. Depuis longtemps délaissés, il dut recevoir
à ses enseignements presque tous les jeunes gens de quinze
à trente ans, ce qui porta leur nombre à près de deux
cents : « Il est bien probable, » écrivait-il à sa mère,
« qu'il n'existe pas sur le continent beaucoup de troupeaux
» de deux cents catéchumènes confiés à un seul pasteur. »
Ne pouvant les réunir régulièrement tous ensemble, il les
divisait en différents groupes qu'il visitait et instruisait dans
ses fréquentes pérégrinations. Avec eux il usait beaucoup
de la Bible, dont il leur faisait apprendre par cœur une
foule de passages. A cet effet, et pour suppléer à ses absences, il avait dressé lui-même une liste de versets qu'ils
devaient particulièrement lire, méditer et retenir dans leur
mémoire. Nous la donnons en note (1), pour montrer com-

tienne; enfin, par les pressants appels que le serviteur de Dieu adressait aux assistants devant une tombe ouverte. Ce prosélytisme (si
toutefois l'on peut appeler de ce nom la prédication continuelle de
l'Evangile) seul est permis, seul il peut porter de bons fruits, parce
que seul il n'aigrit point les cœurs et n'amène pas des luttes qui ban-
nissent la vie et la charité chez des frères de différentes communions. .
Que gagnait André Blanc dans sa longue polémique avec plusieurs
curés? Pas une âme. Que gagnait Félix Neff dans ses prédications
inspirées uniquement par l'amour et la communion intérieure du Sauveur? Un grand réveil et de nombreuses bénédictions !

(1) N° 1. Luc, XVII, 10. Jacq., II, 10. Gal., III, 10. Rom., VI, 23;
III, 9, 10, 19, 20; V, 12, 18, 19, 20. — N° 2. Jean, VIII, 34. Rom.,
VII, 14, 18, 19, 21-24; VIII, 7. — N° 3. Gal., III, 13. 2 Cor., V, 21.

bien il s'en tenait avec eux aux choses pratiques, aux vérités fondamentales de l'Evangile. La misère spirituelle de
l'homme, les moyens du salut, les effets du salut, telle est
la gradation simple qui ressort avec évidence des dix-huit
numéros de la liste. Cette méthode avait l'immense avantage
de rendre à l'Ecriture sainte la place qu'elle doit occuper
dans l'éducation chrétienne, et supplanter ainsi les caté-
chismes que Vinet compare à de longs et vieux canaux de
fabrique humaine (1).

Neff était on ne peut mieux qualifié pour réussir dans
cette pénible tâche. Doué d'une grande clarté d'esprit, il
exposait simplement les sujets et en tirait des conclusions
justes autant que pratiques. Malgré ses comparaisons puisées dans les choses ordinaires de la vie des champs, il savait, par son sérieux, faire de ses leçons un véritable
culte (2), sans en bannir cependant l'action et la liberté,

1 Pierre, II, 24. 1 Pierre, I, 18, 19. Héb., X, 12. Jean, I, 29. 1 Cor.,
V, 7. 1 Jean, I, 2. — N° 4. Jean, III, 14-16, 36; VI, 40. Rom., III,
22-24; V, 1, 6; V, 18-20; VI, 23. Ephés., II, 8, 9. Rom., III, 27. —
N° 5. Jean, VIII, 36. Rom., VIII, 2, 5. Jean, III, 3, 5, 6. 2 Cor., V,
17. Héb., X, 16, 17. Ephés., II, 1, 5, 10; V, 9, 10. — N° 6. Rom., V,
5. Gal., V, 16. Rom., VIII, 13. 1 Jean, V, 3, 4, 5. Jacq., I, 5, 17. 1
Thess., V, 23, 24. Ephés., III, 14, 16. — N° 7. Luc, XIX, 10. Jean, I,
12, 15. 1 Cor., I, 30. Jean. XV, 4-6; XIV, 6. Actes, IV, 12. 1 Jean,
V, 12. — N° 8. Jean, VI, 35; VII, 37. Matth., XI, 28, 29. Jean, VI,
37. — N° 9. Matth., VI, 7. Ephés., VI, 18. Luc, XXI, 36. 1 Thess.,
V, 17. Philip., IV, 6. — N° 10. Luc, XVIII, 1-5; XI, 5-13. — N° 11.
Marc, VI, 46. Jean, XVI, 23, 24; XIV, 13, 14. Luc, XVIII, 10-14.
— N° 12. Luc, XVII, 5; XVIII, 38, 39; XXIII, 42, 43. Actes, VII,
59. Rom., X, 1. Matth., XV, 21-28. — N° 13. 1 Jean, II, 15-17. Jacq.,
IV, 4. Matth., VI, 24. Marc, VIII, 34-38. Jean, XV, 19. — N° 14.
Jean, XVII, 14. Matth., V, 11, 12; X, 22, 28. Actes, V, 41, 42. 1 Cor.,
IV, 13. Gal., VI, 14. — N° 15. Luc. XV, 1-7; XV, 8-10; XV, 11-24.
— N° 16. Matth., XXV, 1-13. — N° 17. Matth., XXII, 1-5. Luc, XIV,
18-20. Matth., XXII, 6-10; XXII, 11-14. — N° 18. Matth., XIII, 3-9,
18-13. Luc, XII, 58, 59.

(1) Appendice à la *Théologie pastorale.*
(2) Mme Necker, *Education progressive*, liv. 6, chap. II.

éléments indispensables de la catéchisation. A l'art de cap-
tiver ces intelligences incultes, il joignait enfin un rare discernement des aptitudes et des dispositions de ses élèves,
qu'il ne recevait à la sainte cène qu'après une longue et sé-
rieuse préparation (1).

Les craintes que lui inspiraient parfois la tiédeur et l'insouciance des uns, les espérances qu'il fondait sur d'autres,
tout le ramenait au souvenir de ses anciens catéchumènes
de Mens, dont l'intelligence plus développée avait saisi plus
facilement aussi les vérités évangéliques. En effet, dans son
éloignement, il les suivait pas à pas, dans leurs progrès
comme dans leurs chutes, et, semblable au bon vigneron qui
taille, émonde sa vigne et lui prodigue tous ses soins, il leur
indiquait non-seulement les écueils qui pouvaient les faire
tomber, mais aussi le moyen de relèvement et de sanctification.

« J'ai été bien réjoui, » écrivait-il à l'une d'entre elles de
Grenoble, le 27 septembre 1824 (2), « des deux mots de
» lettre que tu m'as fait écrire par A. S. Je vois que tu n'as
» pas oublié que tu es une grande et pauvre pécheresse, et
» que tu as besoin que Dieu te pardonne et te change.
» Tant que tu t'en souviendras, tu ne t'éloigneras pas du
» Sauveur. On est bien heureux quand on connaît ses pé-
» chés et qu'on sent qu'on n'aime pas Dieu et le Sauveur
» comme on devrait les aimer; alors on reste humble et
» l'on ne se croit ni bon ni juste. Si dans cet état nous
» persévérons à le prier, bien qu'il y ait encore des distrac-
» tions et des pensées vaines dans nos cœurs, le Seigneur

(1) Ou mes catéchumènes sentent l'importance de leur instruction,
ou ils ne la sentent pas. Dans le premier cas, ils se garderont bien
» de perdre patience, et dans le second, ils ont besoin qu'elle se pro-
» longe encore » (Bost, Lettres, t. I, p. 405).

(2) Lettre inédite. Nous n'avons pas mentionné ce voyage, qui n'a-
vait pour nous rien d'important. Voir du reste ce que nous avons dit
page 5.

» nous écoutera dans sa grâce, car il connaît nos faiblesses
» et il a pitié de nous comme un bon père.

» Il nous faut toujours lire les versets 9, 10, 11 du can-
» tique 203. Nous serons toujours bien aux pieds du Sau-
» veur, si nous y venons comme pauvres et misérables en
» nous-mêmes, mais riches en lui, qui s'est fait pauvre
» pour nous. Oui, ma chère fille, ce bon Sauveur aime ses
» chers enfants; il les reçoit toujours avec un sourire
» d'amitié et de joie, quand il les voit venir à lui confus et
» honteux de leur malice et de leurs souillures... Réjouissez-
» vous, chères enfants, oui, réjouissez-vous de la grâce que
» le Seigneur vous a faite. Pensez combien de millions
» d'enfants il y a dans le monde qui ne sont pas plus pé-
» cheurs que vous et à qui personne n'a jamais fait con-
» naître l'Evangile. Oh! si le Seigneur vous avait laissées
» dans une telle ignorance, que seriez-vous devenues?...
» Rappelez-vous ce que je vous ai dit tant de fois : de fuir
» les compagnies mondaines et de rechercher avec zèle les
» compagnies chrétiennes. Priez et lisez ensemble; édifiez-
» vous les unes les autres, aimez-vous en Jésus-Christ,
» veillez les unes sur les autres, ayez de l'humilité et de la
» charité avec tout le monde. Soyez patientes comme le
» Sauveur; ne répondez jamais à personne par de mauvai-
» ses paroles, et s'il vous arrive de manquer à quelqu'un,
» n'ayez point honte de lui avouer votre tort. De cette ma-
» nière vous réparerez votre faute et vous plairez au Sei-
» gneur, qui vous aidera à vous corriger de vos défauts en
» vous donnant son Saint-Esprit. »

Ayant appris que deux jeunes filles, qu'il avait lui-mêmes
instruites, étaient troublées dans leurs âmes, il leur adressa
ces lignes (1) : « Mes chères enfants, il m'a semblé dans vos
» lettres que vous n'avez pas assez de confiance au Sau-
» veur; vous dites que vous n'êtes pas allées à lui, toi,

(1) Lettre inédite.

» M. B., parce que tu n'as pas encore eu un vrai repentir
» de tes péchés, et toi, V., parce que tu t'es laissée entraî-
» ner au monde. Mais, mes chères enfants, vous n'iriez
» jamais au Sauveur, si vous attendiez d'avoir quelque
» chose de bon en vous à lui présenter. Au contraire, moins
» vous êtes contente de vous et de vos sentiments, mieux
» il vous recevra ; ce n'est pas notre repentance qui efface
» nos péchés : c'est le sang de Jésus-Christ. »

« O combien je serais plus heureux, » écrivait-il à ses
catéchumènes du Villars-de-Touage (1), « si j'apprenais
» que tous mes chers enfants marchent dans la vérité,
» qu'ils évitent les mauvaises compagnies, qu'ils sont doux,
» humbles et dociles envers leurs parents, en un mot, qu'ils
» font honneur à l'Evangile de Jésus-Christ par une con-
» duite pure et sans reproche ! Mais cela ne peut pas arri-
» ver, tandis que vous restez loin de la source de toute
» grâce, et que vous négligez la prière que je vous ai tant
» recommandée. Vous le savez tous : *comme le sarment ne*
» *saurait de lui-même porter aucun fruit, hors de Christ*
» *vous ne pouvez rien faire.* Tenez-vous donc attachés à
» lui par la foi, par la prière, par de bonnes pensées, de
» bonnes lectures. O quel affreux état, quels éternels re-
» grets nous nous préparons, si nous laissons ainsi échap-
» per cette parole de grand prix ! Faisons comme saint Paul,
» laissons ce qui est derrière nous, et poursuivons notre
» course sans relâche ; faisons comme le chrétien : marchons
» par le droit chemin, entrons par la porte étroite, et nous
» arriverons bientôt à la cité glorieuse bâtie de la main de
» Dieu... Quelle espérance, quelle joie, quelle lumière !
» Pouvons-nous perdre de vue une si magnifique promesse,
» pouvons-nous dormir à côté du chemin, tandis que de si
» grands biens nous attendent et que le lion rugissant rôde
» autour de nous ? Veillons et prions sans cesse, afin que

(1) Lettre inédite.

1

» notre Maître nous trouve à notre poste et nous fasse entrer
» dans sa joie quand il arrivera ! »

Viennent enfin deux lettres remarquables (1), adressées
à ses deux élèves, MM. Baulme et Clavel, qu'il avait placés
à Paris avant de les envoyer à la faculté de théologie de
Montauban :

« Arvieux, le 31 mai 1825.

» Mes chers amis, vous voilà donc à Paris ; c'est bien là
» *la vraie foire de la vanité*. Je n'ai pas besoin de vous
» dire de prendre garde et de passer comme le chré-
» tien et le fidèle en *détournant les yeux* et en *vous bou-*
» *chant les oreilles*, car tout ce bruit, loin de vous dis-
» traire, doit vous affliger en pensant au malheur de tant
» de milliers d'âmes qui semblent se précipiter à l'envi dans
» les piéges de Satan. Vous vous affligez avec raison de
» ne pouvoir rien faire pour le règne de Dieu ; mais priez
» pour qu'il vous ouvre quelque porte. Gobat avait bien
» trouvé le moyen de travailler pour cette œuvre, et ce se-
» rait fort étrange qu'au milieu de tant de gens on ne trou-
» vât personne à qui parler. Ayez patience et cela viendra.
» Du reste, occupez-vous de vos études ; apprenez le
» plus de choses que vous pourrez. Paris est le pays de la
» science, et bien qu'elle ne soit pas l'*essentiel*, elle est tou-
» jours utile. D'ailleurs il faut varier l'étude pour se fatiguer
» moins l'esprit. Une chose très-utile à savoir et très-lon-
» gue à apprendre, c'est l'histoire, surtout ce qui tient à
» l'histoire ecclésiastique ancienne et moderne. Ne négligez
» rien pour acquérir cette connaissance. Tâchez d'appren-
» dre aussi un peu d'histoire naturelle et de prendre quel-
» ques teintures de physique et de mathématiques. Tout
» cela élargit les vues, forme le jugement et vous rend capa-
» bles de comprendre tout ce qu'on lit ou qu'on entend dire

(1) Inédites.

» aux gens instruits. Il y a à Paris des cours publics sur
» toute sorte de sciences. Si vous pouvez y être admis, ne les
» négligez pas, surtout ne soyez pas timides mal à propos;
» saisissez toutes les occasions de faire des connaissances
» avec les personnes éclairées. Il ne faut jamais que l'am-
» bition nous guide, mais quand notre but unique est d'é-
» tendre notre sphère d'activité dans l'œuvre de Dieu, il
» nous est permis de mettre à profit tous les moyens hon-
» nêtes et légitimes. Prétendre que le Seigneur nous aide
» sans employer ces intermédiaires, c'est tenter Dieu...
» Parlez peu de vous, surtout pour vous plaindre, mais
» encouragez, fortifiez, exhortez. Il faut s'accoutumer à ne
» conter ses misères qu'au Sauveur, quand on est appelé à
» porter celles des autres. Un évangéliste doit apprendre à
» exister commo s'il était destiné à ne voir jamais que des
» âmes plus faibles que lui.

» Quant à la séparation, au baptême, etc., rappelez-vous
» que la première nécessité pour accomplir l'œuvre de Dieu
» est de tenir le chemin libre à sa parole, et que tout ce
» qui peut faire naître des obstacles doit être rejeté sans
» autre examen, si on peut être sauvó sans cela. Il me suf-
» fit que les âmes viennent à Jésus-Christ et trouvent en
» lui la paix et la sanctification. Je peux en conclure que
» la doctrine qui produit ces fruits est bonne et suffisante.
» Voyez les missionnaires de Sierra-Léone : ils sont angli-
» cans; cependant, de toutes les missions, la leur est la
» plus florissante, leurs colonies sont déjà de petits paradis
» terrestres ; Dieu bénit donc leurs travaux quand même
» ils ne soient pas ce que les séparatistes appellent la vo-
» lonté du Seigneur, comme si le Seigneur ne voulait autre
» chose de nous que l'observation de certaines règles de dis-
» cipline. Cependant c'est avec ces apôtres de l'Afrique que
» nos séparatistes et les baptistes ne voudraient pas prendre
» la Cène ! Cela offre quelque chose de si révoltant, qu'il n'en
» faudrait pas davantage pour faire haïr de tels systèmes.

» Plaignez ceux qui sont enlacés par ces liens subtils du
» rusé serpent, et regardez comme un grand trésor cette
» précieuse liberté dont vous jouissez. Dites comme saint
» Paul : *Je ne me rendrai esclave de rien ;* conservez la fa-
» culté de vous faire tout à tous, ne mettez pas votre con-
» science à la gêne comme les Galates et les Colossiens. Il
» existe un certain esprit qui s'attache à la lettre, aux ob-
» servations légales, et on appelle tout cela être fidèles et
» *faire la volonté du Seigneur !* Moi, j'appelle tout cela se
» mettre sous la loi et s'assujétir mal à propos pour donner
» du scandale aux Juifs, aux Grecs et à l'Eglise de Dieu ;
» c'est être enfant d'Agar et non de Sara. D'ailleurs on finit
» par mettre plus d'importance à ces riens qu'à l'Evangile
» même ; et au lieu de retirer quelques tisons du feu, on
» croit bien servir Dieu en troublant ceux qui lui appar-
» tiennent déjà. On coule le moucheron et on avale le cha-
» meau ; on se glorifie de porter la croix de Christ et on ne
» porte que la sienne... Ayons des vues plus élevées ; re-
» poussons cette gaîne qui va toujours en se rétrécissant,
» où l'on se serre chaque jour davantage et où l'on n'est ja-
» mais assez esclave. »

Nous ne donnerons qu'un fragment de la seconde lettre,
qui est datée d'Arvieux le 4 décembre 1825 ; elle est toute
particulière (1). « Je ne voudrais pas vous inspirer du dé-
» goût pour la vocation à laquelle vous paraissez destinés, »
dit-il à ses deux élèves en terminant ; « mais je ne puis
» m'empêcher de vous dire qu'elle me paraît bien vague et
» bien peu adaptée aux besoins actuels de la France. Un
» évangéliste *sans titres* est bien défavorablement placé pour
» remplir sa mission dans l'état où en sont les choses sur le

(1) Nous n'avons que la copie de cette lettre : elle nous a été re-
mise par M. Baulme lui-même. L'original a été donné à un ministre
américain, qui l'a déposé dans une collection d'autographes de son
pays.

» continent. Ce n'était pas là du tout mon idée quand j'ai
» pensé à vous faire étudier, et si j'avais prévu qu'en sor-
» tant de là vous n'eussiez pu entrer dans quelque faculté,
» je ne m'en serais pas du tout mêlé. Je suis surtout fâché
» que vous fassiez si peu de latin, c'est *peut-être* le plus
» essentiel.

·» ... Au reste, je vous parle par expérience : j'ai travaillé
» avant d'avoir un titre, et je sais ce qu'il en est. Néan-
» moins les connaissances acquises sont toujours acquises ;
» et vous devez continuer à apprendre le plus de choses
» possibles, en attendant qu'il plaise au Seigneur de déci-
» der. »

Si nous revenons à l'œuvre même du missionnaire, nous
verrons que son amour des âmes, ses appels pressant, ne
restèrent pas sans trouver de l'écho chez ses nouveaux élèves. Jusque-là ignorants sur les choses saintes, quelques-
uns d'entre eux saisirent fortement les vérités évangéliques
qui leur étaient exposées; leurs cœurs se transformèrent,
et, remplis d'une foi simple et naïve, ils devinrent pour Neff
ce qu'Aquilas et Priscille avaient été pour saint Paul. Le
précédant ou l'accompagnant dans ses tournées, ils lui pré-
paraient le chemin des âmes et rendaient un éclatant témoignage à la miséricorde de Dieu pour le pécheur. « Une
» remarque importante que j'ai faite sur son ministère, »
dit M. Baulme, dans une lettre adressée à M. Adolphe Monod, le 30 mai 1834, « porte, non-seulement sur le soin
» qu'il prenait de travailler lui-même, mais sur le soin qu'il
» avait de faire travailler les autres. A peine quelqu'un
» avait-il reçu une grâce, qu'il savait l'employer auprès de
» ceux qui ne les avaient point reçues. C'est ainsi que par
» ses soins, ses conseils, ses directions, ses exhortations, il
» se créa des aides pour les grands travaux auxquels son
» maître l'appelait. »

« Qu'il nous était doux, » nous disait dernièrement encore l'un d'entre eux, « de suivre notre pasteur, de nous

» entretenir avec lui, en chemin, des choses du salut et
» ensuite de les raconter à nos amis ! »

Ce résultat en amena un bien plus important. La vie divine, qui s'était déjà manifestée avec beaucoup de puissance
chez quelques habitants de Freyssinière, s'y répandit bientôt
plus abondante et plus vive. Neff signala à M. Baulme les in-
dices précurseurs de ce mouvement. « Dormilliouse semble
» promettre quelque chose, » lui écrivait-il de Guillestre,
le 12 mars 1825 (1), « mes catéchumènes, quoique assez in-
» telligents et ayant appris tous les passages de ma liste,
» n'avaient donné aucun signe de vie. Aujourd'hui, ils sem-
» blent se réveiller grâce à l'approche de leur confirmation.
» Dimanche, au temple, où se trouvaient tous ceux de la
» vallée, je leur parlai très-sérieusement sur ce qu'ils al-
» laient promettre... Après la prière, plusieurs restèrent
» longtemps prosternés en versant des larmes .. Priez pour
» eux, chers amis, car *je ne me sens pas suffisant pour ces*
» *choses.* Oui, faites cela, priez tous ensemble dans vos réu-
» nions, pour les enfants des anciens martyrs; car ils sont
» de la semence d'Abraham, et leurs pères ne vinrent habi-
» ter ces affreux déserts que pour se dérober, si possible,
» aux poursuites du *dragon roux qui exterminait le reste des*
» *enfants de la femme.* »

Enfin, un mois après, la vallée tout entière quittait son
sommeil de mort pour entrer dans le réveil le plus beau et
le plus spontané. « Le lieu aride se réjouit et le désert fleu-
» rit comme la rose, » disait Neff plein de joie en avril de la
même année. C'est que là, en effet, la bonne semence n'était
pas tombée sur un terrain ingrat. Rien de plus touchant que
de le voir consoler ces âmes affligées par leurs péchés, et
passer des nuits entières à leur annoncer le salut en Jésus-
Christ. « Je n'essaierai pas, » disait-il, « de rendre cette
» scène touchante, ces paroles plaintives et entre-coupées

(1) Lettre inédite.

» auxquelles les expressions et la prosodie de leur patois
» donnent une âme, dont le français n'est pas susceptible...
» On ne faisait partout que lire, prier et pleurer. La jeunesse
» surtout semblait animée d'un même esprit. Pendant ces
» huit jours, je n'eus pas en tout trente heures de repos;
» on ne connaissait plus ni jour ni nuit... Frappé, étonné de
» ce réveil subit, j'avais peine à me reconnaître; les ro-
» chers, les cascades, les glaces même, tout me semblait
» animé (1). »

De proche en proche, le réveil se propagea dans les autres hameaux et dans les autres vallées. Le sentiment du
péché se développait partout, les cœurs s'ouvraient et la
joie les pénétrait. Persévérant toujours, espérant sans cesse,
Neff avait enfin atteint son but principal, qui était de toucher et de réveiller ces âmes endurcies. Ce désir, bien que
réalisé, ne ralentit point ses efforts, ne diminua point son
zèle. La crise s'était produite; il devait maintenant la diriger et ne point se laisser dominer par elle.

Il est un fait qui ressort avec évidence de l'histoire des
réveils, c'est que dans l'effervescence des idées, résultat
inévitable des sentiments qui tout à coup viennent agiter
l'homme, l'équilibre et la modération en sont presque toujours bannis. « Cette époque est ordinairement celle du zèle
» amer, de l'esprit contentieux, des jugements durs, de la
» présomption; on veut prêcher et morigéner tout le
» monde (2). » Les nouveaux convertis, les âmes troublées
et réveillées tombent facilement alors dans des excès de
tout genre.

Neff vit tout le danger de la position; aussi se multiplia-
t-il lui-même pour le conjurer, et pour soustraire ces esprits
incultes aux écarts de l'orgueil ou de l'hypocrisie. A sa lourde
tâche de prédicateur missionnaire il ajouta celle plus diffi-

(1) Bost, t. II, p. 1-7.
(2) Vinet, *Théolog. past.*, p. 308.

cile encore de la cure d'âmes. Visitant fréquemment les nouveaux convertis, il les retenait dans l'humilité et dans le sentiment de leur faiblesse spirituelle. Développant les germes féconds que le Saint-Esprit venait de vivifier en eux, il les amenait insensiblement aux notions vraiment évangélique.

Ses moyens, quoique nombreux et divers, peuvent se réduire à quatre principaux :

1° La Bible, avons-nous dit précédemment, était fort peu répandue dans ces contrées et, par conséquent, peu connue et peu étudiée ; lacune profonde qu'il combla en fondant à Freyssinière un société biblique. De cette manière, il put multiplier les exemplaires des saintes Ecritures et introduire dans tous les villages beaucoup d'autres livres édifiants, tels que les *Sermons de Nardin*, le *Miel découlant du rocher*, etc., tous traités que Neff ne cessait de recommander pour suppléer à ses absences et se garder contre les tentations de la solitude.

2° Le culte public, indispensable à tout chrétien pour s'édifier et s'instruire dans les choses religieuses.

3° Les lettres aux personnes qu'il ne pouvait voir que rarement et auxquelles cependant il pensait toujours. Réprimandes, exhortations, encouragements, conseils généraux ou particuliers, tout y est exprimé avec un profond sentiment d'amour et d'affection. Les principes les plus élevés de la cure d'âmes y sont mis en pratique ; la prudence pastorale y est pleinement réalisée.

4° Les petites réunions que nous avons souvent mentionnées eurent les meilleurs résultats. Là, plus de timidité, plus de froideur, plus d'indifférence ; l'intimité chrétienne, la confiance mutuelle devaient seules y présider : « Je ne sais » pas de moyen plus sûr, plus durable que cette surveil- » lance, cette confiance, qui, en quelque façon, nous tient » sans cesse éveillés, et, bon gré mal gré, dissipe nos illu- » sions et nous rappelle notre véritable état, nos obligations,

» nos devoirs et les secours qui nous sont offerts... Sentez
» le prix d'une institution si utile ; soutenez-la de tout votre
» pouvoir ; sacrifiez-lui, s'il le faut, d'autres exercices reli-
» gieux , et surtout tâchez d'en tirer tout le parti possible »
(voir Bost, *Lettres*, II, p. 175-179).

Ces réunions établies dans toutes les localités devaient
avoir lieu deux ou trois fois par semaine. A la tête de chacune d'elles était un chrétien fidèle, qui fixait au commencement de la séance le sujet qu'on devait y traiter (la
patience, la charité, l'emploi du temps, etc.). Les assistants
faisaient ensuite leurs remarques, exprimaient leurs besoins,
avouaient leurs fautes et promettaient de raconter à la réunion suivante les expériences qu'ils auraient pu faire relativement à leurs âmes. Rangés en cercle autour de celui qui
présidait, ils devaient être dans le plus profond recueillement. Ajoutons enfin que l'âge, le sexe et les conditions y
étaient presque toujours séparés, afin de donner ainsi une
plus grande liberté aux fidèles.

Neff, en établissant ces réunions, n'avait pas voulu porter atteinte au culte public, mais bien plutôt lui donner un
complément nécessaire ; l'Ecriture, plus familièrement expli-
quée et plus particulièrement appliquée, devait produire
aussi de meilleurs résultats. Les moyens d'édification étaient
donc nombreux autant que variés ; chacun recevait une
nourriture spirituelle conforme à ses dispositions ; tous, à
des degrés différents, avançaient dans la voie du salut.

Une impulsion nouvelle fut donnée à l'école de Dormil-
house, car Neff sentait que l'instruction devait consolider et
affermir son œuvre. « Si dans le premier feu d'un réveil religieux, » dit-il, « le zèle paraît devoir suffire en quelque
» sorte à lui-même et tenir lieu de toute étude et de toutes
» connaissances humaines ; si dans ce moment on est porté à
» confier sans réflexion toutes les parties de l'œuvre de Dieu,
» même les plus difficiles, à des personnes qui n'ont que leur
» foi et leurs expériences, on ne tarde pas à reconnaître l'abus

et l'insuffisance d'un tel système, et à sentir l'utilité, pour ne pas dire la nécessité, d'un certain degré d'instruction pour travailler sagement et surtout efficacement à l'œuvre de Dieu » (Bost, II, p. 118).

Nous ne suivrons pas Félix Neff dans toutes les courses qu'il fit soit dans le Queyras, soit dans le Champsaur, soit dans le Trièye. Son cœur était si joyeux, son courage si ardent et ses espérances si vives, qu'il franchissait les distances sans s'en apercevoir, disait-il. Semblable au « bon Berger, » qui laisse les quatre-vingt-dix-neuf brebis au bercail pour aller chercher celle qui est perdue dans le désert, il profitait de toutes les occasions, de toutes les circonstances qui pouvaient le mettre en rapport avec quelque âme travaillée pour l'amener au pied de la croix. Ses appels alors étaient touchants, ses invitations pressantes; le prix d'une âme lui semblait infini. Voici à ce sujet ce qu'il écrivait à l'une de ses paroissiennes :

« Dormilliouse, le 12 mai 1827.

» Ma chère Marguerite (1),

» Bien qu'il n'y ait que peu de temps que je vous ai
» quittée et qu'il soit bien possible que je vous revoie encore
» à la foire, je sens le besoin de vous écrire quelques lignes
» pendant que j'ai le temps, et que je n'ai pas l'estomac
» chargé. J'ai toujours présent à l'esprit le triste état où je
» vous ai laissée. Oh! si j'avais pu prendre une partie du
» lourd fardeau qui vous oppresse! si j'avais pu voir votre
» délivrance après avoir vu votre travail! si j'avais pu voir
» couler de vos yeux des larmes de joie et de reconnais-
» sance après vous en avoir tant vu verser de tristesse et
» d'angoisse! Mais le Seigneur m'a refusé cette consolation,
» *car l'heure n'était pas encore venue*, et il a voulu me con-

(1) Cette lettre, qui est inédite, nous montre de quelle manière Neff s'y prenait pour toucher et gagner un cœur troublé.

» vaincre de plus en plus que *celui qui plante n'est rien ni*
» *celui qui arrose, mais Lui seul qui donne l'accroissement.*
» Il a voulu me montrer que c'est peu de prophétiser aux
» os secs et de leur dire : vivez, mais qu'il faut invoquer
» l'*Esprit,* afin qu'«il souffle sur les morts et qu'ils vivent »
» (Ezéch., XXXVII).

» Je sens bien maintenant que quelque soin que j'aie pris
» de vous indiquer la voie que vous devez suivre, de quel-
» que patience que j'aie usé envers vous pour sonder le vé-
» ritable état de votre âme; en un mot, quelque ardente
» et fidèle qu'ait été ma sollicitude pour votre salut, j'ai
» néanmoins négligé le plus efficace, c'est-à-dire de prier
» pour vous. Oui, ma chère amie, c'est là ce que j'aurais
» dû faire et ce que, bien souvent, j'ai négligé comme tant
» d'autres choses. Ce n'est pas cependant que je manque
» d'affection pour vous ou que votre souvenir s'éloigne de
» moi; mais c'est parce que j'ai moi-même aussi mes misè-
» res, ma tiédeur et mon endurcissement. Vous pensez que
» personne n'est comme vous, que personne n'a tant d'or-
» gueil ni d'incrédulité, qu'il n'est point de cœur plus dur
» que le vôtre. Hélas ! chaque âme réveillée et éclairée de
» Dieu porte sur elle le même jugement, et avec raison ;
» car il est naturel que nos maux nous frappent plus que
» ceux d'autrui. Mais n'est-ce pas là même une marque
» frappante de l'œuvre de Dieu dans un cœur? Tandis que
» nous sommes dans les ténèbres, sommes-nous portés à
» regarder les autres comme plus excellents ou moins mau-
» vais que nous ? Non, non, jamais ! Il n'y a que la lumière
» du Saint-Esprit qui puisse nous faire voir ces choses ; il
» n'y a que la voix du Père qui puisse nous tirer de ce pai-
» sible et dangereux sommeil, et détruire ce songe flatteur
» qui trompe nos cœurs orgueilleux. Vous avez donc en-
» tendu cette voix du Père, vous avez été instruite par lui ;
» vous viendrez donc à son Fils, car *nul ne peut venir à lui*
» *si le Père ne l'attire.* Quiconque l'a entendu ne peut rester

» en arrière. Pourquoi donc n'y êtes-vous pas déjà venue?
» Oui, ma chère enfant, tout ce que vous éprouvez, tout
» ce que vous voyez et sentez en vous, et tout ce que je
» sais et j'entends de vous, prouve de la manière la plus
» évidente que le Père vous appelle à son Fils. Encore une
» fois, pourquoi n'allez-vous pas? Ne peut-on pas vous dire
» comme Ananias à Saul : *Et maintenant, que tardes-tu?*
» *Lève-toi et sois baptisé et lavé de tes péchés en invoquant le*
» *nom du Seigneur* (Actes, XII, 16). Il n'y avait pourtant
» que trois jours que Saul sentait les angoisses qui vous dé-
» chirent depuis plus de deux ans, et Ananias lui repro-
» chait de tarder : *Que tardes-tu?* Ne peut-on pas mille fois
» mieux vous le dire à vous? Allez, ma chère amie, quand
» même j'aie toujours eu bien de la peine à vous faire parler
» de votre cœur, je le connais aussi bien que vous; je sais
» ce qu'il peut y avoir, et quand même vous me le diriez
» tout au long, je n'en serais pas plus surpris que de voir
» tomber de la neige en hiver ou de trouver des pepins dans
» une pomme. Et puis, quand ce serait vrai que personne
» ne serait comme vous, est-ce une preuve que vous n'ayez
» point d'accès auprès de Dieu? Y a-t-il quelque pécheur
» au-dessus du *plus grand des pécheurs?* Quand il a tant fait
» que d'entreprendre de nous sauver et de nous racheter, et
» n'aura-t-il pas connu d'avance ce qu'il faut pour cela, et
» n'aura-t-il pas fait en sorte qu'aucun pécheur ne fût ex-
» clu? Eh bien! encore une fois, *que tardez-vous?*
» Je languis beaucoup d'apprendre que vous avez donné
» lieu à cette bonne parole; j'en ai la ferme espérance.
» Oh! puisse cette même espérance vous soutenir et vous
» consoler! Amen. »

C'est sa dernière lettre datée des Hautes-Alpes. Dieu, dont
les voies ne sont pas nos voies, allait bientôt rappeler à lui
son serviteur, et laisser abandonné à lui-même ce troupeau,
si craintif et si faible encore dans sa foi et ses croyances.

Il nous serait difficile d'analyser en quelques lignes les

dons si nombreux que Dieu avait accordés à son missionnaire pour accomplir une œuvre aussi difficile. Ils ne sont
que la continuation et le perfectionnement des quatre principaux indiqués page 18. La foi, le zèle, l'activité, la prudence, le courage qui le caractérisaient, en font pour nous
le type du pasteur dans le sens le plus profond du mot.
Tous ses efforts tendaient à un seul et même but : la conversion du pécheur ; toutes ses actions n'avaient qu'un seul
mobile : l'amour. Sa confiance en Dieu était sans limites : il
ne doutait pas qu'il ne donnât tôt ou tard l'accroissement
aux germes qu'il avait répandus dans les cœurs : « Si l'on
» voulait combler un lac, » disait-il, « ou seulement prati-
» quer une digue, ou une chaussée pour pouvoir le traver-
» ser, on y jetterait des pierres pendant longtemps avant de
» rien connaître de ce travail; et plusieurs des ouvriers
» pourraient mourir ou quitter l'ouvrage avant qu'on vît
» rien sortir de l'eau. Cependant, n'auraient-ils rien fait ?
» et bien qu'on ne voit pas les matériaux qu'ils ont apportés,
» ne sont-ils pas aussi nécessaires que ceux qui sortent au-
» dessus de l'eau et forment le chemin ? Ainsi en est-il de
» l'œuvre de Dieu : c'est un grand abîme que celui de l'in-
» crédulité et de la corruption du monde ; on peut pendant
» bien longtemps y jeter force paroles, force livres, force
» prières et force supplications, sans que rien paraisse ; et
» cependant rien n'est perdu (1). »

Neff était fait pour les Alpes, et les Alpes étaient faites
pour Neff. Suisse par le cœur, l'esprit et les mœurs, son
champ d'activité ne devait être ni la plaine ni la ville, mais
bien plutôt les montagnes, où l'âme s'élève plus facilement
vers son Dieu, et où l'on trouve ces élans de piété et de poésie qu'une civilisation raffinée et corrompue ne saurait donner. Ne l'oublions pas : Neff gardait profondément l'empreinte de son éducation première. Si les travaux et les

_____

(1) Bost, t. II, p. 182.

peines avaient pu altérer l'enthousiasme qu'il avait puisé
dans les instructions de sa mère, ils ne l'avaient cependant
pas détruit. C'est toujours sur une haute cime qu'il répare
ses forces, qu'il raffermit ses espérances et qu'il se sent
réellement heureux. Aimant l'indépendance comme un vrai
fils de l'Helvétie, il n'aurait pu se soumettre à l'étiquette ni
aux convenances mesquines qui trop souvent entravent et
paralysent les forces du pasteur (1). Dans les Alpes, il
n'avait qu'un maître : son Dieu ; qu'une loi : la fidélité ; et
qu'un désir : l'avancement du royaume céleste. De plus, et
ceci n'est qu'un détail secondaire, son peu d'instruction aurait
pu être pour lui un obstacle sérieux dans d'autres contrées.

Les Alpes aussi étaient faites pour Neff : tout l'y conviait,
tout y réclamait son activité ; rien de créé, rien d'organisé.
Connaissant le missionnaire, on peut comprendre pourquoi
il accepta cette lourde tâche, et aussi comment il la remplit. Il avait trouvé le pays inculte : il le fertilisa ; il y avait
rencontré une population ignorante et à demi sauvage : il
la civilisa et l'instruisit. Il laissait en partant des pécheurs
repentants, des chrétiens, des frères en la foi, qui, en sa
mémoire, chantent encore aujourd'hui ce beau cantique
qu'il composa lui-même :

> Ne te désole point, Sion sèche tes larmes ;
> L'Eternel est ton Dieu, ne sois plus en alarmes :
> Il te reste un repos dans la terre de paix ;
> Jéhovah te ramène et te garde à jamais.

§ 3. — Couronnement de sa vie missionnaire.

Sa maladie et sa mort.

> Sois fidèle jusqu'à la mort, et je te donne-
> rai la couronne de vie.
> (Apoc., II, 10.)

Pendant les trois ans et demi de son ministère dans les

---

(1) Les archives du consistoire des Hautes-Alpes ne signalent jamais sa présence aux assemblées consistoriales.

Alpes, Félix Neff avait connu toutes les joies intérieures
que procure la conscience d'une belle et noble tâche. Il savait par expérience quel était le prix de l'âme, quelles
souffrances physiques il fallait supporter pour lui annoncer
son rachat, son pardon et son salut. Comme un soldat
ferme et courageux, il avait renoncé à tout pour la cause de
son Dieu; il avait combattu, lutté, et il avait vaincu. Sa foi
s'était manifestée dans ses œuvres; mais les œuvres avaient
épuisé son corps, amoindri ses forces, usé son tempérament : « Sa santé, si robuste qu'elle fût, se brisa sous lo
» fardeau, et dans ce duel sublime de la charité contre la
» souffrance physique, son corps succomba (1). » Il quittait
le champ de bataille, mais une voix lui disait : *Cela va
bien, bon et fidèle serviteur, entre dans la joie de ton Seigneur.*

Ce fut dans l'été de 1826 que la maladie vint le visiter
pour ne plus le quitter. Les longues courses, les réunions
multipliées, la mauvaise nourriture, la malpropreté des
ustensiles de cuivre dont on se sert dans ces contrées, tout
contribua à l'affaiblissement graduel de son estomac (2). Il

(1) De Félice, *Hist. des protestants de France*, 4ᵉ édit., p. 628.

(2) Neff avait toujours repoussé le mariage comme paralysant les
forces du pasteur (Voir Bost, t. I , p. 68; t. II , p. 64). Il craignait
que les affections de la famille, les occupations, les soucis qu'elle
procure nécessairement, ne vinssent entraver ces efforts et lui faire
perdre un temps précieux pour l'évangélisation. Il n'entrevoyait ainsi
le mariage que sous le point de vue des difficultés, oubliant les joies
pures, les encouragements véritables qu'une femme chrétienne peut
donner au pasteur. La grande école du dévouement, c'est la famille :
c'est là qu'on apprend à se donner chaque jour à un autre que soi;
d'ailleurs la femme du pasteur fait ce que souvent son mari ne peut
faire lui-même. M. Esquiros, dans son ouvrage sur la *Vie anglaise*, remarque que la femme du missionnaire fait plus que le missionnaire.
Au point de vue temporel, le mariage n'a pas moins d'avantages. On
s'acquiert aussi des soins qu'on ne peut se donner soi-même ni trouver ailleurs. Peut-être que si Neff en avait joui, son ministère aurait
eu une plus longue durée et aurait été accompagné de plus de bénédictions encore.

ne fit entendre ni plaintes ni murmures. Une seule de ses
lettres écrites avant son départ des Alpes mentionne, en
passant, une foulure et le mauvais état de sa santé; toutes
les autres parlent de son ministère et non de sa personne;
ses appels y sont plus pressants encore, ses instructions
plus incisives; son amour enfin s'y montre dans toute sa
plénitude. Le mal qui l'oppressait s'aggravait tous les jours;
mais il lui résistait et continuait ses travaux. Son corps
s'affaiblissait, mais sa foi n'en était que plus vive, son
zèle que plus ardent; son œuvre devait passer avant tout.
Enfin, ne pouvant plus surmonter la maladie qui venait de
se déclarer dans la poitrine, il comprit que Dieu l'appelait
ailleurs, et le 27 avril 1827 il quittait Arvieux pour ne
plus y revenir.

Son journal, rédigé à la fin de cette même année, nous
décrit ses regrets, ses angoisses, au moment du départ.
Il se séparait de la famille chrétienne qu'il s'était for-
mée, dans ces montagnes, à la sueur de son front; il
abandonnait l'œuvre dans laquelle il avait mis toutes ses
espérances... Aussi quels touchants adieux! quel profond
déchirement de cœur! Hommes, femmes, enfants, tous
pleuraient en voyant s'éloigner leur père spirituel, leur
conducteur, leur conseiller. « Le Seigneur ne nous quitte
» jamais, » leur disait-il; « c'est à lui que vous devez vous
» attacher; il faut qu'il croisse en votre cœur, et que moi je
» diminue. Lui, il est du ciel, moi je suis de la terre. »
Voir se rompre ses liens les plus chers et accepter cette
épreuve avec autant de résignation, n'est-ce pas là le comble du christianisme?

Après une dernière tournée qu'il fit à dos de mulet dans
toute sa paroisse, il se rendit à Mens, où il trouva l'Eglise
vivante et prospère. MM. André Blanc et Dumont avaient
su, par leur piété et leur prudence, diriger le réveil et lui
donner une consistance qui subsiste encore aujourd'hui.
Neff, malgré l'irritation toujours croissante de son estomac,

profita des quelques jours qu'il devait'y demeurer pour fortifier et affermir la foi do ses anciens amis. Prêchant plusieurs fois chaque dimanche, il tenait encore le soir de
nombreuses réunions, et montrait ainsi que si la maladie
affaiblissait ses membres, elle ne ralentissait point son zèle.
« Oh! combien je regrettais mon ancienne vigueur! Com-
» bien mon corps souffrant et affaibli me semblait un pesant
» fardeau! La prédication toutefois ne m'était point pénible
» encore; il me semblait, au contraire, que c'était un exer-
» cice salutaire; et jamais je ne me sentais mieux que le
» dimanche au soir (1). »

Enfin, le 12 juin, il repartait avec M. Dumont et gagnait
bientôt Genève, où il retrouvait sa mère et les soins dont il
avait un si grand besoin. Usant de toutes les ressources de
l'art médical, il s'était soumis à un régime rigoureux : du
lait pour toute nourriture, un repos complet, une tranquillité parfaite : voilà ce qui, pour le moment, adoucit un
peu ses souffrances et lui permit d'espérer une guérison plus
ou moins complète.

Il s'en réjouissait, non point pour lui-même, mais pour
l'œuvre qu'il avait commencée. Son cœur était resté dans les
Alpes, ses pensées étaient pour les chrétiens qu'il y avait
laissés. « J'espère vous revoir bientôt, » écrivait-il à Arvieux, le 20 juillet; « et autant qu'il dépendra de moi, je
» continuerai à visiter vos contrées. Dans tous les cas, mon
» affection pour vous et pour tous ceux que le Seigneur a
» daigné réveiller du sommeil de mort ne diminuera point:
» où que je puisse être, mes pensées ne cesseront de me
» transporter au milieu de vous (2). »

Tantôt plus souffrant et plus découragé, tantôt plus fort
et renaissant à l'espérance, nous le voyons ainsi soupirer
après sa vie missionnaire et demander à Dieu les forces né-

(1) Bost, t. II , p. 210.
(2) Id.

5

cessaires pour se consacrer encore à lui. A tous les témoignages d'amitié qu'il recevait de Mens, des Hautes-Alpes et du Piémont, il répondait aussi souvent que sa santé le lui permettait. Ses lettres particulières ou pastorales renferment toutes les marques d'une affection basée, non plus sur des considérations humaines, mais sur la communion intérieure qui l'unissait à Jésus-Christ et par là à ses frères éloignés. Ses directions écrites ne sont que la continuation de ses directions orales, le développement de ses leçons et de ses prédications. Il prévoyait que l'ivraie gâterait bientôt le bon grain; aussi ne cesse-t-il d'exhorter à la vigilance ces chrétiens délaissés. Il leur faisait entrevoir le mal, mais leur en indiquait aussitôt le remède : « Veillez, persévérez dans vos prières, et unifiez-vous toujours plus à Jésus-Christ. » — « J'ai » été bien réjoui tous ces temps (1), » écrivait-il de Genève le 24 février 1828, « par les nouvelles que je reçois de Trièvе. » Nous devons, en effet, nous réjouir avec les anges de » Dieu toutes les fois qu'une âme est appelée à la connais- » sance du salut. Nous ne devons pas nous réjouir d'une joie » charnelle comme les mondains qui voient grossir le nom- » bre de leurs partisans, mais d'une joie d'amour pour les » âmes et de zèle pour la gloire de Dieu. Nous devons rece- » voir ces nouveaux frères et ces nouvelles sœurs comme » des pupilles que Dieu nous confie et à qui nous devons » toute sorte de bons offices et de secours spirituels. Cela » doit surtout nous rendre bien vigilants et bien attentifs » sur notre conduite; car ordinairement ceux qui sont nou- » vellement convertis croient que les anciens chrétiens sont » beaucoup plus zélés et plus sanctifiés qu'ils ne le sont » eux-mêmes. Or, quand ils voient en nous tant de misère, » tant d'attachement au monde, tant d'impatience, de légè- » reté, si peu de vie et de charité, ils sont scandalisés et » souvent sur le point de perdre courage. C'est pourquoi

(1) Lettre inédite.

» nous devons regarder tout nouveau réveil autour de nous
» comme un réveil pour nous-mêmes, afin de prier Dieu
» avec plus de zèle pour que nous soyons en édification à
» ces âmes. »

Avec quelle sollicitude il les exhorte à se choisir un pasteur fidèle et dévoué ! Quelle sagesse et quelle prudence il
montre dans sa lettre à M. Ehrmann, son successeur dans
les Alpes ! A Genève il était donc encore l'âme du mouvement religieux ; de là il veillait sur son troupeau éloigné
comme Christ, des cieux, veille sur son Eglise.

Si les nouvelles qu'il recevait de France le remplissaient
de joie, il n'en était pas de même lorsqu'il voyait là jeune
Eglise de Genève divisée et affaiblie. « Une autre chose
» qui me rend le séjour de Genève bien pénible, c'est le
» triste état où s'y trouve le règne de Dieu; l'esprit de théo-
» logie, de système, de dispute, de critique, et je dirai
» presque d'inquisition qui trouble et détruit toute simpli-
» cité de foi et bientôt toute vie ! On condamne au feu tous
» les livres religieux dont on n'est pas l'auteur; on accuse
» d'hérésie tous les prédicateurs qui ne prennent pas jour-
» nellement le mot d'ordre chez vous; on fait de ses secta-
» teurs autant d'agents de sa haute police » (Voir Bost, II,
p. 277).

Dans une lettre inédite, datée de Genève, le 26 janvier
1828, et adressée à l'un de ses élèves de Montauban, il décrit sa pensée d'une manière plus expressive encore. En
voici un fragment : « J'ai reçu plusieurs lettres du Trièves ;
» il paraît que l'œuvre de Dieu y fait bien des progrès, et
» que la vie de Christ s'y développe de plus en plus. Je n'ai
» pas besoin de vous dire de reporter souvent vos cœurs
» vers cette contrée; ce souvenir sera pour vous un puis-
» sant préservatif contre l'effet des miasmes délétères que
» vous êtes forcés de respirer chaque jour. Pour moi, je
» soupire souvent après mon cher Dauphiné; car, quoique
» l'œuvre soit réjouissante en Suisse et qu'on y trouve beau-

» coup de disciples de Christ, ce n'est plus la même chose ;
» *on est trop théologien, trop savant et trop riche.* L'Evan-
» gile est une plante des déserts et des montagnes qui dé-
» génère par trop de culture et d'engrais : elle se répand alors
» en feuillages et porte peu de fruits. »

Malgré son état maladif, il prêchait souvent pour ses amis
absents ou malades ; il espérait par ses paroles ramener la
paix, la charité et l'amour ; mais ce fut en vain : on ne le
comprit pas, on se scandalisa même de ses discours (Voir
Bost, II, 244). De plus, l'Eglise Malan poussait à ses extrêmes la doctrine de l'élection. Les adhérents, ne voyant plus
que la prédestination dans le christianisme, attaquèrent fortement la méditation publiée par Neff sur 1 Cor., VII, 29,
30, et la signalèrent comme contenant de « graves hérésies. »

Cette position, que du reste nous étudierons bientôt, était
pour le missionnaire un sujet de tristesse et d'abattement.
Sa maladie en fut aggravée ; ses maux d'estomac formèrent
un squirre dangereux qui nécessita pour lui les eaux ther-
males de Plombières. Pendant les quatre mois environ qu'il
y demeura, il ne cessa d'annoncer l'Evangile ; il y établit un
culte pour les baigneurs, et eut des entretiens sérieux avec
la plupart d'entre eux. Il y continua aussi sa correspondance
avec ses anciens paroissiens. Aux quinze lettres si belles,
si édifiantes, recueillies par M. Bost et datées de Plombières,
nous en ajouterons une seizième qui est inédite encore. Elle
est le complément de la dernière qu'il écrivit des Hautes-
Alpes (Voir page 58).

« Plombières, le 24 septembre 1828.

» Béni soit le Seigneur, ma chère Marguerite, pour les
» grandes et précieuses grâces qu'il a répandues en vous !
» quand je me rappelle pendant combien de temps le père
» de l'incrédulité vous a tenue comme renfermée dans une
« grotte de fer et courbée sous le poids de vos péchés sans

» vous permettre de jeter un cri, ni de pousser un soupir,
» ni d'élever un regard sur le serpent d'airain élevé pour la
» guérison des pécheurs ; quand je pense combien de fois je
» vous ai vue accablée par la force de l'angoisse et de la con-
» damnation, sans pouvoir ouvrir votre cœur à personne, ni
» à Dieu ni à vos amis ; quand je pense combien de temps j'ai
» passé près de vous sans pouvoir entendre une seule parole,
» un seul mot déchirant de désespoir, j'ai peine à en croire
» mes yeux en lisant vos lettres. Oh! que n'aurais-je pas donné
» pour voir de mes yeux le premier rayon d'espérance qui a
» brillé sur votre visage, et pour entendre les premières
» paroles d'action de grâces et de bénédiction qui ont été
» la suite de votre délivrance! Oui, si j'ai souffert avec
» vous, je me réjouis maintenant avec vous ; si j'ai été an-
» goissé dans vos angoisses, je me joins actuellement avec
» allégresse à vos cantiques de louanges. Malgré les nuages
» qui obscurcissent de temps en temps votre foi et qui vous
» dérobent dans certains moments l'agréable vue du soleil de
» justice, je ne suis plus en peine de vous ; je ne doute nulle-
» ment que Celui qui a commencé cette bonne œuvre en vous
» ne veuille aussi l'accomplir. Non, certainement, ma chère
» Marguerite, Celui qui a usé avec vous de tant de patience
» et qui ne s'est point lassé, malgré votre longue incrédulité,
» de frapper à la porte de votre cœur, de vous supplier
» d'accepter sa grâce, ne veut pas maintenant vous la reti-
» rer. Relisez souvent Rom., V, 6, 8, 9, 10. J'ai appris avec
» joie que vous avez participé à la Cène ; je ne suis point
» surpris du trouble et des tentations qui vous ont agitée à
» l'approche de ce moment solennel. Chaque nouveau lien
» qui nous unit à Jésus réveille la jalousie du lion, qui re-
» double ses rugissements. Mais nous savons qu'il n'a plus
» le droit sur nous... »

Le 21 octobre il repartait pour Genève plus malade et
plus souffrant. Dès lors son existence ne fut plus qu'une
longue agonie ; tous les soins qu'on lui prodiguait n'avaient

d'autre effet que de calmer pour quelques instants ses souffrances sans pouvoir les déraciner... La mort avançait à
grands pas. Plein de confiance en Dieu, il se raidissait cependant contre cette pensée : il voulait recouvrer ses forces
pour les consacrer encore à son Maître ; il renaissait parfois
à l'espérance, et alors il se recommandait aux prières de
tous ceux qui l'aimaient. Puis, entrevoyant la terrible réalité, il se rattachait au passé, aux souvenirs pour trouver
encore un peu de bonheur sur la terre. « Rappelez-vous, »
écrivait-il à ses amis de Freyssinière, « cette belle semaine
» sainte de 1825, qui se passa tout entière en larmes de
» repentance, de joie et d'amour aux pieds du Seigneur!...
» Rappelez-vous ce beau jour du vendredi saint, où plus
» de cent d'entre vous furent admis au nombre des fidè-
» les!... Rappelez-vous ce temps où tous semblaient inon-
» dés des grâces du Saint-Esprit! Oh! que ce printemps fut
» beau! que le champ du Seigneur était richement fleuri! »
(voir Bost, II, p. 454.)

Nous n'entreprendrons pas ici de mentionner en détail
les scènes touchantes et édifiantes de ce lit de mort, racontées par plusieurs témoins oculaires. Faible écho de sentiments précieux, d'élans sublimes, de regrets et de soupirs
sur la perte d'un ami, nous les refroidirions en les analy-
sant. Qu'il nous soit cependant permis de dire que jusqu'à
sa dernière heure il fut fidèle à sa tâche de chrétien et de
missionnaire. Comme chrétien il ne se démentit jamais.
« J'ai gratté avec les ongles, » disait-il en parlant de sa foi,
« jusqu'à ce que j'en aie enlevé tout le sable et le mortier,
» jusqu'à la pierre vive ; mais la pierre est restée... L'Evan-
» gile est vrai, vrai... Bientôt, bientôt je m'en vais vers
» mon Dieu. » Comme missionnaire il prêcha toujours.
« Croyez-en mon expérience, » répétait-il aux amis qui le
» veillaient : il n'y a que Lui de solide, il n'y a que lui de
» vraiment aimable. Si vous vous employez un jour à la

» prédication de l'Evangile, gardez-vous de travailler comme
» des hommes. »

Vers la fin de sa maladie, la porte fut ouverte à tout le
monde. Par sa parole presque éteinte il exhortait ; par
sa résignation et sa foi il édifiait ; par sa mort enfin il
rendit un éclatant témoignage à cette parole : *Bienheureux
sont les morts qui meurent au Seigneur ! Oui, pour certain,
dit l'Esprit : ils se reposent de leurs travaux, et leurs œuvres
les suivent.*

SECONDE PARTIE.

Félix Neff prédicateur.

La première partie de notre travail simplifie singulière-
ment la seconde. En effet, avoir étudié la vie, le ministère
et la personne du prédicateur, l'avoir suivi dans les diverses phases de son développement intérieur, c'est avoir fait
un grand pas dans l'étude même de sa prédication. L'homme,
quel qu'il soit, est toujours influencé par les choses qui
l'entourent, inspiré par les circonstances. L'idée en elle-
même n'est qu'une abstraction ; pour devenir réalité il faut
qu'elle se change en paroles, en actions, ce qui n'a lieu que
par le contact d'un certain milieu et des impressions qui en
découlent. Connaître ce milieu, ces circonstances, c'est donc
connaître la cause, les motifs, et rendre par conséquent l'étude
des effets plus facile, plus complète et plus approfondie.

Si cela est vrai pour le prédicateur en général, c'est bien
plus vrai encore pour celui dont nous venons de retracer la
vie. Ici plus de discours généraux composés en vue de toute
espèce d'auditoire, plus de ces sermons vagues, abstraits
qui peuvent s'appliquer également à tout le monde. Non,
Neff est toujours sous l'impression du moment ; il a en vue
une classe d'hommes toute particulière, et il saisit toutes les
circonstances pour y conformer ses prédications.

Avant d'entrer dans le vif de notre sujet, il importe de
dire quelques mots sur la dogmatique de Félix Neff. Nous
l'exposerons sommairement sans la discuter. Nous verrons

ainsi d'un seul coup d'œil quelles étaient ses croyances, et dans quelles luttes il dut entrer pour les défendre.

CROYANCES DE FÉLIX NEFF.

Comme nous avons eu déjà l'occasion de le dire, Neff n'avait point fait d'études théologiques. Avant sa conversion, son esprit était occupé ailleurs. Après sa conversion, son cœur saisit le christianisme dans tout ce qu'il avait de plus pratique et de plus édifiant. Sa théologie fut donc une théologie d'emprunt; il ne connaissait point et il n'a jamais voulu connaître les hésitations, les angoisses que procure la formation lente et progressive d'une dogmatique particulière, d'une systématisation plus ou moins complète des vérités de l'Evangile.

Si lors de sa consécration à Londres il fit une profession de foi, c'est qu'il *dut* la faire, et encore en a-t-il écarté toutes les questions abstraites, tous les points obscurs, pour ne s'attacher qu'aux vérités évidentes de la religion. L'existence du mal dans le monde, l'incapacité de l'homme pour le bien, Jésus-Christ Parole éternelle et Sauveur de l'humanité, le salut par la foi seule, la conversion envisagée comme un don de Dieu, la nécessité de la prédication évangélique: tels sont les sujets qu'il a particulièrement développés dans sa confession de foi. Comme on le voit, ce sont les plus importants; il s'en rapportait pour les secondaires à la confession de foi des Eglises réformées de France que plus tard il lut quelquefois en chaire.

Son orthodoxie ne peut donc pas être mise en doute. Fermement attaché aux saintes Ecritures, il les acceptait telles quelles. Elles étaient pour lui le rocher des siècles, la lumière du monde et la vraie base de la foi chrétienne. S'il se servait de la confession de foi pour montrer que ses principes étaient conformes à ceux des anciens protestants, il ne lui accordait cependant pas l'autorité et l'importance qu'on

lui a souvent données : « Il me semble impossible, » écrivait-il à un pasteur de Nyon, le 10 janvier 1827, « d'enca-
» drer et de systématiser les doctrines évangéliques dont il
» s'agit, sans s'exposer à mutiler et à tordre les Ecritures ;
» vu que l'arminien et le calviniste trouvent également
» dans les livres saints de quoi établir, en apparence, vic-
» torieusement leurs systèmes. Je crois peu sage à l'homme
» de décider hardiment la question (1). »

Aussi s'éloignait-il toujours plus de l'Eglise qui, à Genève, était rongée par cet esprit dogmatisant et stérile pour
l'avancement du règne de Dieu. Les conséquences du calvinisme le rebutaient. « Redoutant les extrêmes, je me vois
» souvent forcé de prendre l'opposé de ceux qui outrent
» dans un sens quelconque, et je suis arminien parce que
» la plupart d'entre vous sont trop calvinistes ; je serais cal-
» viniste, au contraire, si vous étiez arminiens (2). » Les
effets funestes de la théorie seule le convainquirent pleinement de cette grande vérité, que le christianisme est essentiellement pratique, et que si la raison humaine se perd
dans les hautes sphères de la pensée, le cœur vivifié par la
foi marche avec assurance vers une patrie céleste où les
mystères n'existeront plus. Notre tâche, à nous, doit donc être
d'annoncer Jésus-Christ en attendant que Christ lui-même
nous révèle toutes choses. Les questions oiseuses, les discussions arbitraires, la théologie proprement dite devaient
être laissées de côté comme étant des entraves au but de la
vie chrétienne. « Rappelez-vous, » écrivait-il à ses élèves
à la faculté de théologie de Montauban, « que la plupart des
» choses qu'on vous enseignera sont d'une faible utilité
» dans l'œuvre de Dieu. Il est à désirer que vous puissiez
» vous occuper de ces choses comme un chimiste manie des
» poisons ; malheur à vous si vous y mettez votre cœur !...

(1) Bost, *Lettres*, t. II, p. 157.
(2) *Id.*

» En fait de théologie proprement dite, vous avez bien peu
» à recevoir de vos semblables ; ce sont des choses que l'œil
» n'a point vues, que l'oreille n'a point entendues ; nul ne
» connaît ce qui est de Dieu sinon l'Esprit de Dieu... N'ap-
» prenez en fait de théologie ainsi nommée et de toute
» science humaine relative aux choses spirituelles, que tout
» juste ce qui vous sera nécessaire pour subir vos examens.
» Ne permettez jamais qu'on vous fasse sortir sur ce sujet
» du champ des Ecritures, et récusez constamment tout
» autre témoignage ; combattez avec charité et modestie,
» mais en même temps avec franchise, les principes erro-
» nés qu'on pourrait vous proposer (1). »

Grâce à ces principes dont l'exagération est évidente,
Neff dut bientôt entrer en lutte avec les ardents partisans
de l'Eglise dissidente. Malgré ses sympathies pour ce petit
troupeau qui nourrissait dans son sein des chrétiens sincères, il ne pouvait cependant se jōindre à lui, ni l'accepter comme la réalisation d'une communauté vraiment
évangélique. Les divergences suscitèrent les théories, et
notre missionnaire, qui jusqu'alors s'en était tenu éloigné,
dut systématiser et s'occuper de la théologie proprement
dite. Deux points principaux furent mis en cause : l'Eglise et
la prédestination.

Neff aborda franchement ces deux questions, et leur
donna une solution aussi sage que fondée. En effet, tandis
que précédemment on regardait l'Eglise comme une institution destinée à assurer le bien moral de la société, lui y vit
un ordre de choses spirituel et éternel, « une bourgeoisie
» céleste pour laquelle Jésus-Christ nous a rachetés. Toutes
» les formes terrestres de cette Eglise n'avaient plus d'autre
» importance que celle d'institutions humaines destinées à
» distribuer la Parole du salut (2). »

(1) Bost, *Lettres*, t. II, p. 297, 298, 299.
(2) De Goltz, *Genève religieuse*, p. 272.

Cette idée toute nouvelle, qui faisait de l'Eglise l'associa-
tion de tous ceux qui font profession de croire en Christ, fut
méconnue par les dissidents qui cherchèrent la véritable
Eglise dans telle ou telle forme humaine créée par eux-mêmes, et par conséquent arbitraire et exclusive : « Ce qui est
» clair pour moi, » disait Pyt, « c'est que les disciples du
» Sauveur doivent former dans le monde un peuple à part...
« Quant au protestantisme, il se meurt en France, la loi
» organique a achevé l'œuvre de l'incrédulité ; je suis bien
» aise de ne pas tenir à ce cadavre (1). » Il avouait cependant qu'il ne savait trop où placer les limites pour distinguer
les vrais des faux chrétiens. Ses collègues de Genève n'eurent pas comme lui ce *juste milieu*, et prétendirent former
une Eglise sans aucun mélange d'irrégénérés. Neff s'éleva
sans cesse contre cette théorie erronée, et tout en reconnaissant le droit à tout chrétien de se séparer pour se réunir
à d'autres frères en la foi, il insista fortement sur l'utilité de
l'Eglise nationale et sur la nécessité d'y demeurer pour faire
entendre l'Evangile à la foule et lutter contre l'incrédulité
dans les académies et dans les consistoires (2) : « On n'a pas
» besoin, » disait-il, « de prêcher la séparation à des âmes
» vraiment converties; on n'a pas besoin de leur dire : N'en-

---

(1) Guers, *Vie de Pyt*, p. 338.

(2) Voici une comparaison que fit un jour Neff sur les diverses
Eglises ; elle nous est rapportée par M. Dumont, qui l'écrivit aussitôt
après l'avoir entendue : l'Eglise chrétienne est un arbre sain dans
son intérieur et dont l'écorce est saine aussi ; l'Eglise romaine est un
arbre dont le cœur est sain, mais dont l'écorce est surchargée de
mousse, de gui et d'autres plantes parasites ; l'Eglise des néologues
est un arbre dont le bois est pourri, mais dont l'écorce est encore
saine et de belle apparence. Les mystiques svédenborgiens, etc., etc.,
sont une excroissance monstrueuse et informe qui pousse au pied de
l'arbre du néologisme.

Pour ramener l'Eglise romaine à la véritable foi, il n'y a qu'à *racler* son écorce; mais si l'on veut *racler* celle des néologues il ne reste
plus rien que de la poussière.

» trez pas dans tel ou tel temple, n'écoutez pas tel prédica-
» teur ! les véritables brebis de Jésus connaissent sa voix ;
» elles ne suivront point un étranger (1). »

Sa modération se manifesta avec tout autant d'évidence
dans la lutte qu'il eut à soutenir avec la nouvelle Eglise , et
particulièrement avec M. Malan , au sujet de la prédestination. Comme nous avons eu occasion de le dire, la doctrine
calviniste était devenue le drapeau de la dissidence. Tout
chrétien, pour l'être réellement, devait devenir le disciple du
réformateur de Genève, et par conséquent accepter ses
principes et ses conclusions. Ces dernières, déjà poussées à
l'extrême par Calvin lui-même, le furent davantage encore
par « l'Eglise du témoignage, » qui ne vit bientôt plus dans
l'Evangile qu'élection et prédestination. D'après elle , cette
vérité était la seule qui dût être portée en chaire, la seule
sur laquelle le prédicateur dut insister en temps et hors de
temps (2) (voir Bost, II, p. 259). Neff repoussait énergiquement non pas cette doctrine en elle-même qui, pour lui,
était une profondeur cachée en Dieu , mais les conséquences
antinomiennes qu'on en faisait dériver. If se fit arminien
pour s'opposer à ce calvinisme exclusif et montrer que la
prédestination peut se sentir, mais non pas se comprendre
ni se démontrer ; c'est la donnée de l'expérience et non point
de la dogmatique. De là des explications très-vives, des luttes douloureuses, et une polémique dont il nous reste un
fragment dans la lettre qu'il écrivit à un jeune prédicateur
de la secte. On y retrouve l'ardeur du missionnaire et l'indignation du chrétien qui voit son Evangile morcelé et déchiré en lambeaux. Jusqu'à la fin de sa vie, il ne cessa de
protester contre ces tendances pernicieuses, et d'exposer

(1) André Blanc , *Mélanges historiques* (inédits).
(2) « La vraie foi consiste à recevoir tout ce que l'Evangile ensei-
» gne et non à s'attacher exclusivement à une vérité, ou à un cer-
» tain nombre de vérités , ou seulement à des vérités » (*Méditations*,
par F. Neff, p. 18).

dans toute sa simplicité la gratuité et l'universalité du salut.

Il nous serait facile, en entrant dans de plus longs détails, d'exposer ses idées sur la grâce, le péché originel, l'œuvre rédemptrice, etc. : mais outre qu'une pareille étude nous entraînerait trop loin, nous croyons en avoir assez dit pour montrer quelle fut la tendance de Félix Neff, tendance conciliatrice et tenant le juste milieu entre l'exclusivisme calviniste et le libéralisme immodéré. Ses prédications, ses lettres, sa vie tout entière sont la fidèle application du support et de la charité dont parle saint Paul (Ephés., IV, 2).

NATURE DE LA PRÉDICATION DE FÉLIX NEFF.

Cette étude est-elle motivée ? Telle est la question qui se présente tout d'abord, lorsqu'on réfléchit à l'œuvre toute particulière et aux talents tout spéciaux qui font de Neff, non pas un maître d'éloquence, mais un modèle à suivre, soit dans l'évangélisation, soit dans le pastorat proprement dit. Mesurer Neff à la mesure de la théorie, c'est-à-dire de l'homilétique, faire rentrer ses discours dans le cadre classique et traditionnel, le juger enfin d'après les principes, comme on a pu le faire pour les Saurin et les Adolphe Monod, ce serait commettre une grave erreur et donner à notre prédicateur des proportions qu'il n'a pas.

Nous laisserons donc de côté les règles générales, les principes à priori donnés sur l'éloquence de la chaire, pour ne nous attacher qu'à ce qu'il y a d'original et de caractéristique dans la prédication de notre missionnaire.

Une chose nous frappe tout d'abord : c'est le peu de cas qu'il faisait des sermons appris par cœur. Ses premiers débuts, ses premiers essais d'évangélisation en France, nous le présentent découragé et même froid dans les discours qu'il devait écrire et étudier. « Il ne m'est pas possible d'improviser en chaire, » écrivait-il de Grenoble; « je suis obligé de composer et d'apprendre mes sermons; je les

» débite sans émotion, sans chaleur et sans mouvement.
» Tout cela me glace; jamais je n'ai eu le cœur si peu af-
» famé du salut des âmes; il me semble que tous mes audi-
» teurs sont des cailloux, et que je prêche absolument pour
» néant » (Bost, I, p. 149). Cette répugnance n'est point
surprenante chez un homme qui, dans l'ardeur de sa foi,
s'était consacré tout entier à l'œuvre du Seigneur. Il sentait,
dès le commencement de son ministère, que le devoir d'un
missionnaire ne doit point être de cultiver l'art pour l'art,
l'éloquence pour l'éloquence; mais bien plutôt de s'exprimer
avec clarté, avec sincérité, et surtout avec la simplicité de
l'Evangile. « Il y a dans la parole instantanée une puissance
» à laquelle rien ne supplée. L'orateur est alors ému, comme
» les autres, par lui-même. On assiste au travail de sa pen-
» sée qui se féconde en s'échauffant; un orateur invisible est
» caché derrière celui qu'on écoute (1). » — « Aucune préoc-
» cupation de bien parler, de combiner avec art les images,
» les idées; l'orateur (missionnaire) va au fait : il veut agir,
» il tourne et retourne dans le même cercle; il ne craint
» pas les répétitions, la familiarité, la vulgarité même; il
» parle brièvement, mais il recommence tous les matins.
» Ceci n'est point de l'éloquence sacrée, c'est de la puissance
» religieuse (2). »
Neff s'appliqua à acquérir cette puissance en développant
ses dons naturels, soit dans la solitude, soit surtout dans
les réunions intimes qu'il avait instituées. Ses travaux ne
furent pas sans résultats : son élocution se perfectionna; sa
voix très-forte devint sonore et se modula; ses idées se mul-
tiplièrent en se classant, en sorte qu'il put bientôt improviser la plupart de ses discours. « Je ne crois pas dire ceci
» pour me glorifier; mais je n'aurais jamais osé espérer que
» la prédication me deviendrait aussi facile. Aujourd'hui,

(1) Edouard Alletz, *Démocratie nouvelle*, vol. I, p. 329.
(2) Guizot, *Cours d'histoire moderne*, t. II, p. 147.

» monter en chaire, sans même avoir eu le temps de son-
» ger à mon texte, et faire un discours en règle, sans répé-
» tition, sans chevilles, ne me semble pas une chose diffi-
» cile ; mais, je le répète, c'est pour celui qui croit » (Bost,
I, p. 229).

Ici se présentent deux questions que nous n'indiquerons
qu'en passant, puisqu'elles ne se rattachent qu'indirectement au point de vue de notre travail :

1º Monter en chaire sans préparation n'est-ce pas se faire
illusion sur ses propres forces et porter atteinte à la puissance que la Parole de Dieu doit avoir dans la bouche du
prédicateur? Dans la plupart des cas, cette objection est
pleine de justesse ; car agir ainsi, c'est tenter Dieu. Cependant, il peut et il doit y avoir des circonstances qui justi-
fient l'exception et en font, pour ainsi dire, une nécessité.
En effet, demander à un évangéliste, à un missionnaire, la
composition et la mémorisation de leurs discours, c'est leur
demander l'impossible, ou bien les exposer à ne pas être
compris par leur auditoire. Leur vie est une activité continuelle ; les âmes auxquelles ils s'adressent sont loin d'être
cultivées, en sorte que pour se les attacher, il faut user,
non pas d'une logique serrée, d'un style brillant, mais bien
plutôt de paroles simples et parfaitement compréhensibles à
ces intelligences incultes. Le silence du cabinet n'inspire guère
ces touchants accents, ces pressants appels, qu'on ne trouve
que dans la communion même de ceux à qui l'on s'adresse.

2º Monter en chaire sans préparation, n'est-ce pas se con-
damner soi-même aux répétitions, à l'appauvrissement de
ses propres idées ? n'est-ce pas, par conséquent, borner
l'horizon évangélique, qui par lui-même doit être sans limites ? Cette objection est plus grave encore que la première,
aussi ne souffre-t-elle aucune exception. Que de prédicateurs anciens et modernes ont ainsi, par manque de réflexion et de travail, affaibli et dénaturé la religion chrétienne en la comprimant dans des bornes étroites, dans des

phrases, dans des formules qui, revenant chaque dimanche,
ne raniment plus la vie divine dans le troupeau! Neff ici
est un de ces rares prédicateurs qui, dans leurs improvisations, se sont soustraits aux graves inconvénients que nous
venons de signaler. Toujours en communion avec son Sauveur, méditant nuit et jour les vérités bibliques, réfléchis-
sant dans ses courses sur les moyens de les rendre plus
évidentes et plus salutaires, vivant enfin en Dieu et pour
Dieu, il se renouvelait sans cesse; ce qu'il disait était toujours nouveau, bien qu'il dît toujours la même chose. S'il
n'écrivait pas, il pensait, et le fond lui inspirait la forme.

L'improvisation admise dans ces cas exceptionnels, entrons dans le cœur même du sujet pour voir comment Neff
la mettait à profit (1).

Il n'aimait pas le vague, l'abstrait, l'indécis. La pensée
selon lui, pour être efficace et salutaire, devait devenir con-
crète, revêtir une forme adaptée au but qu'elle avait à atteindre et à l'action qu'elle voulait déterminer. Point de
vaines redites, point de lieux communs commodes pour
l'orateur, mais pernicieux pour l'auditeur. Il allait droit au
but, quitte à donner à son discours un développement un
peu trop particulier, une marche un peu trop rapide. Pénétré de son texte, et connaissant en même temps les besoins
qu'il devait satisfaire, il l'exposait dans son sens le plus naturel, le mieux approprié à la circonstance, et en tirait ensuite toutes les conséquences qu'il appliquait directement à
son auditoire. De là des interpellations, des interrogations
qui donnaient à la teneur du discours un caractère d'intimité, de sympathie et d'intérêt. Il variait tellement la forme,
qu'il savait la rendre attrayante à tous les âges et à toutes
les conditions.

(1) Rien n'ayant été écrit sur le sujet, nous nous en rapportons au
témoignage de plusieurs de ses anciens collègues et amis, qui ont
bien voulu nous aider de leur sympathie et de leurs conseils.

6

Quittons les généralités et entrons dans quelques détails, en donnant quelques plans qu'il nous a laissés lui-même dans plusieurs de ses lettres.

Le 1er janvier 1823, il prêcha sur ce texte : *Rachetant le temps*, etc. Exorde : Dieu a le droit sur notre temps.

1re partie : Notre temps doit être employé à la gloire de Dieu, à l'utilité du prochain, à notre propre édification.

2e partie : Quel usage en avez-vous fait?

Péroraison : Au commencement de cette nouvelle année, réunissez-vous donc pour adorer Jésus-Christ et déposer au pied de sa croix toute animosité, toute aigreur, etc.

Comme on le voit, tout portait, car l'Eglise de Mens était, à ce moment, minée par les rivalités et la jalousie de quelques faux chrétiens. Sans jamais faire de personnalités, il en disait assez pour atteindre les cœurs et les consciences.

En septembre 1824, à l'occasion de la dédicace du temple de Freyssinière, il prononça un discours remarquable sur Hébreux, VIII, 2 : *Christ est le ministre du sanctuaire*. Trois parties :

1o Christ ministre du sanctuaire céleste, où il est entré comme sacrificateur et victime.

2o L'Eglise appelée un temple saint au Seigneur.

3o Nos cœurs appelés les temples du Saint-Esprit.

Pendant un séjour qu'il fit, en 1825 avec André Blanc dans les vallées vaudoises, il fut appelé à prêcher dans le temple de Saint-Jean. Ce n'était pas chose facile que de réveiller ces Eglises endormies et d'y ramener la vie et la piété. Le dimanche matin, A. Blanc prêcha sur ces paroles : « Si quelqu'un nie le Fils, il n'a pas non plus le Père. » Neff prêcha l'après-midi : « Le texte de Blanc, » dit-il, m'avait » donné l'idée d'y faire suite ; et je choisis cette proposition : » *Qui n'a pas l'Esprit n'a pas le Fils* (Rom., VIII, 9). Je » commençai à prouver ma proposition par les Ecritures ; » puis ayant établi les caractères auxquels on peut recon- » naître la présence de l'Esprit dans un cœur, je fis l'ana-

» tomie de celui de mes auditeurs, en comparant en détail
» leurs affections avec celles de l'Esprit. Les ayant ainsi
» convaincus qu'ils n'étaient affectionnés qu'aux choses de
» la chair, j'en conclus qu'ils n'avaient point l'Esprit, par
» conséquent point le Fils, et enfin point la vie ; qu'ils étaient
» donc sous la colère de Dieu, dans la mort, dans la perdi-
» tion. Je terminai en les conjurant de demander à Dieu cet
» Esprit de lumière et de vie, sans lequel on ne peut con-
» naître ni ses péchés, ni les richesses de la grâce (1). »

Mais ce ne sont là que les grands traits de son discours ;
les développements nous manquent, et nous ne saurions
sans témérité porter un jugement quelconque sur de simples
plans dont la brièveté entrave la critique.

Heureusement Neff nous a laissé lui-même par écrit quelques fragments de sa prédication. Ce sont : des *Méditations
sur le IVe chapitre de saint Jacques,* sur 1 *Cor.*, VII, 29-31,
un fragment d'un *sermon* qu'il prononça lors de la dédicace
du temple de Mens, enfin une *exhortation* à l'occasion d'une
sépulture ; tous discours qu'il dicta ou écrivit lui-même
après les avoir improvisés en chaire.

Un trait digne de remarque, c'est que ces méditations
sont toutes inspirées par un même sentiment : la misère humaine et la dualité qui existe entre le corps et l'esprit. Le
petit volume qui les contient pourrait se résumer dans cette
phrase : « Le chrétien doit gémir sous le poids de ce corps
» de mort (2 Cor., V, 2. Rom., VIII, 24), et s'estimer heu-
» reux de s'en occuper le moins possible (2). » De là un
certain mépris pour les souffrances et les afflictions de ce
monde. « Le chrétien doit-il s'éloigner du toit paternel,
» abandonner son pays natal ? Il sait qu'il est étranger sur
» la terre... est-il privé de sa liberté, chargé de chaînes,
» séparé de tout ce qu'il aime sur la terre ? Son âme n'est

(1) Bost, *Lettres*, t. II, p. 42.
(2) F.-Neff, *Méditations*, p. 105.

» jamais liée et son Dieu, qui brise les portes d'airain, est
» avec lui.dans sa captivité. Est-il méprisé, calomnié? il se
» console en contemplant l'Agneau de Dieu, qui fut chargé
» d'outrages et n'ouvrit point la bouche... Doit-il, enfin,
» voir son corps s'affaiblir et se consumer par la maladie et
» les infirmités? il sait que ce corps de péché doit retourner
» en poudre pour que l'esprit revêtu d'un corps incorrupti-
» ble puisse entrer dans la gloire (1). »

Il oublie trop que ce sont plutôt là des épreuves qui doivent épurer et vivifier notre foi; que c'est par elles que nous
pourrons acquérir les dons spirituels que les jours de bonheur ne donnent pas, et que c'est en elles enfin que nous
trouverons les leçons les plus salutaires sur l'amour, la charité et le dévouement.

Cela dit sur l'idée mère, voyons quels sont les mobiles
que Neff mettait particulièrement en jeu pour convaincre
l'homme et le placer sur la voie du salut.

Le cœur, le siége de l'amour, n'a pas occupé dans sa prédication une place assez étendue. Toujours préoccupé de la
corruption radicale de la nature humaine, de son état de
révolte, et par conséquent des sentiments hostiles que la
créature nourrit pour le Créateur, il pensait que le moyen
le plus efficace pour toucher la masse était, non de s'adresser à la sensibilité qui implique toujours quelque chose de
charnel, d'égoïste et d'imparfait, mais plutôt à la conscience
et à l'imagination, qui, après avoir excité le pécheur à la
repentance, lui inspirent des pensées plus nobles et des
désirs plus purs. Hâtons-nous cependant d'ajouter que si
Neff, du haut de la chaire, négligea trop ce puissant moyen
d'évangélisation, il n'en fut pas de même dans ses rapports
particuliers avec ses paroissiens. Ici, tout change. Le prédicateur sévère devient un père spirituel pour ses enfants en
la foi. Il les suit pas à pas, s'intéresse à tout ce qui les

(1) F. Neff, *Méditations*, p. 87, 88.

touche ; il les guide, les console, les encourage et les aime, en un mot, de toutes les forces de son âme. Ses lettres en sont la preuve la plus palpable. Elles peuvent et doivent être regardées comme le supplément nécessaire de sa prédication.

La conscience a été plus souvent mise en cause par F. Neff. Cela ne doit point surprendre, ayant vu combien, dès sa plus tendre jeunesse, il lui attribuait de pouvoir et de puissance. D'ailleurs, c'était par elle qu'il pouvait le mieux mettre en évidence le sentiment du péché, la dégradation de l'homme et le besoin d'un Sauveur. A chaque page, pour ainsi dire, il en appelle à cette voix divine, et l'éloquence qu'il déploie dans ces occasions est parfois entraînante et sublime : « Faudra-t-il nous réjouir quand nous serons » tombés dans le péché, dans l'oubli de Dieu et de sa loi » sainte? quand nous serons repris par notre conscience et » convaincus d'un secret accord avec la corruption du vieil » homme? Faudra-t-il nous réjouir quand l'Esprit-Saint fera » la triste revue de nos infidélités, ou bien faudra-t-il fer- » mer constamment les yeux sur le véritable état de nos » âmes et désobéir à l'apôtre qui nous dit : Sentez vos mi- » sères? Ah! si nous devons repousser les traits enflammés » du Malin, gardons-nous d'opposer la cuirasse et le bouclier » de la foi aux aiguillons de la conscience et aux coups » salutaires de cette épée à deux tranchants qui doit pé- » nétrer jusqu'aux moelles et détruire en nous le pé- » ché (1) ! »

L'imagination est des facultés humaines celle qui, chez Félix Neff, avait atteint le plus beau développement : caractère profondément helvétique, esprit foncièrement poétique, parfois même mystique, âme susceptible des sentiments les plus beaux et les plus élevés, il aimait à émailler ses discours de comparaisons, de descriptions saisissantes qui, tout

(1) F..Neff, *Méditations*, p. 47.

en éclairant sa pensée, le fixaient dans la mémoire de l'auditeur : « La cognée est mise à la racine des arbres stéri-
» les ; l'ange exterminateur n'attend qu'un signal pour jeter
» sa faux meurtrière (Apoc., XIV, 14-20). Déjà bouillonne
» dans le sein de la terre le feu qui doit la consumer ; l'ac-
» cusateur demande à grands cris l'exécution d'une sentence
» déjà tant différée, et l'enfer réclame sa proie. Et tu folâ-
» tres, ô pécheur ! sur les bords de ce gouffre horrible ! Et
» tu oses appeler insensé le chrétien qui veille et qui prie
» en tout temps, pour être jugé digne d'éviter toutes ces
» choses qui doivent arriver, et de subsister devant le Fils
» de l'homme (1) ! »

Quant aux *raisonnements* serrés et logiques, il serait
oiseux de les demander à notre prédicateur. Un missionnaire ne démontre pas : il montre. Le christianisme, en
effet, étant un fait, une expérience, doit être exposé comme
tel aux âmes incultes et grossières. Ce n'est que plus tard,
lorsque la foi aura été produite en elles, qu'elle y aura été
mûrie et réfléchie, que les besoins rationnels se feront sentir,
et que le ministre, par conséquent, devra y pourvoir et y
satisfaire. Jusque-là, la prédication sera un témoignage à
rendre et non point une science à raisonner. Tel fut le cas
de Neff.

Ceci nous amène à cette remarque importante, que toutes les fois qu'il aurait pu se livrer à des raisonnements
plus ou moins étendus, il a préféré les remplacer par des
citations bibliques, sans même y ajouter aucune réflexion.
En voici un exemple, entre bien d'autres, qu'on pourrait
donner. Il s'agit de démontrer la présence de l'Esprit de
Dieu dans l'homme : « Ces fréquents appels de l'Ecriture au
» témoignage et à l'action du Saint-Esprit dans le cœur des
» croyants sont dignes de toute l'attention de ceux qui ont
» de la peine à croire à la présence sensible de cet Esprit.

(1) F. Neff, *Méditations*, p. 42.

» Je vous ferai seulement une question, dit saint Paul aux
» Galates : Avez-vous reçu l'Esprit par la loi ou par la pré-
» dication de la foi? Eprouvez-vous vous-mêmes, dit-il aux
» Corinthiens, pour voir si vous êtes dans la foi, si Jésus-
» Christ habite en vous. Or, nous savons, dit saint Jean,
» qu'il habite en nous par l'Esprit qu'il nous a donné ; et
» c'est, dit saint Paul, cet Esprit qui rend témoignage à no-
» tre esprit que nous sommes enfants de Dieu. Et vous, mes
» frères, qui savez que cet Esprit habite en vous, etc. (1). »

Ces citations, qui prouvent, du reste, que Neff connaissait les Ecritures à un degré supérieur, sont, selon nous,
trop multipliées (2). Un passage en fait facilement oublier un
autre ; en sorte qu'en dernière analyse l'auditeur a beaucoup
entendu, mais n'a rien retenu.

Nous laisserons de côté la forme proprement dite, c'est-à-
dire le style qui, pour des improvisations, est châtié, con-
cis et pur, si toutefois on en retranche certaines expressions
par trop vulgaires et locales. Nous ne dirons rien non plus
de ses procédés oratoires, qu'on ne peut juger d'après le petit nombre de fragments que nous possédons de ses sermons : « Nous aimions mieux les entendre que de les lire, »
disait un de ses catéchumènes. En effet, son ardeur, son
enthousiasme lui donnaient en chaire des mouvements sublimes. Les dispositions de son auditoire lui inspiraient des
paroles de feu qui sont encore gravées, dans les cœurs de
ceux qui l'ont entendu, comme le plus éclatant témoignage
de la force et de la puissance d'un fidèle serviteur de Dieu.

---

(1) F. Neff, *Méditations*, p. 19.
(2) C'est ainsi que dans une seule méditation sur 1 Cor., VII, 29-31,
il donne 93 citations.

CONCLUSION.

Les Hautes-Alpes après Félix Neff.

Notre tâche étant terminée, nous voudrions laisser à d'autres plus expérimentés et plus compétents le soin d'examiner et d'apprécier le réveil que Neff sut produire et diriger dans les Hautes-Alpes. Mais de même que par une belle soirée d'automne, lorsque le soleil disparaît à l'horizon, le voyageur aime à se recueillir et à contempler ces dernières lueurs que les ténèbres vont bientôt remplacer, de même nous aussi nous voulons nous arrêter un instant encore pour jeter un dernier regard sur ce champ de travail de Neff, si fécondé par son activité chrétienne, mais que les ombres de la nuit commençaient déjà à envahir.

Pendant sa maladie, Félix Neff ne cessa d'encourager les nombreux chrétiens qu'il avait laissés dans les vallées reculées des Alpes. Par ses lettres il entretint chez eux la vie et l'activité religieuse, en sorte que malgré son éloignement il était toujours leur pasteur et leur directeur. Mais lorsqu'il plut à Dieu de retirer à lui son ministre dévoué et d'éprouver ainsi la foi de ses nouveaux disciples, on vit se produire ce à quoi l'on devait malheureusement s'attendre, c'est-à-dire le découragement et la décadence religieuse. Apollos n'arrosant plus ces jeunes et faibles plantes, elles languirent et se desséchèrent.

Ce n'est point à dire cependant qu'elles aient été complétement abandonnées à elles-mêmes, que d'autres ouvriers ne soient venus continuer l'œuvre du missionnaire et essayer de redonner la vie à ces membres épars de l'Eglise de Neff. MM. d'Aldebert, Clavel et A. Blanc allèrent tour à tour les visiter, les exhorter et leur répéter tout ce qu'ils avaient entendu de la bouche de leur cher pasteur. Leurs prédications ne furent pas sans résultat : quelques cœurs répondirent à ces nouveaux appels et se donnèrent à Jésus.

Les essais les plus bénis furent sans contredit ceux des deux wesleyens, MM. Cook et Ehrmann. Grâce à leurs principes sur la sanctification parfaite, ils montrèrent que la foi doit être suivie des œuvres, et agirent ainsi directement sur la vie et les mœurs de ces montagnards. Malheureusement ces progrès furent entravés par l'influence toujours croissante que sut acquérir un calviniste rigide. Ce dernier entra bientôt en lutte avec M. Rostan sur la question du salut gratuit. Ces discussions pénibles furent un coup mortel porté à la foi et à la piété des Alpins. Les uns s'éloignèrent toujours plus de la vie chrétienne pour retomber dans les plaisirs grossiers et les jouissances sensuelles que Neff avait continuellement combattus, qu'il avait même vaincus ; les autres se jetèrent dans l'excès opposé ; ils se mirent à trembler dans les temples, se disant favorisés d'une révélation particulière et immédiate du Saint-Esprit. Selon M. Cadoret, ce fut M. Blanc qui arrêta les commencements de ce mysticisme absolu, et qui replaça ces pauvres Eglises sur leur base première... Mais le réveil était éteint, la foi vivante et efficace n'était plus le partage que de quelques familles ou de quelques individus. « Tout est mal et rétrograde dans notre vallée de Freyssinière ; ainsi on peut dire » que la semence était tombée dans une mauvaise terre. » Peut-être y eût-il eu plus de fruits s'il eût succédé à Félix » Neff un ouvrier entendu dans la culture de la vigne du » Seigneur ; mais il n'en est malheureusement pas ainsi, et » l'expérience nous prouve que la bonne volonté ne suffit » pas toujours, car tous les messagers n'ont pas le talent

» précieux d'être compris par ceux auxquels ils s'adres-
» sent (1). »

Les causes de cet attiédissement sont diverses et multi-
ples, générales et particulières. D'abord ici comme dans
tous les mouvements religieux de ce genre on a confondu le
réveil et la conversion proprement dite. On s'imagina que
par le seul fait que la Parole de Dieu avait trouvé accès
dans beaucoup de cœurs, tous devaient nécessairement être
régénérés et lui appartenir. Ceux qui le crurent le plus facilement furent ceux-là même qui avaient été frappés et
touchés par la prédication de la vérité. Ces premiers sentiments d'un cœur ardent qui vient de se donner au Seigneur, sont naturels et légitimes, mais ils sont dangereux
aussi, car ils peuvent faire méconnaître à l'homme l'œuvre
véritable qu'il doit accomplir en lui s'il veut devenir une
nouvelle créature. Il ne suffit pas de croire et d'aimer Dieu,
il faut se détacher de la terre, de ses plaisirs et de ses con-
voitises. C'est là précisément ce qui constitue la conversion
dans le vrai sens du mot. L'homme ne peut pas se convertir instantanément et briser pour toujours avec le passé,
il se convertira graduellement en renonçant toujours plus au
monde pour vivre toujours plus en Dieu.

D'après cette notion raisonnable autant qu'évangélique,
il est facile de prévoir quels seront les heureux effets du
réveil, s'il est continuellement dirigé par des hommes pieux
et persévérants. Ces âmes agitées, ces consciences troublées, ces cœurs oppressés ayant trouvé la satisfaction de
leurs besoins les plus intimes, entreront dans la voie de la
conversion que nous avons indiquée; elles s'approprieront
les vérités divines, les feront leurs, et par conséquent les
pratiqueront. Mais vienne un pasteur faible ou insouciant,
un faiseur de sectes, et l'on verra bientôt ces mêmes âmes
qui ne sont pas encore avancées dans la foi et la piété,

(1) Lettre citée p. 22, note.

n'ont pas été assez longtemps nourries de la nourriture divine, et qui, par conséquent, n'ont point d'expérience
chrétienne, donner contre l'écueil de l'enthousiasme ou
de l'orgueil, ou bien retomber dans l'indifférence et l'incrédulité.

Neff le savait bien lui-même ; aussi, jusqu'à la fin de sa vie,
a-t-il fait tout son possible pour garder son Eglise des Alpes
« des faux docteurs et des fausses doctrines. »

Parmi les causes générales qui détruisent l'efficacité du
réveil, on pourrait citer encore la tendance à attribuer
tout à l'Esprit de Dieu et rien à l'homme. Mais nous avons.
hâte d'arriver aux causes particulières qui contribuèrent
à l'affaiblissement graduel de l'Esprit de Dieu dans les Alpes.
Il y en a trois principales : le délaissement, l'orgueil,
l'intérêt.

1o Le délaissement. Ceci ressort de ce que nous venons
de dire. Félix Neff n'avait jamais cru sa maladie mortelle : il
espérait toujours revenir dans ces contrées pour y être utile
encore à ses fils en la foi. Ces derniers, nourris dans cette
espérance, furent cruellement déçus lorsque non-seulement
ils virent la mort leur enlever leur pasteur, mais encore
une circonstance fortuite les séparer de M. Ehrmann, son
successeur. Ils demandèrent au consistoire d'autres ouvriers, mais personne ne se présentant, ils en furent réduits aux quelques visites des pasteurs de Saint-Laurent,
d'Orpierre et de Mens. Un enseignement aussi intermittent
ne pouvait produire de bien heureux résultats. De plus,
pendant les hivers qui, dans ce pays, durent environ six
mois, ils étaient complétement abandonnés à eux-mêmes.
Les prêtres catholiques (et ils sont toujours assez nombreux,
même dans les plus pauvres localités) profitèrent de cet
isolement pour en attirer un grand nombre, soit par des
promesses, soit surtout par des mariages mixtes Ainsi
donc, en été, visites de deux ou trois pasteurs, disputes
entre wesleyens et calvinistes ; en hiver, délaissement com-

plet et contact continuel avec l'Eglise romaine : voilà quelle
était la situation de ces pauvres troupeaux. Il n'en fallait pas
autant pour altérer et détruire leur principe de vie et faire
chanceler leur foi.

2° L'orgueil. Il semble étonnant que nous donnions ici
une cause pareille, et l'on pourrait nous demander avec
raison : Quels motifs les pauvres Alpins allèguent-ils pour
se glorifier? De motifs, ils n'en ont point, mais on les leur
a donnés. Les biographes de Neff ont eu la malheureuse idée
de publier *in extenso* les noms des personnes vivantes encore qui s'étaient distinguées par leur sérieux et leur piété.
Leur intention, quoique excellente et honorable, a produit
les plus désastreux résultats, puisqu'elle a mis la foi de ces
chrétiens simples et naïfs à la plus terrible épreuve : l'orgueil.
La plupart de ces personnes, ignorées du monde, auraient
été les colonnes de l'Eglise, mais, fières de l'éclat qui
rejaillissait sur leur nom, elles se sont départies de leur
humilité première pour se jeter dans une vanité spirituelle
sans égale. Des Anglais touristes, leur itinéraire à la main,
aggravèrent encore le mal en allant dans ces pauvres villages voir et contempler l'œuvre de Neff dans ces âmes élues.
Orgueil des uns, jalousie des autres, mort générale, telles
furent les conséquences de cette publicité.

3° L'intérêt ne fut pas non plus étranger à ces tristes
dispositions. Déshérités de la nature, devant se livrer à un
travail ingrat et difficile pour suffire à leur existence,
quelques protestants de ces hautes vallées profitèrent de la
sympathie qu'on leur témoignait de toutes parts pour se
procurer plus d'aisance et jouir d'une vie plus douce et plus
tranquille. On vit alors se développer chez eux ce langage
biblique, plutôt résultat de l'habitude que l'expression du
sentiment et du cœur, et auquel on a donné le nom de « patois de Canaan. »

Aujourd'hui, grâces en soient rendues à Dieu, tout tend
à changer d'aspect. Deux pasteurs et deux évangélistes tra-

vaillent avec activité à ramener les deux vallées du Queyras et de Freyssinière aux beaux jours de 1825. La tâche est difficile, le terrain est parfois ingrat. Une longue sécheresse avait étiolé ces faibles plantes en les arrêtant dans leur développement. Les rayons d'en haut reviennent peu à peu les réchauffer, les vivifier, et la parole divine, pour un temps mise sous le boisseau, reluit maintenant pleine de force et de puissance. Des symptômes réjouissants ont montré que si le réveil produit par Neff n'avait pas été de longue durée, il avait cependant laissé dans les cœurs les germes d'une vie nouvelle et d'un nouveau mouvement religieux.

Qu'il nous soit permis, en terminant, de mentionner une des causes principales qui ont amené cette heureuse réaction. M. le professeur Munier et M. Milsom, au nom des sociétés des protestants disséminés de Genève et de Lyon, s'occupent depuis plusieurs années, avec la plus tendre sollicitude, de leurs frères des Alpes. Leurs directions sages et éclairées, leurs conseils bienveillants et paternels, leur bienfaisance vraiment chrétienne, ont ranimé dans ces vallées le courage des pasteurs et le zèle des troupeaux. Chaque année ils y envoient quelque évangéliste dévoué ; ils y fondent des écoles et y développent ainsi l'instruction, la moralité et là vie. C'est bien là la charité qu'on ne puise que dans l'essence même du christianisme, et dont l'action continuelle ramènera, réchauffera ces cœurs refroidis et chancelants. Que ces bienfaiteurs persévèrent dans leurs généreux efforts, et bientôt, nous en sommes convaincus, ils entendront, sur les plus hautes cimes des Alpes, ces anciens Vaudois, ces anciens disciples de Neff, entonner de nouveau l'hymne de l'amour et de la reconnaissance !

THÈSES.

I.

La christologie de Jacques et de Pierre est en harmonie avec celle de Paul.

II.

Le nom et l'origine des Vaudois dérivent du nom et de la doctrine de Pierre Valdo.

III.

L'authenticité de 1 Jean, V, 7, est contestable.

IV.

La famille est pour le pasteur l'école du dévouement.

V.

La théorie du développement spirituel en Jésus-Christ est basée sur l'Ecriture et sur l'histoire.

VI.

A la paroisse seule appartient le droit d'élire son pasteur.

VII.

Le péché est une corruption ; c'est le résultat d'un acte libre dont nous sommes responsables.

VIII.

Le christianisme n'est ni une dogmatique ni un système : c'est une histoire, un fait.

IX.

La confession de foi de 1559, prise dans son ensemble, doit être vénérée et respectée comme un des beaux monuments de notre histoire religieuse. Prise dans ses détails, elle n'est pas toujours l'expression fidèle de l'enseignement apostolique.

Vu par le Président de la soutenance,

BOIS.

Montauban, le 22 avril 1868.

Vu par le Doyen,

G. DE FÉLICE.

Vu et permis d'imprimer :

Le Recteur,

ROUSTAN.

LE MESSIE

D'APRÈS LE LIVRE D'ÉSAIE

LE MESSIE

D'APRÈS LE LIVRE D'ÉSAIE

—⸻—

THÈSE

présentée à la Faculté de théologie de l'Eglise libre du canton de Vaud

PAR

FRÉD. RAMBERT

CANDIDAT AU DIPLOME DE LICENCIÉ

—⸻—

LAUSANNE
IMPRIMERIE GEORGES BRIDEL
—
1867

OUVRAGES CONSULTÉS

Hofmann. Weissagung und Erfüllung.

Tholuck. Die Propheten und ihre Weissagungen.

Ewald. Die Propheten des Alten Bundes.

Knobel. Das Prophetismus der Hebræor.

Bleek. Einleitung in das A. T.

Hœvernick. id. id.

Oehler. Articles *Messias, Prophetentum* et *Weissagung*, dans l'Encyclopédie d'Herzog.

Umbreit. Article *Jesaia*, dans l'Encyclopédie d'Herzog.

  Id. Der Knecht Gottes.

Stier. Jesaias, nicht Pseudo-Jesaias.

Commentaires de *Delitzsch, Umbreit, Gesenius, Hitzig, Knobel, Drechsler*. Le 3me volume de ce dernier commentaire, qui comprend l'explication de la 2e partie d'Esaie (chap. XL-LXVI), est de *Hahn*, avec des « Schlussbemerkungen » de *Delitzsch*.

PRÉFACE

—

Le titre de ce travail indique suffisamment quel en
est le sujet. Ce qui peut-être paraîtra moins clair,
c'est que je me sois borné à l'examen d'un livre particulier, plutôt que de prendre la prophétie dans son
ensemble ou dans une période déterminée de l'histoire
d'Israël. Mon plan était bien tout d'abord de faire une
étude générale des oracles messianiques de l'Ancien
Testament. Obligé de me restreindre, le seul moyen de
ne pas être trop infidèle à mon intention première et
de donner à mon travail quelque unité, c'était de me
limiter, comme je l'ai fait, au livre d'Esaïe. Ce livre
est en effet au centre de la prophétie, il est le foyer
lumineux où les rayons de l'espérance messianique,
disséminés sur tous les points de l'antique littérature
des Hébreux, se rencontrent et projettent sur l'avenir
le plus vif éclat. Aucun des traits essentiels de la figure
du Messie n'y fait défaut. Il y apparaît tour à tour
comme *Roi*, comme *Prophète*, comme « *Souverain sacrificateur* miséricordieux et fidèle, afin de faire la
propitiation pour les péchés du peuple. » (Hébr. II,

17.) Restreindre mon sujet au livre d'Esaïe, c'était donc conserver au moins la substance de la prophétie messianique.

Si l'on me demandait encore quels principes m'ont dirigé dans cette étude, je répondrais que je ne m'en suis proposé aucun, sinon de rechercher le pour et le contre, d'examiner, puis de me décider en connaissance de cause, sans préoccupation dogmatique d'aucune sorte.

Pour les citations j'ai suivi le plus souvent la version de Perret-Gentil, en y faisant toutefois de fréquentes modifications.

LE MESSIE

D'APRÈS LE LIVRE D'ÉSAIE

---

§ I.

Le prophétisme jusqu'à Ésaïe.

Pour trouver l'origine de la prophétie en Israël, il faut
remonter jusqu'à l'institution de la théocratie. « Du jour où
vos pères sortirent du pays d'Égypte jusqu'à aujourd'hui,
je vous déléguai tous mes serviteurs, les prophètes, journellement, dès le matin, » dit l'Eternel par la bouche de Jérémie.
(VII, 25.) *Moïse* est dans l'ordre des temps le premier des
prophètes [1], le premier Israélite qui servit d'intermédiaire
entre Dieu et son peuple [2]. C'est à sa parole aussi que
remonte le prophétisme comme institution théocratique :
« Les nations que tu vas expulser écoutent les enchanteurs
et les devins ; mais à toi l'Eternel, ton Dieu, ne le permet
pas. C'est un prophète de ton sein, d'entre tes frères, semblable à moi, que te suscitera l'Eternel, ton Dieu, c'est lui
que vous écouterez. » (Deut. XVIII, 14-15.) Le prophète
devait donc donner au peuple de Dieu ce que les nations

---

[1] Nombres XI, 24-29 ; XII, 6-8. Deut. XXXIV, 10. Osée XII, 14.
[2] Deut. V, 27.

païennes cherchaient à obtenir au moyen de leurs devins
et de leurs enchanteurs, il devait remplir l'office d'inter-
prète de Dieu (Esa. XLIII, 27), dire tout ce que l'Eternel le
chargerait de dire (Deut. XVIII, 18), être au milieu du peuple
la bouche d'où jailliraient[1] par la pression de l'Esprit les
paroles divines. « Le Seigneur, l'Eternel, ne fait rien, sans
avoir découvert son secret à ses serviteurs, les prophètes.
Le lion rugit, qui sera sans peur ? Le Seigneur, l'Eternel
parle, qui pourrait ne pas prophétiser ? » (Amos III, 7, 8.)

Pendant les quatre siècles qui séparent Moïse de Samuel,
la prophétie ne fait que de rares apparitions. On peut citer
la prophétesse *Débora,* qui siégeait sous le Palmier entre
Rama et Béthel (Jug. IV, 4, 5), un *prophète* qui vint reprocher aux enfants d'Israël leur idolâtrie, lorsqu'ils étaient
opprimés par les Madianites (Jug. VI, 7-10), un *homme
de Dieu* qui dénonça à Eli les jugements réservés à sa
famille (1 Sam. II, 27 ss). Il y avait probablement aussi quelques « *voyants* » qu'on allait consulter pour des affaires
particulières (1 Sam. IX, 9); mais la prophétie ne commence
à jouer un rôle important qu'à l'époque de *Samuel.* Ce
grand serviteur de Dieu fut comme un second législateur
en Israël. Moïse avait fondé la théocratie, Samuel présida
à la transformation la plus difficile et la plus périlleuse
qu'elle pût avoir à subir. Le peuple hébreu, dans des que-

---

[1] C'est l'idée que donne le sens étymologique du mot נָבִיא, de
נָבָא, comme נָבַע, sourdre, jaillir. — Voir l'article « *Propheten-
thum* » d'Oehler, dans l'Encyclopédie d'Herzog, XII, pag. 212. — Tholuck : » *Die Propheten und ihre Weissagungen,* pag. 21-22. — Knobel,
Prophetismus, I. pag. 103, 104. — Bleek, *Einleitung in das A. T.* § 178 —
L'idée du prophète devient sensible, si l'on compare les deux passages
parallèles Ex. IV, 16 : « Il sera une *bouche* pour toi et tu seras Dieu
pour lui », et Ex. VII, 1 : « Je te fais Dieu pour Pharaon, et Aaron,
ton frère, sera ton *prophète.* » — Voir encore Jér. XV, 19.

relles intestines et des guerres incessantes avec ses voisins, avait passé par de cruels revers, les Philistins venaient de remporter une grande victoire à Aphek, ils s'étaient emparés de l'Arche de l'alliance et « toute la maison d'Israël allait se plaignant après l'Eternel. » (1 Sam. VII, 3.) Samuel releva le courage du peuple, en le ramenant à son Dieu, il repoussa les Philistins, il leur reprit toutes les villes qu'ils avaient enlevées et rendit ainsi les Israélites redoutables à leurs ennemis. A l'intérieur il rétablit la justice et le culte de Jéhova. (1 Sam. VII, 16.) Mais le peuple, malgré le sage gouvernement de son *juge*, voulut se donner une organisation politique plus forte et plus régulière ; il demanda et obtint un *roi*. Cette nouvelle institution était contraire au principe du gouvernement divin ; car il ne pouvait se réaliser dans son intégrité, qu'en réunissant sur la personne d'un même chef théocratique les offices de juge, de sacrificateur et de prophète. Une royauté indépendante brisait cette unité et constituait dans l'état trois pouvoirs distincts. C'est ce qui eut lieu et les relations entre ces trois ordres furent désormais le centre de la vie politique en Israël. Le danger d'une telle situation était que le roi ne mît son autorité au-dessus de la Loi divine et ne cherchât à détourner le peuple de son Dieu. Il fallait donc, pour sauvegarder la théocratie, un pouvoir indépendant qui pût exercer une surveillance active sur le gouvernement royal, en contrebalancer l'influence, ou même lutter ouvertement contre lui. Les prophètes étaient naturellement appelés à remplir ce rôle. Ne relevant que de Dieu, n'étant liés par aucune loi, ils étaient bien plus libres que les prêtres ; d'ailleurs n'auraient-ils pas à s'opposer au sacerdoce lui-même, si la vie religieuse s'affaiblissait et si le culte tendait à devenir purement cérémoniel ? — Des prévisions ou des craintes de cette nature furent sans doute ce qui détermina Samuel à donner au prophétisme plus de force et d'indépendance, par l'institution des « *collèges de prophètes,* » dont nous voyons à cette époque la première mention. (1 Sam. X, 5-13; XIX, 18-24.) Lui-même par l'énergie qu'il déploya dans ses relations avec Saül, montra bien quelle devait être sous la royauté la mission religieuse et politique des prophètes. (1 Sam. XIII, 8-15; XV, 23, 35.) David leur témoigne toujours le plus grand respect. A leur parole il abandonne ses projets (2 Sam. VII), il s'humilie de ses fautes (2 Sam. XII et XXIV), et c'est encore leurs conseils qui le guident dans le choix de son successeur.(1 Rois I.) — Ensuite les prophètes semblent se tenir à l'écart de la scène politique jusqu'à la fin du règne de Salomon; mais la prophétie d'*Ahia* à Jéroboam (1 Rois XI, 29-39) nous prouve qu'ils n'ont point cessé de veiller, comme de fidèles sentinelles, au milieu du peuple. Leur autorité est même encore si grande, qu'il suffit à Semaïa d'une parole, pour prévenir la guerre imminente après le schisme. (1 Rois XII, 22-24.)

C'est dans le royaume d'Israël qu'ils eurent d'abord à lutter contre l'idolâtrie croissante des rois et du peuple. Leur courage et leur fidélité furent à la hauteur de leur tâche. Ce même Ahia qui avait en quelque sorte remis à Jéroboam le gouvernement des dix tribus, lui annonce de la part de Dieu la ruine prochaine de sa maison.(1 Rois XIV, 1-18.) *Jéhu,* fils de Hanani, adresse au roi Baësa de semblables menaces. (1 Rois XVI, 1-4.) Mais l'opposition entre les rois et les prophètes fut surtout violente sous Achab, lorsque ce prince, à l'instigation de Jézabel, introduisit à Samarie le culte phénicien de Baal et d'Astarté. Pour résister à cet envahissement de l'idolâtrie, Dieu suscita son serviteur *Elie,* le plus grand des prophètes de cette période, le type de l'homme de Dieu, qui par son activité puissante et son inébranlable courage empêcha que la gloire de

l'Eternel ne fût entièrement obscurcie en ces jours de ténèbres et de violences. A l'exemple de Samuel, Elie et Elisée
donnèrent une nouvelle impulsion au prophétisme, les colléges de prophètes reparurent, nombreux et prospères, malgré la persécution (1 Rois XVIII, 4, 13, 2 Rois II, 1-18;
IV, 38-44; VI, 1), quoique l'infidélité au Dieu d'Israël y
eût aussi pénétré. (1 Rois XXII, 5-28.) — Dans le royaume
de Juda l'activité des prophètes offre un caractère un peu
différent. Ils n'étaient pas seuls pour soutenir la théocratie.
Si quelquefois ils adressent des réprimandes ou annoncent
des jugements de la part de Dieu (2 Chr. XII, 5 *ss.*; XVI, 7
ss.; XIX, 2 *ss.*; XX, 37), ils trouvent souvent, surtout pour
les réformes du culte, de l'appui auprès des rois. (2 Chr. XV,
1 *ss.*; XX, 14 *ss.*)

Mais les prophètes n'avaient pas seulement à veiller sur
les mœurs, à diriger d'une manière générale la politique
et à prêcher la fidélité à l'Eternel. Ils pressentaient pour
le peuple d'Israël de hautes destinées, ils savaient qu'il
était porteur d'une *promesse*; aussi dirigent-ils souvent
le regard de leur foi vers l'accomplissement. Dans leurs oracles l'espérance accompagne toujours la menace. Ils annoncent à la « nation pécheresse et sacrilége, » après de sévères jugements, une ère de paix et de prospérité. Plus la ruine
paraît imminente, plus cet espoir devient vif. Jéhova viendra lui-même pour juger les nations et délivrer son peuple : « Que les cieux se réjouissent et que la terre tressaille!..
Que les arbres des forêts frémissent tous d'allégresse au-
devant de l'Eternel! Car il vient, car il vient pour juger la
terre. Il jugera le monde avec justice et les peuples selon
la vérité. » (Ps. XCVI, 11-13.) Dites aux cœurs alarmés : Courage! soyez sans peur! Voici votre Dieu! La vengeance
approche, représaille de Dieu! Il vient et vous sauvera. »
(Esa. XXXV, 4.) — « Dis aux villes de Juda : Voici votre

Dieu ! Voici, le Seigneur, l'Eternel arrive en héros, et son
bras commande pour lui ; voici, ses récompenses l'accompagnent, et ses rétributions le précèdent. Comme un berger, il fera paître son troupeau, dans ses bras recueillera
les agneaux et dans son sein les portera ; Il conduira les
mères qui allaitent. » (Esa. XL, 9-11.) — Ailleurs le salut
du peuple est confié à un organe de Jéhova, à un *Messie,*
fils de David.

Cette attente des prophètes se rattachait à la promesse
qui avait été faite à plusieurs reprises et développée jusqu'à
eux depuis les temps les plus anciens. La sentence prononcée contre le serpent (Gen. III, 15) proclame déjà que
la lutte de l'homme contre le péché sera victorieuse. Après
le déluge la race de Sem est mise à part. (Gen. IX, 26.)
Abraham reçoit l'assurance que toutes les nations de la terre
trouveront dans sa postérité leur bénédiction. (Gen. XII, 3 ;
XVIII, 18 ; XXII, 18.) La même promesse est répétée à
Isaac (XXVI, 4), à Jacob (XXVIII, 14), enfin Juda doit posséder le sceptre jusqu'à ce que les peuples lui rendent
obéissance et que le Repos vienne. (Gen. XLIX, 10.) Plus
d'une fois après la sortie d'Egypte la promesse est rappelée de manière à montrer que, malgré les péchés du peuple
et les jugements prononcés contre lui, le plan de Dieu
marche vers son accomplissement. (Lév. XXVIII, 42-45 ;
Deut. XXX, 1-6.) *Balaam* proclame la gloire future d'Israël
et sa domination sur les nations voisines (Nomb. XXIV,
17 *ss.*) ; enfin *Moïse* annonce qu'il y aura désormais, pour
parler au peuple de la part de Dieu, un intermédiaire, un
prophète. (Deut. XVIII, 15-19.) C'était aussi là une pierre
d'attente jusqu'à celui qui devait réaliser pleinement la mé-
diation entre Dieu et l'homme.

Par la conquête du pays de Canaan la promesse n'était
réalisée qu'en partie ; aussi, après plusieurs siècles de si-

lence, se réveille-t-elle sous *David* plus forte et plus précise. C'est par la royauté et par un descendant de David, que s'accomplira le but théocratique d'Israël (2 Sam. VII; comp. 1 Chron. XVII), et, pleins de cette espérance, les auteurs de poésie sacrée, *David* (Ps. II et CX), *Salomon* (Ps. LXXII), les *fils de Coré* (Ps. XLV), tracent l'image d'un *Roi* qui dominera sur toutes les nations, qui sera l'*Oint* de l'Eternel par excellence et « *Sacrificateur* pour l'éternité, à l'instar de Melchisédek. » (Ps. CX, 4.)

Telle est en résumé la promesse sur laquelle reposait l'attente des prophètes et dont ils devaient être à leur tour les porteurs. Elle s'était peu à peu précisée, elle avait pris déjà, surtout dans les psaumes II et CX, un caractère messianique prononcé ; mais pendant les deux siècles qui suivent le schisme, ce développement s'interrompt. A la vue du royaume déchiré et de l'idolâtrie croissante, les grands prophètes de cette époque, Elie et Elisée, ne paraissent préoccupés que de maintenir le droit de Dieu sur son peuple. Ils sont engagés dans une lutte violente et décisive qui les absorbe entièrement; mais, si l'espérance messianique semble se retirer à l'arrière-plan, pour faire place à l'action, elle n'est pourtant pas éteinte. Elle vivait sans doute dans les colléges de prophètes, et nous ne nous expliquerions pas sans elle la foi, l'énergie, la fidélité persévérante des hommes de Dieu de ce temps.

Cette espérance est aussi à la base du premier livre prophétique, le livre de *Joël* [1], quoiqu'il n'y soit pas fait mention d'un Messie personnel. Le prophète, témoin de la désolation produite par une invasion de sauterelles, invite le peuple à un jeûne solennel, pour implorer de Dieu la

---

[1] Joël prophétisa, selon toute probabilité, dans la première partie du règne de Joas (877-837).

délivrance. Si les habitants de Jérusalem s'humilient, s'ils « déchirent leur cœur, non leurs vêtements, » l'Eternel, leur Dieu, « qui envoie les maux à regret, » éloignera d'eux le terrible fléau, il leur rendra l'abondance et la prospérité. De ce jugement et de cette délivrance temporaire, le prophète élève sa pensée à une délivrance plus grande que Dieu accomplira en « versant son Esprit sur toute chair,... avant que vienne la journée de l'Eternel, la grande et redoutable journée, » où celui-là seul qui « invoquera le nom de l'Eternel sera sauvé. » Alors il y aura des « réchappés sur la montagne de Sion et à Jérusalem,... l'Eternel ramènera les captifs de Juda et de Jérusalem, » puis il « fera descendre tous les peuples dans la vallée de Josaphat, et là il siégera pour les juger. » — « Mettez la faucille aux blés, car la moisson est mûre. Venez ! foulez ! car le pressoir est plein, les cuves regorgent ; car grande fut leur méchanceté. Il y a foule, foule dans la vallée du jugement ! Car la journée de l'Eternel est proche dans la vallée du jugement. Le soleil et la lune s'obscurcissent, et les étoiles retirent leur éclat, et l'Eternel rugit de Sion, et de Jérusalem il fait entendre sa voix, et les cieux et la terre tremblent. Mais l'Eternel est un refuge pour son peuple et un boulevard pour les enfants d'Israël. Et vous reconnaîtrez que moi, l'Eternel, je suis votre Dieu habitant en Sion, ma sainte montagne, et Jérusalem sera un sanctuaire et des étrangers n'y pénétreront plus. » (Joël IV, 13-17.)

Le livre de Joël peut être considéré comme un type des prophéties qui concernent le peuple d'Israël. Les écrits des autres prophètes en sont le développement ; souvent les mêmes images et les mêmes expressions s'y retrouvent, toujours les mêmes traits essentiels : 1° Israël est porteur d'une espérance indestructible, il ne peut être anéanti. —2° Dieu par ses jugements le châtie et le purifie, mais il y a toujours un reste qui survit. — 3° C'est par son peuple que Dieu répandra son Esprit sur toute chair, et quand viendra la journée redoutable de l'Eternel, l'Israël selon l'esprit, c'est-à-dire ceux qui invoqueront le nom de l'Eternel, sera sauvé. — 4° Enfin un grand jugement frappera les ennemis de Dieu, jugement que le prophète présente comme la glorification du peuple d'Israël et la ruine de ses adversaires. — Ces données premières se précisent et se complètent dans le cours de l'histoire par des révélations successives; elles servent de cadre à la prophétie messianique proprement dite. Je me borne à les rappeler en passant, vu que je dois me limiter à ce qui concerne la personne même du Messie.

Amos que Dieu envoie de Juda au royaume d'Ephraïm, pour lui dénoncer les jugements de Dieu, ne rappelle que très brièvement la promesse messianique, en disant que l'Eternel « agitera la maison d'Israël entre toutes les nations, comme on agite avec le crible, mais que le grain ne tombera pas à terre; car le temps viendra où *Dieu relèvera la hutte déchue de David*, refermera ses brèches, réparera ses ruines et l'édifiera, comme aux jours d'autrefois. » (Am. IX, 9-11.)

Le livre d'*Osée* est, comme celui d'Amos, un livre de menaces; cependant l'espérance y est moins effacée. Elle y est fondée sur l'amour de Dieu pour son peuple, amour que le prophète dépeint en termes vifs et touchants : « Comment dois-je te traiter, Ephraïm ? en agir avec toi, Israël ? Quoi! dois-je te traiter comme Adma, t'assimiler à Tseboïm ? Mon cœur se retourne en moi, toutes mes compassions s'allument; je ne donnerai pas suite à l'ardeur de mon courroux (XI, 8, 9.) .... Je te fiancerai à moi pour l'éternité et je te fiancerai à moi avec justice et droit, et avec grâce et miséricorde, et je te fiancerai à moi avec

fidélité et tu connaîtras l'Eternel. » (II, 21-22.) — La prophétie messianique proprement dite n'est indiquée que
dans III, 5, où le prophète annonce que les enfants d'Israël
reviendront à David, leur roi : « Longtemps ils resteront
sans roi et sans prince et sans sacrifice et sans statue et
sans éphod ni théraphims. Après cela ils reviendront et ils
chercheront *l'Eternel, leur Dieu, et David, leur roi,* et ils
précipiteront leurs pas vers l'Eternel et vers sa grâce, dans
la suite des temps. »

Telle est l'histoire sommaire de la prophétie messianique
jusqu'à Esaïe.

§ 2.

Le prophète Esaïe.

Les écrits d'Esaïe, fils d'Amots, ont été de tout temps,
chez les Juifs comme chez les chrétiens, l'objet d'une admiration universelle. Jésus Sirach l'appelait déjà le « grand
prophète, » Eusèbe, « le plus grand des prophètes, » Jérôme
voit en lui un « évangéliste, » plutôt qu'un prophète ; Luther
le place au premier rang, qu'il considère la substance ou
la perfection de la forme : « Si quis penitus posset introspi-
cere adfectus prophetæ, videret in singulis verbis caminos
ignis et vehementissimos ardores esse. » — De nos jours
encore, même ceux qui partagent leur admiration entre
l'Esaïe des douze premiers chapitres et celui de la seconde
partie, décernent la couronne au premier, pour les qualités
extérieures du discours tout au moins.

Du prophète lui-même, de sa famille, de sa vie privée,
nous ne savons que peu de chose. Il vivait à Jérusalem, il

était marié (VIII ,3), il avait plusieurs fils (VII, 3 ; VIII, 3),
dont les noms , *Sshear-jaschoub*, *Maher-schalal-casch-baz*,
comme le sien propre (יְשַׁעְיָ֫הוּ ; salut de Jéhova),
étaient des « signes en Israël de par l'Eternel des armées. »
(VIII, 18.) — La vie publique d'Esaïe nous est un peu
mieux connue. Il remplit sa mission de prophète au temps
des rois *Hosias, Jotham, Achaz, Ezéchias,* ce qui nous donne
depuis l'année de la mort d'Hosias jusqu'à celle de l'avé-
nement de Manassé une période de soixante-deux ans
(757-695). Nous avons d'Esaïe lui-même (ch. VI) le récit
de la vision magnifique qui détermina sa vocation. Il vit
l'Eternel assis sur un trône élevé, entouré des séraphins
qui s'entre-répondaient en disant : « Saint, saint, saint est
l'Eternel des armées ! » A ce spectacle il est saisi d'effroi, il
s'attend à périr, car lui « un homme aux lèvres impures ,»
habitant « au milieu d'un peuple aux lèvres impures ,» il
a vu de ses yeux le Roi, l'Eternel des armées. Mais un des
séraphins s'approche, lui touche la lèvre d'une pierre brû-
lante prise sur l'autel, puis la voix du Seigneur se fait entendre disant : « Qui enverrai-je ? » et l'humble Israélite purifié par son Dieu n'a plus qu'une réponse : « Me voici ! en-
voie-moi ! » — C'était pourtant une mission sévère et pleine
de périls qu'acceptait le prophète. Sous le règne d'Achaz
en particulier il eut à lutter contre la plus honteuse idolâtrie, le culte de Baal et celui de Moloch plus horrible encore , contre le luxe et l'immoralité du peuple, contre l'impiété du roi, contre la politique funeste qui livrait le pays à
son plus redoutable adversaire. Partout nous retrouvons
l'homme de Dieu fidèle, annonçant tout le conseil de son
Maître , les jugements et les lointaines bénédictions, avec
une inébranlable énergie et cette chaleur qu'inspire la plus
ardente compassion. — Ezéchias rendit moins ingrate
la tâche d'Esaïe. Il abandonna résolûment l'idolâtrie

2

dont son père lui avait donné le triste exemple, rétablit le
culte du vrai Dieu, remit en honneur la célébration de la
Pâque, depuis longtemps négligée (2 Chron. XXX); en un
mot, « il s'attacha à l'Eternel et ne se détourna point de
lui » (2 Rois XVIII, 6), tellement qu'on lui rend le témoignage qu'aucun des rois de Juda, ni avant ni après, ne lui
fut comparable. (2 Rois XVIII, 5.) Toutefois, contre l'avis
du prophète (Esa. XXX et XXXI), il rechercha l'alliance de
l'Egypte, et *Sanchérib*, roi d'Assyrie, saisit ce prétexte pour
s'emparer de toutes les villes fortes de Juda et mettre le
siége devant Jérusalem, quoique Ezéchias eût consenti
déjà à lui payer un tribut considérable. Esaïe rassure le roi
et le peuple, il leur annonce la retraite prochaine de l'ennemi; bientôt en effet une épidémie subite qui frappa en
une nuit cent quatre-vingt-cinq mille hommes de l'armée
assyrienne, et la nouvelle que le roi d'Ethiopie, Thiraca,
s'approchait pour le combattre, obligèrent Sanchérib à se
retirer. — Ce fut Esaïe encore qui dut apporter à Ezéchias
malade ce triste message : « Dispose de ta maison, car
tu vas mourir, » mais revint bientôt après pour lui dire de
la part de Dieu : « J'ai exaucé ta prière, j'ai vu tes larmes;
voici, je te vais guérir » (2 Rois XX, 5.) — Nous n'entendons plus dès lors, de la carrière publique du prophète,
qu'une seule parole, c'est la funeste prédiction que tous
les trésors montrés par Ezéchias avec tant de complaisance
et de vanité aux envoyés de Mérodack-Baladan, seraient
un jour transportés à Babylone. Ici s'arrêtent les données
précises sur la vie du prophète Esaïe. La tradition juive
veut qu'il ait prolongé ses jours jusqu'au règne de Manassé
et subi le martyre par l'ordre de ce prince cruel.

Le livre que nous possédons sous le nom d'Esaïe, attribué précédemment tout entier à un même auteur, a été,
depuis la fin du siècle dernier, l'objet d'études critiques

très sérieuses, qui ont eu jusqu'ici pour résultat essentiel
de mettre en présence deux opinions bien tranchées. Parmi
les exégètes qui se sont occupés de ce sujet, les uns (Hengst., Kleinert, Hævernick, Keil, Stier, Hahn, Delitzsch, etc.)
maintiennent l'authenticité intégrale du livre, les autres
(Rosenm., de Wette, Ges., Hitz., Kn., Umbr., Thol., Ewald,
Beck, etc.) en refusent à Esaïe plusieurs fragments, entr'autres les chap. XIII-XIV, XXI, XL-LXVI, pour les attribuer
à un Deutéro-Esaïe vivant à l'époque de la captivité. Il va
sans dire qu'il m'est impossible d'entrer ici dans une discussion critique qui m'éloignerait à tout jamais de mon sujet.
Je me borne à indiquer les parties du livre dont l'authenticité est, on peut le dire, universellement reconnue. Ce
sont les chap. : I-XII, XVII-XVIII, XX, XXII, XXVIII-
XXXII, XXXVII, 23-35. On peut y joindre aussi les chapitres XIX et XXIII.

Même réduite à ce minimum, l'œuvre d'Esaïe mérite tous
les éloges qui lui ont été décernés. Chez aucun prophète la
puissance de la vie religieuse et le génie artistique ne se
combinent d'une manière plus parfaite. La source jaillit du
cœur, abondante et pure, tantôt avec douceur, tantôt avec
véhémence ; mais toujours on sent que le prophète est
maître de lui, qu'il commande à ses inspirations, qu'il
les contient et les dirige. Aussi aucun des écrivains sacrés
ne laisse-t-il plus que lui l'impression de la force. Il y joint
la majesté, la richesse, une incomparable souplesse de génie
qui lui permet d'exprimer le sentiment religieux sous les
formes les plus diverses et d'être partout un maître. « Ii
n'est pas essentiellement lyrique, ou élégiaque, ou orateur,
comme Joël, Osée, Michée, chez lesquels domine une cou-
leur particulière ; mais il dispose, suivant les exigences du
sujet, de tous les genres du discours [1]. » Ce ne sont là que

---

[1] Ewald : *Die Proph. des A. B.* I, 173.

les mérites de la forme. Que serait-ce, si nous voulions parler de l'élévation et de la spiritualité de ses vues religieuses, de l'énergie de sa foi, de l'ardent amour qu'il portait à son peuple? Il gémit de le voir s'égarer dans les voies de l'infidélité, il cherche à le ramener, tantôt par des accents de la plus pénétrante douceur, tautôt par le tableau sinistre des jugements de Dieu. Mais une lueur lointaine projette sa bienfaisante clarté jusque sur les ruines désolées et les champs de carnage; le prophète est toujours l'apôtre de l'espérance, Israël ne peut périr. Quoiqu'il arrive, l'attente du peuple fidèle ne sera point trompée, « un reste se convertira » et saluera par des cantiques de réjouissance la venue du Fils de David.

Cette dernière face de l'œuvre d'Esaïe devient maintenant l'unique objet de notre étude. On me reprochera peut-être des lacunes, l'omission de plusieurs passages qui se rapportent évidemment aux temps messianiques. C'est à dessein que je me borne à ce qui concerne plus spécialement la personne même du Messie.

§ 3.

Le Germe de l'Eternel. (IV, 2-4.)

Esaïe commence l'oracle des chap. II-IV en annonçant, ainsi que le prophète Michée (chap. IV), que dans la suite des temps la montagne de la maison de l'Eternel aurait ses fondements sur le sommet des montagnes et que des nations nombreuses s'achemineraient vers elle en disant: « Venez, et montons à la montagne de l'Eternel. » Il en prend occasion d'exhorter aussi la maison de Jacob à « marcher à la lumière de l'Eternel. » Il lui reproche son égarement, il lui dénonce le redoutable jugement de Dieu, par lequel tout ce qui s'élève sera humilié, puis il trace un tableau saisissant de la misère du peuple, lorsque l'Eternel lui aura enlevé « tout appui et toute ressource. » Les menaces du prophète sont surtout sévères contre les anciens et les chefs qui « foulent le peuple et meurtrissent le visage des misérables, » contre les « filles de Sion, » dont le luxe et la fierté sont une offense à la majesté divine. Mais après la désolation viendra la bénédiction : « En ce jour-là, le *Germe de l'Eternel* sera l'ornement et la gloire, et le fruit de la terre sera l'orgueil et la parure des restes échappés d'Israël. Et quiconque sera laissé en Sion et survivra en Jérusalem, portera le nom de Saint, quiconque sera inscrit au livre des vivants en Jérusalem, quand le Seigneur aura lavé les ordures des filles de Sion, et fait disparaître le sang de Jérusalem de son sein, par l'Esprit de jugement et par l'Esprit d'extermination. » (Es. IV, 2-4.) C'est ainsi que la venue du Messie transformera l'état du pays et du peuple.

Les interprètes sont loin d'être d'accord sur la valeur des mots : « *Germe de l'Eternel.* » Knobel, d'après Grotius, Eichhorn, etc. y voit une désignation du « *reste du peuple.* » Il s'appuie sur des passages tels que LXI, 3; LX, 21, où l'Israël purifié est appelé « plant de l'Eternel, rejeton que l'Eternel a planté. » Il paraphrase ainsi : « Le *reste du peuple* prospère et parvient à un état florissant et glorieux, ... les produits du pays réussissent d'une manière extraordinaire, et sont une parure.... pour les réchappés d'Israël. » Mais alors les derniers mots du verset, « *pour les réchappés d'Israël,* » ne pourraient se rapporter qu'au second hémistiche, non à tous les deux, ce qui serait pourtant la liaison de beaucoup la plus naturelle. Aussi cette explication est-elle

généralement abandonnée pour celle qui entend le premier
terme, « *Germe de l'Eternel,* » aussi bien que le second,
« *fruit de la terre,* » des *produits du pays* (Hitz., Ew., Hofm.
etc.) Le *germe de l'Eternel* serait donc « *ce que l'Eternel fait
germer.* » On fait ressortir en faveur de cette opinion les
exigences du parallélisme, le passage Gen. II, 9 : « L'Eternel
fit germer du sol toutes sortes d'arbres, etc., » l'expression
טוּב יְהֹוָה (Jér. XXXI 12; Osée III, 4) qui désigne dans
Jérémie « le blé, le vin, l'huile, le menu et le gros bétail. »
Le sens général du passage serait d'après Hofmann : « Par
cette affliction l'Eternel amène un état de choses qui lui est
agréable, car on ne veut plus briller par de l'or, de l'argent,
des chevaux et des chars (II, 7), ou par toutes sortes d'orne-
ments artificiels (III, 18, *ss.*); mais on trouve son ornement
dans ce que l'Eternel fait produire au pays [1].» Cette explication a contre elle l'expression même de *germe de l'Eternel,* qui
ne trouve qu'un corrélatif assez éloigné dans le passage de
Jérémie où il est question des *biens de l'Eternel.* En outre
le mot « *Germe* » ne peut se prendre d'une manière absolue
pour l'ensemble des produits végétaux désignés dans ce
même verset par les mots : « *fruit de la terre.* »

L'interprétation *messianique* demeure la plus simple et la
plus conforme à l'usage de la langue. Elle est suivie, avec
quelque divergence entr'eux, par Rosenm., Hengst., Drechsl., Umbr. etc. Le Messie en effet est fréquemment présenté par les prophètes sous une image semblable. Jérémie
lui donne ce même titre (צֶמַח) : « Voici, les jours viennent,
dit l'Eternel, où je susciterai à David un *germe juste,* » etc.,
(XXIII, 5) ; « dans ces jours et ce temps-là je ferai germer
à David un *germe de justice,* etc. » (XXXIII, 15). — Dans Za-
charie cette qualification du Messie reçoit même la valeur

[1] Weiss. und Erf., I, pag. 213.

d'un nom propre: « Voici, je fais venir mon serviteur,
Germe, etc. » (III, 8): « Voici un homme dont le nom est
Germe, etc. » (VI, 12.) — Esaïe lui-même (XII, 1) compare
Isaï, le père de David, à une « *souche* » de laquelle sort le
Messie comme un « *rameau* » (חֹטֶר), à une « *racine* » qui
pousse un « *rejeton* » (נֵצֶר [1]). Cette image est donc commune chez les prophètes, et si, de l'aveu presque unanime
des commentateurs, elle sert partout ailleurs, notamment
dans Esa. XI, à désigner le Messie, pourquoi se refuser à lui
donner la même valeur dans notre passage? Le contexte
est aussi favorable que dans les chapitres IX et XI à une interprétation messianique. C'est toujours, après un redoutable jugement, la paix et la prospérité rendues par le Fils
de David.

Les mêmes rapprochements qui nous obligent à appliquer au Messie l'expression « *Germe de l'Eternel*, » nous
empêchent de l'entendre, comme Vitringa et Hengst., dans
le sens de « *Germe issu de l'Eternel*. » Partout cette image
de germe ou de rejeton indique le rapport du Messie à la
race de David, et l'on ne peut par conséquent admettre le
parallélisme que voudraient établir ces commentateurs
entre « *Germe de David*, » et « *Germe de l'Eternel*. » Ces derniers mots signifient: « *Le Germe de David que donnera
l'Eternel*. » (Drechsl.)

Le second hémistiche de notre verset: « *Le fruit de la
terre* sera l'orgueil et la parure, » etc., donne aussi lieu à
diverses interprétations. Drechsler fait observer que פְּרִי
הָאָרֶץ ne désigne pas dans l'A. T. le fruit de la terre en général, mais le « *fruit du pays* » et il prend ces mots en un sens
figuré comme une seconde désignation du *Messie*. Il ratta-

---

[1] Comp. encore Esa. XI, 10; LIII, 2, où le Messie est appelé שֹׁרֶשׁ
et יוֹנֵק.

che cette idée à l'ensemble de l'oracle de cette manière-ci:
« L'Israël de l'avenir aura de meilleures dispositions que le
peuple actuel. Au lieu de s'attacher à la créature et aux
idoles, il cherchera sa gloire en *Celui qui vient de l' Eternel.*
(Germe de l'Eternel.) Au lieu de courir vers l'étranger, il
mettra son honneur en Celui qui est la *semence d'Abraham*
depuis longtemps promise (fruit du pays). » A l'appui de
cette explication figurée on invoque le parallélisme des deux
hémistiches et l'argument de Vitr.: « De terrestri enim pro-
ventu hæc verba intelligere vetat *magnificentia orationis* [1]. »
Mais les prophètes pourraient bien avoir sur la majesté du
discours des idées plus larges que celles du savant commentateur hollandais, et ce motif d'ailleurs ne nous suffirait
pas, pour nous lancer ainsi dans le champ de l'hypothèse.
Rien ne nous oblige à prendre les mots « *fruit de la terre* »
autrement que dans leur sens naturel, et je ne saurais voir
pourquoi cette mention de la fertilité du pays serait ici dé-
placée. Elle se trouve habituellement dans le tableau des
temps messianiques que nous tracent les prophètes (Esa.
XXX, 23-26; Esa. XXXVI, 33-36), et dans notre passage
elle fait ressortir d'autant plus le contraste entre la prospérité future et ces jours de désolation, où « l'Eternel des armées avait ôté de Jérusalem et de Juda toute ressource de
pain et toute ressource d'eau. » (III, 1.) Knobel objecte que
le *Messie* d'une part et d'autre part les *produits du pays*
ne peuvent pas former deux termes parallèles. Mais il
prend la seconde de ces expressions dans un sens évidemment trop étroit; elle marque l'abondance générale dont
jouiront « les restes échappés d'Israël. »

Ainsi ce premier passage nous présente déjà ce « *Germe*

[1] Ce dernier commentateur voit dans le *Germe de l'Eternel* et le
fruit de la terre la nature divine et la nature humaine du Messie.

juste » que l'Eternel suscitera à David. La nation rebelle
recevra le châtiment de son orgueil, de ses violences et de
son impiété ; mais pour ceux qui seront encore « inscrits au
livre des vivants, » la venue du Messie inaugurera une ère
d'abondance, de bonheur et de sainteté.

§ 4.

Immanuël. (VII, 1 - IX, 6.)

Sous le règne d'Achaz († 754), le roi de Syrie, Retsin, et
le roi d'Israël, Pékach, entreprirent ensemble une expédition
contre Juda. A cette nouvelle « le cœur d'Achaz trembla,
comme tremblent les arbres de la forêt au souffle du vent. »
Mais le prophète Esaïe, avec Schear-jaschoub, son fils, vint
au-devant du roi, pour lui annoncer de la part de l'Eternel
qu'il n'avait rien à craindre de ses ennemis. Remarquant
sans doute l'incrédulité d'Achaz, il ajoute : « Si vous ne
croyez pas, vous ne vous soutiendrez pas, » puis il invite
le roi à demander que Dieu confirme par un signe la parole de son prophète. Achaz refuse ; mais Esaïe lui donne
cependant une marque, à laquelle on reconnaîtra qu'il avait
bien parlé de la part de Dieu : il annonce la naissance prochaine d'un enfant qui portera le nom significatif d'*Immanuël* et sera comme un témoignage vivant de la délivrance
que Dieu va bientôt accorder à Jérusalem : « Ecoutez, maison de David ! Est-ce trop peu pour vous de lasser les hommes, que vous lassiez aussi mon Dieu ? C'est pourquoi
l'Eternel lui-même vous donnera un signe : Voici, la jeune
femme concevra et elle enfantera un fils et l'appellera *Immanuël*. Il mangera du lait et du miel, jusqu'à ce qu'il

sache rejeter le mal et choisir le bien. Car avant que l'enfant sache rejeter le mal et choisir le bien, le pays dont les
deux rois t'alarment, sera désolé. » (VII, 13-16.)

Cet oracle d'Esaïe a de tout temps exercé la sagacité des
commentateurs et donné lieu à des interprétations très diverses. L'explication messianique traditionnelle qui voit dans
notre passage une prédiction de la naissance surnaturelle de
Jésus-Christ, se heurte contre des difficultés qui me paraissent insurmontables. Elle a contre elle d'abord le sens du
mot עַלְמָה (¹) qui n'implique pas nécessairement l'idée de
virginité, mais celle de jeunesse et de vigueur. En outre
rien dans ce passage, ni dans la suite de l'oracle, n'éveille
l'idée d'une conception surnaturelle. Si le prophète avait
eu cette pensée, il l'aurait sans doute mise particulièrement
en relief, ou du moins exprimée avec plus de clarté. — En
troisième lieu, cette interprétation détache le v. 14 de son
contexte, au point de rendre les versets suivants incom-
préhensibles. On aurait déjà quelque peine à concevoir
qu'Esaïe en appelât à la future naissance du Messie, comme
confirmation d'une délivrance qu'il jugeait très prochaine,
et les v. 15 et 16 confirment ces scrupules, en nous mon-

¹ עֶלֶם est dérivé de עָלַם (pubes fuit) de la même manière que
adolescens de *adolescere*, et désigne un jeune garçon dans la première vigueur de l'âge. עַלְמָה est donc une *jeune fille dans l'âge
d'adolescence*, « de même que נַעֲרָה, en grec νεᾶνις » (Ges.) — « Neque
illibatæ virginitatis notio in hoc vc. inest, quam propria voce בְּתוּלָה
exprimunt, neque conditionis innuptæ, sed ætatis nubilis et puber-
tatis » (Ges. Lexicon.) — Drechsler lui-même, qui considère comme
synonymes les deux mots בְּתוּלָה et עַלְמָה, ajoute cependant que
« le premier désigne la jeune fille en tant que virgo illibata, le second, en tant que virgo nubilis. »— Delitzsch aussi reconnaît « qu'on
pourrait dire d'un homme dont la femme aurait l'air encore jeune,
qu'il a pour femme une עַלְמָה ». (Comm. pag. 131.)

trant que le prophète entend bien parler d'un fait presque
immédiat, d'un enfant qui naîtra dans un avenir très
rapproché, même avant la retraite des Syriens et des Ephraïmites. *Hengst.* et *Drechsler* ne se dissimulent pas cette difficulté, ils cherchent à la résoudre par le principe « que les
prophètes concentrent en un seul point l'avenir entier
avec toutes ses évolutions, . . . que le temps et les distances disparaissent comme quelque chose d'extérieur et d'in-
différent, à côté de l'essence même des choses. » (Drechsler
I, 289.) Ce principe est juste, il est fondamental dans l'étude
de la prophétie; il faut seulement l'appliquer avec discernement, et nous verrons tout à l'heure comment cela doit
se faire ici. Mais pourquoi le soumettre à une épreuve inutile, « la plus rude qu'il ait à subir, » de l'aveu de Drechsler
lui-même, quand d'ailleurs il laisse la question parfaitement intacte? Il n'en faut pas moins reconnaître, d'après
les v. 15 et 16, que notre passage se rapporte à un fait très
prochain et que, si l'enfant qui doit naître est le Messie,
Esaïe l'attendait alors déjà.

Ewald accepte cette conséquence et modifie en ce sens
l'interprétation messianique. D'après lui, Esaïe attendait
l'accomplissement du Royaume de Dieu, lorsque le peuple
aurait été châtié et purifié par l'invasion *assyrienne;* les
Syriens et les Ephraïmites devaient donc se retirer bientôt,
pour laisser le champ libre à l'adversaire plus redoutable
que Dieu allait charger d'exécuter ses jugements. Ainsi 1°
la délivrance du danger actuel, 2° la conquête assyrienne,
3° le salut du peuple éprouvé et régénéré, étaient les trois
degrés de l'évolution historique qui se présentait à l'esprit
du prophète. Le Messie devant être l'instrument essentiel de
la dernière grande délivrance, il était naturel que son
propre développement fût mis en rapport avec celui du
peuple. 1° Sa naissance correspond à la retraite des deux

rois alliés (VII, 14, 16); 2° le temps de sa jeunesse, à la
période de souffrances qui doit suivre et dont il partage
tous les maux avec ses concitoyens (VII, 14, 17, *ss;* VIII, 8);
3° son âge mûr, au salut définitif dont il est le porteur et le
garant. (VIII, 23 - IX, 6.) — « C'est ainsi que germent et
grandissent à travers toutes les vicissitudes son salut et
celui du peuple dans une indissoluble union.» (*Die Proph.
des A. B.* I, pag. 212 *ss.*)

Cette explication qui paraît à première vue assez attrayante, n'est pourtant pas sans difficultés. D'abord les
prophètes antérieurs à l'exil n'annoncent jamais la venue
du Messie pour une époque si rapprochée ni si précise. Ils
laissent les temps indéterminés et se bornent à présenter
les deux grands faits qui résument les futures dispensations de Dieu envers son peuple, le châtiment et la délivrance. En outre, d'après Esaïe lui-même (Esa. IV, 2 ; IX,
6; XI, 1), et son contemporain Michée, le Messie devait
être un descendant de David. Si donc sa naissance était si
prochaine, il ne pouvait être que le fils d'Achaz, *Ezéchias*;
or Ezéchias était âgé d'au moins dix ou onze ans, quand
notre oracle fut prononcé.

Hofmann [1] a transformé d'une manière assez originale
l'interprétation messianique. Il considère le vers. 14 comme
une interpellation qui serait adressée à la maison de David
et reviendrait à ceci : « Ecoute, toi qui n'es pas mariée, tu
enfanteras un fils que tu appelleras *Dieu avec nous.* » La
maison de David est comparée à une עַלְמָה, elle attend que
sa destination s'accomplisse, accomplissement que le prophète assimile à un mariage. A vues humaines, elle reste
dans la honte du célibat pendant cette période d'attente,
jusqu'à ce qu'elle ait un fils auquel on reconnaîtra son

---

[1] Weiss. und Erf. I, pag. 221-230.

époux ; car Jéhova est son époux, seulement il ne lui a pas
encore ouvertement témoigné sa faveur. Sur ce fils, depuis si longtemps promis et désiré, repose le parfait accomplissement des déclarations divines. En lui la maison de
David elle-même trouvera l'assurance de sa communion
avec l'Eternel, et, dans sa joie elle s'écriera : *Dieu avec nous* !
—Cet enfant naîtra dans un temps de désolation et devra
se nourrir des produits du désert. L'opposition entre le
glorieux nom de ce fils de Dieu et les misérables aliments
dont il doit vivre, tel est précisément le signe donné par le
prophète. Il renferme un châtiment et une promesse. Il
commence à s'accomplir par l'invasion assyrienne et s'achè-
vera par la venue d'Immanuël dans le pays dévasté. — Cette
interprétation, indépendamment des difficultés philologi-
ques qu'elle soulève, a le tort d'être trop ingénieuse. On a
peine à concevoir quelque chose de plus dur que cette
brusque interpellation adressée à la maison de David, c'est-
à-dire à Achaz : « Voici, toi qui n'es pas encore mariée, tu
enfanteras un fils, etc. »

Nous sommes donc amenés à conclure que dans notre
passage (v. 14-16), Immanuël n'est pas le Messie lui-même,
mais un enfant dont Esaïe connaît et annonce la naissance prochaine. Cet enfant est-il un fils du prophète, un
frère de Schear-Jaschoub et de Maher-Schalal-Casch-Baz ?
Sa mère est-elle la première femme d'Esaïe (*Hitz.*), ou
bien une seconde (*Ges.*), ou telle autre jeune femme de Jérusalem (*Umbr.*)? Le champ de l'hypothèse est libre, mais il
me paraît oiseux d'y entrer. Il vaut mieux reconnaître tout
simplement que ce point est laissé dans l'ombre. La seule
chose qu'il nous importe de savoir et qui ressorte clairement du texte, c'est que cet enfant et le nom qu'il reçoit
sont un « signe de par l'Eternel des armées. » Immanuël,
par les circonstances au milieu desquelles il naîtra, par

l'intime corrélation établie entre son premier développement
et la retraite des ennemis de Juda, enfin, durant toute sa
vie, par le nom qu'il portera, sera un témoignage visible
de la présence permanente de Dieu au sein de son peuple,
même dans les temps de calamité publique. Pour Achaz
ce signe avait une valeur semblable à ce que devait être
pour les contemporains de Jérémie l'achat d'un champ
pendant le siége de Jérusalem. (Jér. XXXII.) Le vase de
terre qui renfermait « une lettre d'achat scellée et une lettre ouverte, » disait à tous que la victoire de Nébucadnézar
n'anéantirait pas les promesses de Dieu, qu'après la ruine
et la captivité, l'Eternel se souviendrait de son peuple et
qu'on « achèterait encore dans le pays des maisons, des
champs et des vignes. » La naissance d'Immanuël montrait de même au roi que » la colère de Retsin et du fils de
Remalia » serait sans effet, que le salut ne se ferait pas
attendre, puisque Dieu était avec Jérusalem.

Pour le prophète lui-même ce signe de la présence de
Dieu avait une portée plus étendue. Esaïe voyait dans l'avenir de bien autres dangers et de bien autres délivrances :
aussi, à peine a-t-il annoncé la retraite de l'ennemi, qu'il
montre au roi, d'une part, le point noir à l'horizon, où
s'amasse un terrible orage, d'autre part, ce salut glorieux,
cette « grande lumière qui resplendira dans le pays de
l'ombre de la mort » et qui s'approche du même pas. —
C'est ici que le principe invoqué par Hengst. et Drechsler
trouve son application naturelle. De même que le prophète
Joël prend occasion d'un jugement temporaire et partiel,
pour annoncer le grand jugement qui frappera tous les peuples « dans la vallée de Josaphat, » de même que Jésus réunit en une seule prophétie la destruction de Jérusalem et la
fin du monde, de même aussi Esaïe voit dans l'enfant Immanuël non-seulement le gage de la protection divine et

d'une prochaine délivrance ; mais le *type de Celui* qui ouvrira pour son peuple et pour l'humanité l'ère messianique. Cette vue prophétique se développe dans la suite de l'oracle.

La délivrance du danger actuel, prompte, mais passagère, n'était en réalité que le premier pas vers une ruine plus complète. Esaïe fait un sombre tableau de ces calamités nouvelles. Le roi d'Assyrie, appelé par Achaz lui-même (2 Rois XVI, 7), en sera l'instrument entre les mains de Dieu; il ravagera le pays, au point de n'y laisser que des épines et des ronces, il envahira Aram et Ephraïm, puis il attaquera le royaume de Juda qui deviendra le point de rencontre de deux puissances rivales, l'Assyrie et l'Egypte. Cette dévastation sera subite et prompte, comme le fait prévoir le nom symbolique d'un fils d'Esaïe : « Pillage-prompt-proie-subite ; » mais avec la ruine croissante, la certitude de la présence et du secours de Dieu grandit aussi. Immanuël n'est plus un faible enfant, symbole d'une délivrance éphémère, il est le maître souverain du pays (VIII, 8), celui qui met à néant les plans des adversaires. (VIII, 9, 10.) Il change les ténèbres en lumières, il apporte avec lui le salut, le bâton de l'oppresseur est brisé, les vêtements de guerre roulés dans le sang sont brûlés, « *car un enfant nous est né, un Fils nous est donné, et l'empire repose sur son épaule, et on lui donne pour nom Merveille, Conseiller, Dieu fort, Père éternel, Prince de paix, pour l'accroissement de l'empire et pour une paix sans fin sur le trône de David et sur son Royaume, afin de l'affermir et de le soutenir par le droit et la justice dès maintenant à l'éternité.* » (IX, 5-6.)

Les commentateurs sont à peu près unanimes pour appliquer cette prophétie au Messie. Il n'y a guère que *Grotius* et *Gésénius* qui la rapportent à *Ezéchias*, selon l'interprétation du Talmud et des rabbins. Mais d'une part, il

serait étrange qu'Esaïe eût parlé en ces termes d'un jeune
prince de 12 à 13 ans, d'autre part, notre oracle se lie si
intimement à celui du chap. XI, que Gésénius ne peut que
par une visible contradiction entendre ce dernier du Messie.

L'idée dominante de cette prophétie (VIII, 23 - IX, 6) est
l'opposition entre la nuit, l'égarement, les calamités de
toute nature qui attendent l'Israël infidèle, et le règne de
lumière, de joie et de paix qu'amènera la venue du Libérateur. Le prophète a décrit le désespoir de ceux qui « mau-
dissent leur Roi et leur Dieu. Ils tournent leurs yeux en
haut, et ils regardent sur la terre, et voici, c'est détresse et
obscurité, ténèbres angoissantes. » Mais la nuit n'est pas à
toujours. Zabulon et Nephtali, les rivages de la mer de Ti-
bériade, le pays au-delà du Jourdain, la contrée des Gentils
(plus au nord vers le lac Mérom), toute cette région, la plus
déshéritée de l'héritage d'Israël, corrompue par le mélange
des païens, récemment désolée (sauf Zabulon) par une invasion de *Tiglath-Pileser* (2 Rois XV, 29), « ce peuple qui
marche dans les ténèbres, verra une grande lumière. » Le
ministère de Jésus-Christ en Galilée, à Capernaüm, à Naza-
reth, etc. fut la réalisation de cette promesse. (Math. IV, 13-
16.) — Esaïe annonce encore un autre sujet de joie : le joug
pesant et le bâton de l'oppresseur seront brisés par la seule
force de l'Eternel, comme au jour de Madian (Jug. VII),
puis on brûlera tous les engins de guerre, devenus inutiles,
puisque la paix est affermie à jamais. Quel est ce souverain
dispensateur de la paix? C'est le Roi de gloire, qui vient
au monde sous l'humble forme d'un enfant : « *Un enfant
nous est né, un Fils nous est donné !* » — On ne peut méconnaître que le trait porte sur le mot *fils* qui relève et précise le terme général d'enfant. D'où naîtra-t-il, ce Fils ? Qui
pourra s'attribuer la gloire de l'avoir *donné ?* » Il nous l'ap-
prendra lui-même, soit par ses œuvres, soit par les noms

augustes dont il sera revêtu. Ces titres, qu'ils lui viennent
de Dieu ou des témoins de sa puissance (suivant les deux
traductions également légitimes : *Il*, Jéhova ou *on*, les
hommes, *lui donne pour nom*, etc.) révéleront sa nature, en
même temps que le mystère de son origine.

« *L'empire repose sur son épaule*, » il est Roi, mais un roi
qui se distingue de tous les autres, car « on lui donne pour
nom *Merveille* ¹. » פֶּלֶא (de la racine פָּלָא ; separavit,
distinxit ; Niph : singularis, insignis fuit, Hiph : Mirabile
fecit) désigne partout une chose ou un acte qui dépasse
la puissance ou l'intelligence de l'homme, et qui est attribué à l'action directe de Dieu, les *miracles* (Ps. LXXVIII,
12), la *loi* (CXIX, 129); etc. (Voir *Drechsler*, I, pag. 386.) Le
Messie est ainsi une merveille, une manifestation immédiate de la puissance divine, et cette idée est encore ren-
forcée par l'emploi, non de la forme adjective פִּלְאִי
(Jug. XIII, 18; Ps. CXXXIX, 6), mais du terme abstrait
plus expressif. Le porteur de ce titre n'est pas seulement
merveilleux, mais une merveille (nicht nur wunderbar,
sondern Wunder durch und durch. — *Drechsl.*) Gésénius
et Hitzig affaiblissent gratuitement l'original, en traduisant
extraordinaire, admirable.

C'est tout d'abord par la sagesse de son conseil, que le

---

¹ Je crois rester plus fidèle à l'usage de la langue, en conservant,
avec Drechsl., Umbr., etc., la division habituelle, plutôt que d'adopter
celle d'Ewald, suivi par Hofmann et Knobel, qui réunit en un seul
les deux premiers noms et traduit : « *Merveille de conseiller* » c'est-à-dire
Conseiller merveilleux. Cette dernière division a sans doute l'avantage
d'établir une symétrie parfaite entre les quatre titres du Messie, formés chacun de la combinaison de deux mots. Mais פֶּלֶא est toujours
employé seul, avec une signification abstraite et passive : *Merveille,
miracle*. Pour le sens l'explication que j'adopte trouve un parallèle
exact dans Juges XIII, 18.

3

Messie justifiera son titre de *Miracle*. Il sera appellé « *Conseiller.* » Nous retrouverons plus développé, au chap. XI,
cet attribut de la sagesse, indispensable pour se diriger soi-
même et pour tirer de peine quiconque est dans la perplexité.
Remarquons seulement ici que dans les deux passages la
sagesse précède et gouverne la force. — Le « *Conseiller* »
sera en même temps אֵל גִּבּוֹר, « *Dieu fort.* » Nous pouvons de prime abord, avec Hitzig, Knobel, etc. écarter
l'interprétation de *Gésénius :* « *fort héros;* » car le mot אֵל
signifie Dieu et ne se trouve jamais employé comme ad-
jectif; au contraire גִּבּוֹר est dans plusieurs passages
(Deut. X, 17; Jér. XXXII, 18) un qualificatif de אֵל. —
Ewald établit entre les deux mots une relation de dépen-
dance (génitif), non d'apposition, et traduit : « *Dieu de héros,* »
c'est-à-dire, héros « qui combat et triomphe comme un Dieu
invincible. » Cette interprétation, outre ce qu'elle présente
de dur dans la construction, car on s'attendrait à voir le second mot au pluriel, *Dieu des héros,* c'est-à-dire *parmi les héros*
(Comp. Ez. XXXII, 21), a contre elle les passages cités plus
haut, où גִּבּוֹר est un qualificatif de אֵל, et surtout le
v. 21 du chapitre suivant, où Ewald, pour rester conséquent
avec lui-même, doit faire violence au texte. Il est manifeste
en effet que dans X, 21, notre expression se rapporte à
Jéhova et ne peut se traduire autrement que « *Dieu fort.* »
C'est donc là l'interprétation non-seulement la plus naturelle, mais la seule admissible.

Le Messie sera encore appelé « *Père éternel.* » Je ne fais
que mentionner la traduction de Hitzig et de Knobel :
« *père du butin,* » c'est-à-dire « *celui qui fait et distribue le butin.* »
Elle se rattache à une vue générale sur le passage entier,
à laquelle j'aurai l'occasion de revenir. Ewald, Umbreit,
Drechsler, etc. conservent au mot עַד (synonyme de עוֹלָם)
sa signification ordinaire. Hengstenberg prend cette ex-

pression « *père d'éternité* » dans le sens de *possesseur* ou *dé-
tenteur de l'éternité*. Le contexte porte à y voir plutôt l'idée de
la sollicitude paternelle et permanente du Roi Messie envers
ses subordonnés. — Le dernier titre, « *Prince de Paix,* »
marque le caractère distinctif de ce nouveau règne, et le
verset suivant achève le tableau, en accentuant encore
quelques-uns des traits essentiels, l'accroissement de l'empire, une paix sans fin, une justice éternelle. « C'est ce qu'opé-
rera le zèle de l'Eternel des armées. »

L'examen détaillé de ce passage a conduit les interprètes
à deux manières de voir assez différentes. Les uns, *Hitzig*
par exemple, y ont trouvé l'image d'un héros doué de toutes
les vertus guerrières. Il possède la sagesse pour combiner ses
plans de bataille, la force pour les exécuter, il distribue le
butin, comme David, il affermit ainsi la paix et mérite à
tous ces titres d'être salué du nom de « *Miracle.* » — Mais,
comme le fait observer Umbreit avec beaucoup de force,
cette énumération ne tient aucun compte du mot אֵל, restreint arbitrairement à la guerre l'usage de la sagesse dans
les conseils, et doit recourir à une interprétation bien cherchée pour arriver à l'idée du partage du butin. Si l'on cor-
rige cette omission, cette restriction et cette explication bi-
zarre des mots אֲבִי־עַד, il ne reste absolument rien qui légitime la manière de voir de Hitzig. Au contraire, tous les
traits de ce tableau nous portent à une représentation plus
élevée et plus spirituelle du souverain dont l'image prophétique nous est tracée. Il n'est pas seulement l'idéal d'un
roi, mais un roi idéal, un monarque tel que les royaumes
de la terre n'en connurent jamais. La sagesse inspire ses
conseils, il affermit sa puissance « par le droit et la justice, » il règne avec la tendresse et l'autorité d'un père, sa
domination est éternelle, il étend son empire, non par la
guerre, car tous les instruments de destruction sont brûlés,

mais par des conquêtes qui ne lui enlèvent point son titre
de « *Prince de la paix* » et ne troublent point cette « *paix
sans fin* » qu'il maintient « sur le trône de David. » Il est un
« *Miracle* » de la part de Dieu; bien plus, il est lui-même
salué comme le *Dieu fort*. Comment méconnaître à ces
traits le « Roi débonnaire » dont le règne n'est pas de ce
monde, mais qui est « venu dans le monde pour rendre témoignage à la vérité? » C'est ainsi que les aspirations ar-
dentes du prophète s'unissaient aux révélations d'En Haut,
pour préparer les voies au « Désiré des nations. »

§ 5.

Le Fils de David, organe de l'Esprit de l'Eternel.

(X, 5-XII, 6.)

Salmanasar s'était emparé de la ville de Samarie (721)
après un siége de trois ans. Les Israélites avaient été em-
menés en captivité, et Juda lui-même avait tout à craindre
de ce puissant roi, comme de son successeur Sanchérib
quelques années plus tard. Esaïe ne cache point à son
peuple les jugements qui sont en voie de s'accomplir :
« L'extermination est décidée, ... le Seigneur, l'Eternel des
armées exécutera la destruction et le décret dans le sein
de tout son peuple. » Mais le prophète s'attache surtout à
consoler, à relever les esprits abattus, et dans ce but, il
annonce l'humiliation de l'Assyrien d'abord, puis l'avenir
paisible et glorieux que le Seigneur réserve à son peuple.
L'Assyrien s'enorgueillit de ses triomphes, il dit: « Par
la force de mon bras je l'ai fait, et par ma sagesse, car je

suis intelligent, » semblable dans son aveuglement à une
« cognée insolente envers le bûcheron qui se sert d'elle. »
C'est pourquoi « au milieu de sa magnificence s'allumera
un incendie » qui consumera « sa forêt et ses campagnes ;.... il en sera comme d'un malade qui dépérit. » —
Maintenant encore ce redoutable ennemi s'avance en conquérant, tout tremble à son approche, les peuples, saisis
d'effroi, se hâtent de fuir ,.... déjà « il agite sa main contre
la montagne de la fille de Sion,..... et voici, le Seigneur,
l'Eternel des armées abat les rameaux avec épouvante, et
ceux qui s'élèvent en hauteur sont coupés, et les superbes
humiliés ; et l'épaisseur de la forêt est frappée avec le fer....
Mais il sort un rameau de la souche d'Isaï, et un rejeton
naît de ses racines ; et l'Esprit de l'Eternel repose en lui,
l'esprit de sagesse et d'intelligence, l'esprit de conseil et de
force, l'esprit de connaissance et de crainte de l'Eternel. Il
prend son plaisir dans la crainte de l'Eternel et ne juge
point d'après le regard de ses yeux, ni ne décide d'après
l'ouïe de ses oreilles ; et il juge avec justice les petits, et il
est un arbitre équitable pour les malheureux de la terre,
et il frappe la terre de la verge de sa bouche, et du souffle
de ses lèvres donne la mort à l'impie ; et la justice est la
ceinture de ses reins ; et la fidélité la ceinture de ses
flancs. » (X, 33-XI, 5.)

Le Messie nous est encore ici présenté sous la figure d'un
Roi. Deux traits essentiels le caractérisent : Il est un *descendant de David* et l'*Esprit de l'Eternel repose sur lui*. Il sortira
de la famille d'Isaï, comme un rameau d'une souche,
comme un rejeton d'une racine. נֵצֶר est proprement le
tronçon qui demeure fixé au sol, après que l'arbre a été
coupé, et cette image, comme celle d'une racine, nous donne
l'idée de l'état d'abaissement dans lequel se trouvera la famille de David, lorsque le Messie en sortira. — Ce n'est

donc pas de cette origine illustre que le faible rejeton d'Isaï
tirera sa force et sa prospérité [1]; mais l'*Esprit de l'Eternel*
qui avait animé par intervalles son ancêtre David, ainsi
que Moïse et les prophètes, reposera [2] sur lui d'une manière
permanente. Cet Esprit, considéré dans ses effets moraux,
lui donnera cet ensemble harmonique des puissances de
l'âme, cette perfection, que l'A. T. désigne sous le nom de
sagesse (חָכְמָה); il lui inspirera de même le côté pratique
de la sagesse, l'*intelligence*, le don de discernement (בִּינָה).
Considéré dans ses effets extérieurs, il est l'esprit de *conseil* et de *force*, c'est-à-dire qu'il inspire dans chaque cas
particulier la résolution la meilleure et donne la force nécessaire pour l'exécuter. Enfin, considéré dans ses effets religieux, il est l'esprit de *connaissance* (de l'Eternel) et de
crainte de l'Eternel, « et dans cette triple alliance de vraie
théorie, de pratique et de religion, il embrasse tout ce qui
est bon .» (Ewald [3].)

L'Esprit de l'Eternel peut donner ces vertus excellentes,
parce qu'il les possède lui-même au degré de l'infini, dans
une idéale harmonie. Il est la perfection, il est en même
temps la source de tout bien. Mais ces dons divers par lesquels il se fait connaître à nous et nous permet de lui dé-
cerner des attributs, n'épuisent pas son idée, pas plus que

---

[1] L'idée d'un développement fécond et prospère est renfermée
dans le mot יִפְרֶה. Le sens littéral serait: « Un rejeton *fructife* de
ses racines. »

[2] Il n'y a aucune raison pour détourner le verbe נוּחַ de sa signification habituelle et traduire: « L'Esprit de l'Eternel *s'abaisse* sur
lui. » (Hitzig.)

[3] Cette classification se rapproche de celle d'Ewald. D'après Hofmann la sagesse et l'intelligence distinguent le Fils de David en tant
qu'*homme*, le conseil et la force, en tant que *roi*, la connaissance et
la crainte de l'Eternel, en tant qu'*Israélite*.

l'énumération des perfections divines n'épuise l'idée de
Dieu, ou celle des facultés de l'homme l'idée de la personnalité humaine. L'Esprit de l'Eternel est le sujet vers lequel
tous les *esprits,* comme des rayons qui convergent vers un
même point, dirigent notre pensée ; mais aucun de ces
esprits, ni leur ensemble , ne nous révèle dans sa plénitude
cet Etre parfait, infini , par conséquent indivisible dans sa
glorieuse unité. La sagesse, l'intelligence, le conseil, etc. ne
peuvent être des fragments de son essence, ils sont les formes suivant lesquelles il se manifeste, tout en restant lui-
même, sous le nom d'*Esprit de l'Eternel,* infiniment élevé au-
dessus d'elles.

Pour autant qu'il peut s'allier à la faiblesse humaine, il
donne à l'un l'esprit de sagesse et d'intelligence, à l'autre
l'esprit de conseil et de force, etc.; mais il reposera lui-même,
dans son essence et dans la diversité de ses vertus, sur le
rejeton de la racine d'Isaï, il révélera sa puissance divine en
celui qui doit être appelé « *Merveille, Conseiller, Dieu fort,* »
et les témoins de ce nouvel organe de l'Esprit de l'Eternel
contempleront sa gloire, « une gloire telle que celle du Fils
unique venu du Père. »

Le Roi, fils de David, animé de la crainte de l'Eternel,
prend un si grand plaisir [1] à la voir régner aussi dans le
cœur de ses sujets, qu'il en fait la règle d'après laquelle il
les juge. — Les apparences et les dépositions de témoins

---

[1] *Umbreit* traduit: « *Il connaît la crainte de l'Eternel,* » ou plus littéralement, il la *sent,* il la *flaire,* c'est-à-dire qu'il la recherche avec soin
et qu'il est habile à la découvrir, où qu'elle soit. — *Ewald :* « *Sa res-
piration est dans la crainte de l'Eternel,* » il y respire constamment,
comme dans l'atmosphère nécessaire à sa vie. La traduction ordinaire,
« *il prend son plaisir dans la crainte de l'Eternel,* » est plus conforme
au sens de הֵרִיחַ avec בְ (Lév. XXVI, 31; Amos. V, 21.) Elle est
suivie aussi par Gés. , Hitz., Kn., Drechsl, etc.

peuvent induire en erreur ; aussi le juste *Juge* ne s'y arrête-
t-il pas, il sonde les cœurs et se prononce selon qu'il y
trouve ou n'y trouve pas la crainte de l'Eternel. Cet esprit
d'intelligence, par lequel « il n'a pas besoin que personne
lui rende témoignage d'aucun homme, » lui permet de juger
avec la plus parfaite équité. Il n'opprime pas les malheureux, il est juste envers les petits ; mais l'impie, d'un souffle
de ses lèvres il le frappe de mort. Il ne lui manque donc
rien pour être un Juge parfait. Sa loi est la justice même,
la *crainte de l'Eternel ;* ses moyens d'enquête sont les plus
sûrs, car il *sonde les cœurs ;* la sentence qu'il porte est irrépro-
chable, car *il juge sans acception de personnes ;* enfin l'exécution est *instantanée* et le coupable ne peut y échapper [1]. —
Sous le sceptre de ce Roi sage et puissant, partout la justice
règne, car il l'a prise pour « ceinture de ses reins et la fidélité pour ceinture de ses flancs. »

 « Alors le loup gîtera avec l'agneau et la panthère se cou-
chera près du chevreau, le lionceau et le gras bétail vi-
vront ensemble, et un petit garçon sera leur conducteur ; et
la génisse et l'ourse brouteront ensemble, leurs petits seront
couchés ensemble, et le lion, comme le bœuf, mangera du
fourrage, et l'enfant qu'on allaite se jouera près du trou
de la vipère, et celui qu'on sèvre présentera sa main au
gîte du basilic. Il n'y aura plus ni mal ni corruption sur
toute ma sainte montagne, car la connaissance de l'Eternel remplira la terre, comme les eaux couvrent le fond de
la mer. Et dans ce même temps le *rejeton d'Isaï* sera là
comme un étendard pour les peuples ; les nations s'adresseront à lui, et sa demeure est glorieuse. » (XI, 6-10.) —
Tel sera le règne du *Prince de la paix.* Les animaux sauvages se mêleront au bétail, le lion même et l'ours mange-

[1] Voir Drechsler I, pag. 470.

ront du fourrage, comme le bœuf, un petit enfant les conduira sans danger et se divertira en jouant avec la vipère. —
Quelques commentateurs ne voient ici qu'un symbole. Vitringa par exemple estime qu'il serait étrange que la description des temps messianiques s'occupât si longtemps
des animaux et si peu des hommes ; l'absence de particule
conjonctive entre les vers 8 et 9 lui paraît aussi montrer que
le prophète ne fait que substituer la réalité à l'image. Cependant il faut remarquer que notre passage n'est pas isolé
dans l'Ancien Testament[1] et qu'ailleurs l'interprétation allégorique ne conviendrait pas, notamment dans Ez. XXV,
28 : « Ils ne seront plus en proie aux nations, ni la pâture
des bêtes de la terre. » — En outre ce tableau s'accorde avec
la notion biblique de l'origine et des conséquences du mal.
Au commencement tout était bon ; mais après la chute
l'homme a perdu sa paisible domination sur les créatures,
et la terre a été maudite à cause de lui. Ce triste effet du
péché doit disparaître avec le péché lui-même. La nature
a été associée à la corruption, elle participera au renouvellement, telle est l'idée profonde entrevue par les poëtes
anciens, exprimée par St. Paul avec toute l'ardeur de la foi
(Rom. VIII, 19-22) et développée ici dans un tableau de la
plus suave douceur. Esaïe parle en prophète, il dépeint en
poëte la paix universelle que la venue du Messie rétablira
dans toute la création. — S'il s'attarde un peu dans sa description, au gré de lecteurs trop impatients, il n'en donne
que plus de relief au grand fait qui doit résoudre l'énigme
d'une si merveilleuse harmonie. D'où provient en effet cet
apaisement général de toutes les passions violentes ? Il
n'est que la conséquence naturelle d'une révolution plus
étonnante encore : un nouvel ordre de choses a pris nais-

[1] Voir Esa. XXXV, 9 ; LXV, 25 ; Osée II, 20 ; Ezéch. XXXIV,
25, 28.

sance, il n'y a plus ni mal ni corruption dans tout le
pays d'Israël et la terre même, nous dit le prophète, est
« remplie de la connaissance de l'Eternel, comme les eaux
couvrent le fond de la mer. » — Mais tout cela ne fait
qu'accroître notre surprise. Par quelle puissance un tel
changement s'accomplira-t-il ? Le prophète nous le dit encore et sa réponse doit changer notre étonnement en adoration : « Dans ce même temps le *rejeton d'Isaï* sera là
comme un étendard pour les peuples ; les nations s'adresseront à lui, et sa demeure est glorieuse. » (vers. 10.)

Cet oracle n'est au fond qu'un développement de celui
du chap. IX et porte le même caractère idéal. Un Roi qui
soumet toutes les nations à l'Esprit de l'Eternel, une paix
universelle, la domination tranquille et incontestée de
l'homme sur les autres créatures, l'absence de tout mal,
ce sont là des traits qui ne sauraient convenir à aucun
royaume terrestre et qui supposent une transformation fon-
damentale dans l'ordre actuel des choses humaines. Ils ne
peuvent être réalisés que par l'établissement définitif du
règne de Dieu. Le prophète nous donne donc une image
anticipée de ce royaume spirituel vers lequel s'est dirigé
dans tous les temps le regard de la foi.

§ 6.

Le Serviteur de l'Eternel.

Ezéchias avait échappé à l'invasion de Sanchérib ; mais
ce n'était là qu'un retard à l'accomplissement des jugements de Dieu sur son peuple. Le royaume de Juda décline
rapidement. L'impie et cruel *Manassé,* dans son long règne

de cinquante-cinq ans, « fit ce qui est mauvais devant l'Eternel, » il s'adonna à toutes les superstitions de l'idolâtrie,
jusqu'à « faire passer ses fils par le feu. » *Amos* suivit les
coupables errements de son père. *Josias* (638-608) releva
solennellement le culte du vrai Dieu ; mais il fut à Jérusalem le dernier des rois indépendants. Vaincu et tué à la
bataille de Mégiddo, il laissa son royaume à la merci du roi
d'Egypte, *Néco,* qui mit sur le trône *Jéhojachim* et lui im-
posa un tribut. Sept ans plus tard Jéhojachim était soumis
aux *Chaldéens,* et bientôt après (597) une révolte impru-
dente provoqua le premier siége de Jérusalem, à la suite
duquel *Nébucadnézar* emmena captif le roi Jéhojachim avec
dix mille de ses sujets. *Sédécias* fut encore moins heureux
dans sa tentative de rebellion. Après un siége de deux ans
et demi, Jérusalem fut détruite, le temple brûlé et tous ceux
que la famine et l'épée avaient épargnés, transportés à
Babylone. Durant ces longues années d'exil, le joug de la
servitude s'appesantit toujours plus sur les malheureux
captifs. Au commencement ils paraissent avoir joui d'une
certaine indépendance, ils pouvaient, si l'on en juge par les
conseils de Jérémie, bâtir des maisons et les habiter, plan-
ter des jardins et en manger les fruits (Jér. XXIX, 5-7);
peut-être même ce temps d'épreuve eût-il été pour eux
moins pénible encore, s'ils avaient pu suivre l'exhortation
du prophète, « chercher le bien-être de la ville dans laquelle
ils avaient été déportés et pour elle prier l'Eternel ; » mais
la plaie était toujours saignante dans leur cœur, les cendres
de la sainte cité fumaient encore, leur vie nationale était
brisée, ils étaient condamnés « à manger parmi les nations
leur pain souillé »... Quelle passion les eût enflammés, sinon
la plus poignante douleur et un ardent désir de vengeance?
Leurs oppresseurs ajoutaient à l'humiliation l'ironie ; ils
leur demandaient « de joyeux cantiques »... « Chantez-nous,

disaient-ils, des hymnes de Siôn! — Comment chanter les hymnes de l'Eternel sur une terre étrangère?..Si je t'oublie, Jérusalem, que ma droite m'oublie! Que ma langue s'attache à mon palais, si de toi, Jérusalem, je perds le souvenir!... Fille de Babel, qui nous as saccagés, heureux qui te rendra tout ce que tu nous as fait! Heureux qui saisira et écrasera tes enfants sur le roc! » (Ps. CXXXVII.)

Tout exaspérés qu'ils étaient contre leurs ennemis, un grand nombre des enfants d'Israël n'en continuaient pas moins à les suivre dans leurs pratiques idolâtres. En Egypte on encensait des dieux étrangers, on offrait des libations à la Reine des cieux, on allait même jusqu'à attribuer tous les malheurs du peuple à la répression du culte païen par Josias. (Jér. XLIV.) Sur les bords du fleuve Chébar on venait consulter le prophète Ezéchiel, mais on demeurait affectionné aux idoles. (Ez. XIV.) A Babylone aussi il y avait des idolâtres « qui abandonnaient l'Eternel, qui oubliaient sa montagne sainte, qui dressaient une table à la Fortune et remplissaient la coupe du Destin. » (Esa. LXIII, 11.) Comment les prophètes auraient-ils pu se contenir à la vue d'un tel excès d'infidélité? Jamais plus belle occasion ne s'était présentée à eux de plaider avec la sainte autorité de la foi la cause du Dieu vivant et vrai. Ils étaient les derniers soutiens de la théocratie. La royauté n'était qu'un souvenir, le sacerdoce n'exerçait plus ses augustes fonctions, l'existence même de la nation semblait menacée ; le libre ministère de la parole pouvait seul maintenir la vie dans ce corps mutilé. Les prophètes ne faillirent point à cette grande tâche. Ils trouvèrent des accents sévères pour flétrir l'idolâtrie, pour rappeler au peuple son péché, pour lui en montrer dans la ruine de Jérusalem les conséquences naturelles, pour le ramener humilié et repentant au Dieu jaloux qu'il avait offensé. Mais à cette heure de détresse ils avaient

avant tout une mission de relèvement, ils furent les conso-
lateurs de leurs frères, les apôtres de la promesse ; ils
avaient fait un grand pas dans l'intelligence des voies de
Dieu envers son peuple, aussi purent-ils de l'abaissement
le plus profond faire jaillir les plus hautes espérances.
Jérémie, Ezéchiel, Daniel voient cet avenir glorieux ; l'auteur des derniers chapitres d'Esaïe semble ne se proposer
d'autre but que d'en faire le tableau le plus grandiose et de
fixer à jamais sur ces hauteurs les regards de sa nation [1].

La consolation d'Israël et la délivrance, telle est l'idée
centrale présentée sous des points de vue différents dans
les trois parties, de neuf chapitres chacune, dont se com-
posent ces admirables discours. La première partie met en
opposition Jéhova et les idoles, Israël et les païens. Jéhova
délivrera son peuple de Babylone, les idoles et leurs adorateurs seront confus. « Consolez, consolez mon peuple, dit

---

[1] Je ne prétends pas par là faire de cet auteur un contemporain de
Jérémie ou d'Ezéchiel. Je laisse intacte la question tant débattue de
l'authenticité de la seconde partie d'Esaïe et ne me permets sur ce
point qu'une observation. — Si l'on admet l'authenticité de ces vingt-
sept chapitres, il faut, à l'exemple de Delitzsch, ne rien retrancher au
miracle, il faut admettre que l'histoire d'Israël depuis le commencement du règne de Manassé jusqu'à la captivité s'est pour ainsi dire accomplie dans l'esprit du prophète, qu'il en voit les résultats, qu'il est
entièrement sorti des circonstances de son temps, pour vivre à Babylone, qu'il discerne dans le peuple exilé les idolâtres, les incrédules, les
hypocrites, les timides, les fidèles, qu'il dénonce aux uns les jugements
de Dieu, qu'il montre aux autres la délivrance prochaine, Cyrus victorieux, Babel renversée, les restes d'Israël retournant à Jérusalem
avec chants de triomphe, . . . en un mot, il faut reconnaître que, si
c'est Esaïe qui parle, il s'adresse directement aux captifs, comme
s'il était lui-même captif avec eux. — C'est ce qui me permet de suivre
le développement des espérances messianiques dans le livre d'Esaïe,
sans trancher la question de l'authenticité des vingt-sept derniers
chapitres.

votre Dieu. Parlez au cœur de Jérusalem et criez-lui que son service est fini, que son crime est acquitté, qu'elle a reçu de la main de l'Eternel au double de tous ses péchés. » (XL, 1, 2.) La délivrance est proche, elle est certaine, car Celui qui la fait annoncer est infiniment élevé au-dessus de la créature qui change, « sa parole demeure éternellement, » il a formé toute chose, les peuples ne sont à ses yeux qu'une « goutte qui pend à un sceau, » un peu de « poussière sur une balance. » Si ce Dieu tout-puissant gouverne les cieux, si l'univers entier lui obéit, comment Jacob dirait-il : « Mes destinées échappent à l'Eternel, et mon droit passe inaperçu devant mon Dieu » (XL, 27)? N'est-ce pas au contraire le Dieu d'Israël lui-même qui de l'Orient fait surgir un conquérant redoutable, qui lui livre les nations et lui assujettit les rois. Tous, saisis d'effroi, recourent à leurs idoles ; « mais toi, Israël, mon serviteur, Jacob dont j'ai fait choix, race d'Abraham mon ami, toi que j'ai été prendre au bout de la terre, et que j'ai appelé de son extrémité, à qui j'ai dit : Tu es mon serviteur, je te choisis et ne te rejetterai point! Ne crains point, car je suis avec toi, ne t'épouvante point, car je suis ton Dieu, je te fortifie, je te suis en aide et te soutiens de mon bras sauveur. » (XLI, 8-10.) Jéhova seul a dès longtemps annoncé la délivrance : c'est donc lui qui l'accomplit, non les idoles, « elles ne sont qu'un vain souffle, » ni leurs adorateurs, car « leurs œuvres ne sont qu'un néant. » Mais « voici mon serviteur que je soutiens, mon élu en qui mon âme prend plaisir : je mets mon esprit sur lui ; il montrera la justice aux nations. Il ne crie point, il n'élève point la voix et ne la fait point entendre dans les rues. Il ne brise point le roseau cassé et n'éteint point le lumignon qui fume encore ; selon la vérité il montre la justice. Il ne s'affaiblit ni ne s'épuise, jusqu'à ce qu'il établisse la justice sur la terre, et les îles s'attendent à sa loi. Ainsi parle le Dieu, l'Eternel, qui créa les cieux et les déploya, qui étendit la terre et ses productions, qui donna un souffle au peuple qu'elle porte et un esprit à ceux qui y marchent : Moi, l'Eternel, je t'appelle en ma grâce, je te prends par la main, je te garde et te fais l'alliance du peuple, la lumière des nations, pour ouvrir les yeux aveugles, pour faire sortir de prison les captifs et du cachot ceux qui habitent dans l'obscurité. Je suis l'Eternel, c'est là mon nom, et je ne donne point ma gloire à un autre, ni ma louange aux idoles. Voici, les premiers oracles sont accomplis et j'annonce des choses nouvelles. Avant qu'elles germent, je vous les ferai connaître. » (XLII, 1-9.) — L'Eternel jusqu'à présent s'est contenu ; maintenant il va déployer sa puissance,.. il fera marcher les aveugles dans un chemin qu'ils ne connaissaient pas,.. devant eux il changera les ténèbres en clarté et les aspérités en plaine... « Qui est aveugle, sinon mon serviteur, et sourd comme mon envoyé que je délègue ? Qui est aveugle comme l'ami de Dieu, et aveugle comme le serviteur de l'Eternel ? Tu as vu beaucoup de choses, mais tu n'y as pas pris garde ; les oreilles étaient ouvertes, mais on n'écoutait pas. » (XLII, 19-20.) Israël n'a pas été attentif à la loi de son Dieu , c'est pourquoi il a été livré au pillage. Maintenant l'Eternel revient pour délivrer, pour rassembler de nouveau son peuple. Nul n'a annoncé ces choses ; mais vous, dit l'Eternel, « vous êtes mes témoins, ainsi que le serviteur dont j'ai fait choix. » (XLIII, 10.) La puissance des Chaldéens est près d'être renversée, le désert livrera passage à la troupe joyeuse qui remontera de la terre d'exil, l'impuissance des idoles va se manifester par la confusion de ceux qui se confient en elles. «Souviens-t'en, Jacob, et Israël ! car tu es mon serviteur, je t'ai formé ; pour moi tu es un serviteur, Israël ; tu ne seras pas oublié de moi ! Je balaye comme un nuage tes crimes et

comme une nuée tes péchés : reviens à moi, car je te ra-
chète. » Celui qui parle ainsi, c'est l'Eternel qui a tout créé,
« qui fait délirer les devins, qui fait reculer les sages et change
leur sagesse en folie, qui donne effet à la parole de son
serviteur et accomplit les arrêts de ses envoyés,.. qui dit de
Coresch : Il est mon berger, et il exécutera toute ma volonté !
qui dit de Jérusalem : Qu'elle soit rebâtie ! et du temple :
Qu'il soit fondé ! » (XLIV, 24-28.) Le prophète dit encore
comment l'Eternel fait venir Coresch, son « Oint, » pour
l'amour de son serviteur Jacob, il décrit la destruction des
idoles, la ruine de Babylone, puis il termine en donnant
déjà par anticipation le signal du retour : « Sortez de Babel !
fuyez loin des Chaldéens ! D'une voix d'allégresse annoncez,
publiez-le, proclamez-le jusqu'au bout de la terre, dites :
L'Eternel a racheté son serviteur Jacob.... Et ils ne seront
point altérés dans le désert qu'ils ont à traverser ; Il fera
pour eux couler des eaux du rocher, il fendra le rocher et
les eaux jailliront. Point de paix, dit l'Eternel, pour les
impies ! »

La première partie est terminée, le nom de כֹּרֶשׁ et celui
de בָּבֶל ne reparaissent plus, les rapports entre Israël et
les peuples païens, la ruine de la puissance chaldéenne,
celle des idoles et des idolâtres, tout cela est relégué à l'arrière-plan. Le *Serviteur de l'Eternel,* la mission qu'il doit
remplir de la part de Dieu, son abaissement, son élévation
glorieuse, voilà le sujet essentiel de la seconde partie, qui
comprend les chap. XLIX-LVII. Le prophète donne la parole au *Serviteur de l'Eternel* lui-même : « Iles, écoutez-moi,
et soyez attentifs, peuples éloignés ! L'Eternel m'appela
dès le sein maternel ; dès les entrailles de ma mère il
nomma mon nom. Il donna à ma bouche le tranchant de
l'épée, de l'ombre de sa main il me couvrit, il fit de moi un
trait acéré et il me cacha dans son carquois. Et il me dit :

Tu es mon serviteur, Israël en qui je me glorifie. Mais
je dis : En vain j'ai travaillé, inutilement et pour rien j'ai
consumé ma force ! Toutefois mon droit est vers l'Eternel
et mon salaire auprès de mon Dieu. Et maintenant l'Eternel parle, qui m'a formé dès le sein maternel pour être son
serviteur, pour ramener à lui Jacob et pour qu'Israël se
rassemble vers lui (et je suis honoré aux yeux de l'Eternel,
et mon Dieu est ma force). Il dit : C'est trop peu que tu
sois mon serviteur, pour relever les tribus de Jacob et ramener les restes d'Israël, je t'établis lumière des nations,
pour que mon salut s'étende jusqu'aux extrémités de la
terre. Ainsi parle l'Eternel, Rédempteur d'Israël, son
Saint, à celui qu'on méprise, qui fait horreur au peuple, au
serviteur des tyrans. Des rois le verront et se lèveront,
des princes... et ils se prosterneront, à cause de l'Eternel
qui est fidèle, du Saint d'Israël qui t'a choisi. Ainsi parle
l'Eternel : Au temps de la grâce je t'exauce, au jour du salut je te viens en aide, et je te fais l'alliance du peuple, pour
relever le pays, pour répartir les héritages désolés, pour
dire aux prisonniers : Sortez ! et à ceux qui sont dans l'obscurité : Paraissez ! Sur les chemins ils trouveront une pâture et sur tous les coteaux arides leur pâturage. » (XLIX,
1-9)... L'Eternel ne peut abandonner Jérusalem, moins encore qu'une mère n'oublierait son nourrisson. Il ne lui a
pas donné la lettre de divorce, il ne l'a pas arbitrairement
vendue à un créancier, c'est pour ses propres péchés
qu'elle a souffert. Jéhova le lui fait connaître par la voix de
son serviteur ; mais celui-ci ne reçoit que des mauvais traitements en retour de sa fidélité : « J'ai livré mon dos aux
coups, dit-il, et mes joues aux épilateurs, et je n'ai dérobé
mon visage ni aux outrages ni aux crachements. Mais le Seigneur, l'Eternel, est mon aide, c'est pourquoi je n'eus point
honte, c'est pourquoi je pris un visage pareil au caillou, sa-

chant que je ne serais point confondu... Quiconque parmi
vous craint l'Eternel, qu'il soit docile à la voix de son serviteur ! » (L, 6-10.) L'obéissance va être récompensée, le
salut de Dieu va paraître, « les rachetés de l'Eternel viennent et s'avancent vers Sion avec allégresse, portant sur
leur front une joie éternelle. » La coupe d'enivrement que
Jérusalem a bue, passe dans la main de ses oppresseurs,
l'heure de la délivrance arrive : « Qu'ils sont beaux sur
les montagnes les pieds de celui qui apporte une bonne
nouvelle, qui proclame la paix, qui annonce du bonheur,
qui publie la délivrance, qui dit à Sion : Ton Dieu règne ! »
— Toutes les extrémités de la terre voient le salut de Dieu.
— « Voici, mon serviteur prospère, il monte, il s'élève, il
arrive à une grande hauteur. De même que plusieurs furent interdits à sa vue (tellement son visage était défiguré
et son aspect plus misérable que celui d'un homme), de
même il transportera de joie plusieurs peuples ; devant lui
des rois se taisent, car ils voient ce qui ne leur fut jamais
dit, et ce qu'ils n'ont jamais entendu, ils le contemplent.
Qui a cru ce que nous avons annoncé, et le bras de l'Eternel à qui s'est-il manifesté ? Il croissait devant lui comme
un rejeton et comme une tige d'un sol aride, sans beauté
ni éclat, pour que nous le considérions, sans aucune apparence, pour que nous y prenions plaisir, dédaigné et délaissé des hommes, homme de douleurs, familier avec la
maladie, objet dont on détourne la face, méprisé,... nous ne
faisions aucun cas de lui. Cependant c'étaient nos maladies
qu'il portait, nos douleurs, dont il était chargé, et nous,
nous pensions que Dieu le châtiait, le frappait, l'humiliait !...
Il était percé pour nos péchés, froissé pour nos iniquités,
le châtiment qui nous sauve tombait sur lui et par ses
meurtrissures il nous guérissait. Tous, nous errions, nous
suivions chacun notre propre chemin ; mais l'Eternel fai-

sait peser sur lui l'iniquité de nous tous. Accablé, humilié,
il n'a pas ouvert la bouche,.. tel qu'une brebis muette devant les tondeurs. Par l'angoisse et le jugement il fut em-
porté, et parmi ses contemporains qui pensait qu'il était
retranché de la terre des vivants et que la plaie était sur
lui... pour le péché de mon peuple ? On mit son sépulcre
avec les méchants et dans sa mort il fut avec les impies,
quoiqu'il n'eût point commis de tort et qu'il n'y eût point
de fraude dans sa bouche. Et l'Eternel se plut à le frapper
de maladie. — Mais après avoir donné sa vie en expiation,
il verra une postérité, il prolongera ses jours, et l'œuvre de
l'Eternel prospérera dans sa main. Délivré des peines de son
âme, il pourra rassasier ses regards; par sa connaissance
mon serviteur juste en justifiera plusieurs et de leurs crimes
il se chargera. C'est pourquoi je lui donnerai son lot parmi
les puissants, et avec les braves il partagera le butin, parce
qu'il a dévoué son âme à la mort, qu'il a été mis au nombre des malfaiteurs, qu'il a porté les péchés de plusieurs
et intercédé pour les criminels. (LII, 13 - LIII, 12.) — Que
Jérusalem se réjouisse ! Jéhova l'a délaissée un instant,
« comme une épouse de la jeunesse qui a été répudiée ; »
mais il la reprend avec une grande affection. Tous ses fils
deviennent disciples de l'Eternel, elle est invincible, son
Dieu lui accorde « une alliance éternelle, les *grâces permanentes de David.* » Les fils de l'étranger et les ennuques ne
sont point exclus de cette nouvelle alliance, car la maison
de l'Eternel sera appelée « une maison de prière pour tous
les peuples. » — Seuls les impies et les idolâtres n'y trouvent point de place : « Paix, paix pour celui qui est loin et
pour celui qui est près, dit l'Eternel ! Je veux les guérir.
Mais les impies sont comme la mer agitée, car elle ne peut
se calmer et les eaux soulèvent du limon et de la vase. Point
de paix, dit mon Dieu, pour les impies ! » (LVII, 19-21.)

La troisième partie (chap. LVIII-LXVI) poursuit la même pensée. Elle indique à quelles conditions les enfants d'Israël pourront participer à la délivrance et à la gloire qui leur sont promises. Le prophète y établit une opposition entre les hypocrites, les impies, les rebelles d'un côté, les fidèles, de l'autre ; ces derniers seuls seront sauvés. — Le peuple se plaint de ce que ses jeûnes ne sont pas vus de son Dieu ; le prophète répond que le jeûne agréable à l'Eternel n'est pas qu'on plie la tête comme le jonc, qu'on se couche sur le cilice et la cendre, mais qu'on délie les chaînes de l'impiété, qu'on ne profane pas les sabbats, qu'on distribue son pain à celui qui a faim, qu'on donne un vêtement à qui en manque, un logis à qui est errant. La main de l'Eternel n'est pas trop courte pour sauver ; longtemps il a été retenu par les péchés de son peuple ; mais « il vient un Rédempteur pour Sion, pour les pécheurs couvertis dans Jacob. » (LIX, 20.) Ils arrivent en foule dans la Jérusalem nouvelle, toutes les nations leur apportent ce qu'elles ont de plus précieux, ils n'ont plus à souffrir de violence, ni de ravage, ni de ruine, les jours de deuil sont passés, Jéhova est pour son peuple une lumière éternelle. — C'est « l'année des grâces de l'Eternel, » dont le prophète annonce la venue : « Dites à la fille de Sion : Voici ton Sauveur arrive ; voici, ses récompenses l'accompagnent et ses rétributions le précèdent. Et on les appelle peuple saint, rachetés de l'Eternel, et toi on t'appelle cité cherchée, non délaissée. » (LXII, 11, 12.) — Le prophète, au souvenir de toutes les bénédictions de Dieu, met dans la bouche d'Israël une prière de pénitence et de supplication. Il demande à l'Eternel de descendre des cieux et de donner à son peuple, par une délivrance éclatante, une nouvelle preuve de son amour. L'Eternel exauce cette requête, non pour les fidèles et les idolâtres, mais pour ses vrais serviteurs seulement :

« Voici, dit-il, mes serviteurs mangeront, mais vous serez
affamés; voici, mes serviteurs boiront, mais vous serez
altérés; voici, mes serviteurs se réjouiront, mais vous serez
confondus ; voici, mes serviteurs chanteront dans la joie
de leur cœur, mais vous crierez dans le chagrin du cœur,
et vous vous lamenterez dans l'abattement de l'esprit ; et
vous léguerez votre nom comme une imprécation à mes
élus, et le Seigneur, l'Eternel, vous donnera la mort, et appellera ses serviteurs d'un autre nom. » (LXV, 13-15.) —
Ceux-ci seront introduits dans la Jérusalem nouvelle, où
l'allégresse et la paix régneront à toujours. L'Eternel ras-
semblera toutes les nations, pour qu'elles viennent contempler sa gloire, « et de nouvelle lune en nouvelle lune et de
sabbat en sabbat, toute chair viendra se prosterner devant
ma face, dit l'Eternel ; et ils sortiront et verront les cadavres
des hommes qui se rebellèrent contre moi, car leur ver ne
mourra point, et leur feu ne s'éteindra point, et ils seront
en horreur à toute chair. » (LXVI, 23-24.)

Il ressort clairement de ce court résumé que le titre de
Serviteur de l'Eternel ne s'applique pas toujours aux mêmes
personnes. Parfois c'est le *prophète* lui-même qui est ainsi
désigné (XLIV, 26); d'autres fois c'est le peuple d'Israël
tout entier (XLI, 8, 9; XLII, 19, 22, 23 ; XLIV, 1, 21, etc.) ;
ailleurs (XLIII, 10 ; comp. LXV, 13-15), les Israélites fidèles
seulement. Dans trois passages en particulier, ceux précisément que j'ai transcrits tout au long (XLII, 1-7 ; XLIX,
1-9; LII, 13 - LIII, 12), le prophète trace un portrait saisissant du « *Serviteur de l'Eternel* » ; mais il laisse à ses
lecteurs le soin de chercher qui lui a servi de modèle. La
critique s'est promptement mise à l'œuvre et les interprétations les plus diverses ont surgi. Gésénius n'en indique
pas moins de sept dans son commentaire, encore faudrait-
il en subdiviser quelques-unes en plusieurs variétés.

De grands exégètes, *Hitzig* entr'autres, voient partout (excepté L, 4-10), sous le nom du *Serviteur de l'Eternel*, le *peuple d'Israël dans son ensemble ;* mais cette interprétation offre les plus grandes difficultés. D'abord le *Serviteur de l'Eternel* est dans plusieurs passages nettement distingué du peuple, il est à côté du peuple un témoin particulier de la divinité de Jéhova (XLIII, 10), il a vainement consumé sa force au milieu de son peuple qui le méprise (XLIX, 4, 7), il doit ouvrir les yeux des aveugles (XLII, 7), délivrer ceux qui sont en prison (XLIX, 9), relever les tribus de Jacob et ramener les restes conservés d'Israël (XLIX, 6), servir de médiateur pour une nouvelle alliance entre Israël et son Dieu. (XLII, 6 ; XLIX, 8.) — Puis le prophète parle de son peuple tout autrement que du *Serviteur de l'Eternel.* L'un est aveugle et sourd, obstiné et rebelle (XLIII, 8 ; XLVIII, 4, 8), il fatigue l'Eternel de ses péchés et de ses iniquités (XLIII, 22 ; XLIV, 22), il a été inutilement mis au creuset de l'affliction, on n'en a point extrait d'argent (XLVIII, 10) ; l'autre est un *juste* (LIII, 11), « il n'a point commis de tort et dans sa bouche il n'y eut point de fraude » (LIII, 9), s'il souffre, ce n'est pas pour ses propres péchés, mais « pour le crime de son peuple » (LIII, 4-9), l'Eternel prend plaisir en lui (XLII, 1) et l'honore. (XLIX, 5.) — En outre, pour être conséquent, il faudrait dans plusieurs autres passages admettre les interprétations les moins naturelles. Les versets 2-7 du chap. LIII, p. ex., seraient un aveu des païens que le peuple de Dieu a porté la peine de leurs péchés, idée absolument étrangère aux prophètes qui répètent au contraire à toutes les pages de leurs écrits, qu'Israël a souffert la guerre, la ruine, l'exil, pour ses propres infidélités.

Les mêmes objections s'élèvent contre l'opinion d'*Ewald* pour qui le *Serviteur de l'Eternel* est aussi Israël, mais

Israël « *dans sa vraie destination et sa signification éternelle.* »
Israël en ce sens est, dit-il, « quelque chose d'impérissable
et d'indestructible ;... il n'est plus un objet qu'on puisse
saisir de la main, une personne mortelle ou une nation,
il est pour ainsi dire une idée, un être immortel que
les hommes et les païens peuvent mépriser et persécuter
avec fureur, mais qui ne peut être anéanti[1]. » Cet Israël
idéal est personnifié par le prophète, à peu près comme la
sagesse dans le chap. VIII des Proverbes. Il souffre beaucoup, mais il vit et il s'avance vers un avenir glorieux, car
il a une mission éternelle à remplir, il est le « serviteur de
Jéhova pour la paix et le salut de tous les peuples, » de
même que Cyrus l'est pour la guerre et la destruction des
idoles. — Il est difficile de se représenter le prophète à une
pareille hauteur d'abstraction. Serait-ce bien l'Israël idéal
qu'il charge de relever les tribus de Jacob, d'être l'alliance
du peuple pour le crime duquel il est retranché de la terre
des vivants, etc.? On a quelque peine à se le représenter.
— Aussi d'autres interprètes *(Paulus, Maurer, Knobel)* pen-
sent-ils, avec plus de vraisemblance, que le prophète distingue du reste du peuple les *vrais théocrates,* pour en former cet être collectif qu'il personnifie sous le nom de *Ser-*
viteur de l'Eternel. Ils font observer que ce titre n'est jamais
donné qu'à des adorateurs de Jéhova, excepté dans quelques passages de Jérémie où il est appliqué à Nebucadnézar;
il ne peut donc désigner ici que les Israélites demeurés fidèles à leur religion. Mais tantôt le *Serviteur de l'Eternel* est
proclamé parfaitement pur, tantôt il est sévèrement repris
comme aveugle et pécheur; il y a donc dans cette déno-
mination un sens large et un sens restreint. Au sens large
elle comprend tous ceux qui se réclament du nom de Jé-

[1] *Die Proph. des A. B.,* II, 406.

hova ; au sens restreint elle ne désigne que le noyau théocratique du peuple, les vrais Israélites, attachés de cœur à
leur Dieu. Ce dernier sens, au dire de Knobel, est celui
que lui donne le prophète dans les trois passages contro-
versés XLII, 1-7 ; XLIX, 1-9 ; LII, 13 - LIII, 12. Tout le peuple fidèle, à la tête duquel se trouvaient les anciens, les
prêtres, les lévites, les prophètes, qui ramenèrent les captifs à Jérusalem, voilà ce vrai « *Serviteur de l'Eternel.* » Il
représente la nation entière, c'est pourquoi il est appelé
עָם (LI, 7) et même יִשְׂרָאֵל (XLIX, 3.) Il doit devenir l'*alliance
du peuple*, parce que c'est par lui que le peuple est réuni
en un tout. C'est à lui qu'il appartient de délivrer les prisonniers, de les ramener dans leur patrie, de leur partager
le territoire, de rétablir l'état théocratique. N'est-ce pas à
lui que conviennent aussi la mission de prédicateur et de
docteur, et mieux encore les souffrances du *Serviteur de
l'Eternel ?* Les Israélites fidèles étaient en effet persécutés
soit par leurs concitoyens, soit par leurs oppresseurs. —
Telle est l'opinion de *Knobel.* D'autres exégètes (*Gésénius*
dans son commentaire, *de Wette, Schenkel*) ont fait un pas
de plus dans la voie des restrictions. Le *Serviteur de l'Eternel*
serait pour eux, non plus l'Israël fidèle, mais seulement
les *prophètes.*

Ces interprétations, la dernière surtout, sans épuiser
l'idée du *Serviteur de l'Eternel,* nous donnent déjà plus de
lumière. Elles ne nous placent pas, comme les premières,
en présence de contradictions insolubles. La distinction
entre le peuple et le עֶבֶד יְהֹוָה est respectée, nous comprenons que ce dernier soit présenté surtout comme un
prophète, les souffrances qu'il doit subir reçoivent une
explication. Toutefois l'esprit n'est pas satisfait. Il y a dans
le tableau prophétique une grandeur étrange, une majesté
pleine de douceur, qui n'a point passé dans l'interpréta-

tion qu'on nous donne. Ce *Serviteur de l'Eternel* qui ne crie point, ne fait point entendre sa voix dans les rues, ne brise point le roseau cassé, n'éteint point le lumignon qui fume encore, et qui cependant ne se donne point de relâche, qu'il n'ait établi la justice sur la terre, ce Libérateur universel qui doit être l'alliance de son peuple et la lumière des nations, tour à tour méprisé de tous et adoré des rois, ne serait-il que les prophètes ou le peuple? — En outre la notion du *Serviteur de l'Eternel*, tout en reposant sur une idée collective, prend dans les trois passages que nous étudions, un caractère *individuel* si prononcé, qu'il est bien difficile de n'y voir qu'une personnification poétique. — Il est remarquable aussi que le prophète dépeint en couleurs très différentes la gloire future des *serviteurs de l'Eternel* et celle du *Serviteur de l'Eternel*. Les premiers n'obtiennent rien de leur Dieu que par grâce. S'il leur pardonne et les bénit, ce n'est point à cause de leurs offrandes et de leurs sacrifices, mais uniquement « *pour l'amour de lui.* » (XLIII, 25.) Jérusalem est une épouse un instant délaissée que Jéhova reprend, parce qu'il a pitié d'elle. Il ne veut plus se courroucer contre elle ; « ma grâce ne te sera point ôtée, et mon alliance de paix ne sera point ébranlée, dit l'Eternel *qui a pitié de toi...* Toute arme forgée contre toi sera sans effet et toute langue qui s'élèvera contre toi pour contester, tu la condamneras. *Tel est l'héritage des serviteurs de l'Eternel, et leur justice de par moi, dit l'Eternel* » (LIV, 10, 17.) Il n'en est pas de même du *Serviteur de l'Eternel.* Pour lui, la gloire est la récompense du dévouement. Si « son lot lui est donné parmi les puissants, » s'il « partage le butin avec les braves, » c'est « parce qu'il dévoua son âme à la mort et qu'il fut mis au nombre des malfaiteurs, pour avoir pris sur lui les péchés de plusieurs, et intercédé pour les criminels. » (LIII, 12.) — Cette différence seule établirait une distinction profonde entre le *Serviteur* et les *serviteurs de l'Eternel*; mais il s'y joint une considération plus décisive encore. Peut-on supposer que l'écrivain sacré sépare du peuple les prophètes ou l'Israël fidèle dont il fait lui-même partie, au point de prétendre qu'ils n'ont aucune part aux fautes nationales et qu'ils souffrent, non pour leur propre péché, mais pour celui de leurs concitoyens? Combien, selon la remarque de Tholuck, notre prophète serait alors au-dessous d'Esdras, qui, dans le sentiment profond qu'il partage les infidélités de son peuple, déchire ses vêtements, se prosterne devant l'Eternel, son Dieu, et s'écrie : « Mon Dieu! J'ai honte et je suis trop confus pour oser élever, ô mon Dieu! ma face vers toi ; car nos iniquités sont multipliées par-dessus la tête et nos crimes sont si grands qu'ils atteignent jusqu'aux cieux. Depuis les jours de nos pères jusqu'à ce jour, nous sommes très coupables, etc. (Esdras IX, 6, 7.) » Mais on fait tort au prophète; il sait, lui aussi, se joindre à son peuple pour confesser ses péchés: « Nous fûmes tous, dit-il, comme un impur, et toute notre justice comme une robe immonde, et comme une feuille nous nous flétrîmes tous, et comme un ouragan nos crimes nous emportèrent. » (LXIV, 5 *ss.*) Il est bien éloigné de se croire innocent. Comment donc se retrouverait-il, lui ou ses collègues, dans le portrait qu'il a lui-même tracé de celui qui a pu « se charger des crimes de plusieurs, » parce qu'il « n'avait point commis de tort et que dans sa bouche il n'y avait point eu de fraude ? »

Tous ces motifs nous obligent à reconnaître combien l'interprétation que nous venons d'indiquer est incomplète, et à faire avec *Umbreit* le dernier pas. « Nous aussi, dit-il, nous trouvons dans le עֶבֶד le prophète au sens collectif; mais plus encore celui qui n'arrivera à la perfection suprême en une personne, que dans l'avenir, sur le sol recou-

vré de la patrie '. » Nous touchons enfin à *l'interprétation
messianique* qui peut seule donner à ce mystérieux tableau
toute son expression. Ce n'est pas que nous méconnaissons
ce qu'il y a de vrai dans les explications précédentes. Elles
présentent chacune un côté de cette notion complexe du
Serviteur de l'Eternel, diverse dans ses manifestations, mais
une et bien déterminée dans son essence. La nation entière,
l'Israël fidèle, les prophètes sont les formes qu'elle revêt,
ou plutôt les degrés de développement qu'elle traverse jusqu'à sa parfaite réalisation dans la personne du Messie.
« Le *Serviteur de l'Eternel* prend racine dans le peuple,
forme sa tige de la meilleure partie du peuple, verdit et
fleurit chez les prophètes, mais n'arrive à son plein développement que dans son fruit, le Messie '. » *Delitzsch* exprime la même pensée en comparant la notion du *Serviteur
de l'Eternel* à une pyramide dont la base serait le peuple
d'Israël, la tranche du milieu, l'Israël κατὰ πνεῦμα, le sommet, la personne du Rédempteur '. Faire abstraction du
dernier terme, ce serait briser la pyramide, il n'en reste-
rait qu'un informe tronçon.

Les trois principaux passages relatifs au *Serviteur de
l'Eternel* nous paraissent ainsi rentrer dans la série des
prophéties messianiques. Les objections que l'on fait à cette
opinion nous obligent à l'examiner de plus près. On objecte
que le prophète n'entend pas parler d'autre chose que de
la délivrance du peuple et du rétablissement de la théocratie, qu'il met la glorification du *Serviteur de l'Eternel* en relation immédiate avec le retour à Jérusalem, tandis que le
Messie ne vint que 500 ans plus tard, qu'une bonne partie
de la mission attribuée au *Serviteur de l'Eternel*, par exem-

---

¹ *Der Knecht Gottes*, pag. 33.
² *Der Knecht Gottes*, pag. 29.
³ *Comm. de Drechsler*, III, pag. 366.

ple la délivrance des prisonniers (XLII, 7 ; XLIX, 9), la
reconstitution de l'état (XLIX, 6), le partage du pays
(XLIX, 8), ne conviendrait pas au Christ, que les faits de la
vie de Jésus sur plusieurs points ne concordent pas avec la
prophétie, lorsqu'il est dit, par exemple, que le *Serviteur de
l'Eternel* a été frappé à cause des péchés de son peuple
(LIII, 4-8), enseveli avec les impies (LIII, 9), qu'il verra sa
postérité, vivra longtemps encore après sa mort (LIII, 10),
partagera le butin, etc. — Ces dernières objections pourraient nous atteindre, si nous cherchions dans la prophétie,
comme on l'a fait souvent pour le chap. LIII, une description détaillée et minutieusement exacte de la vie et des
souffrances du Messie. Mais ce n'est point ainsi qu'il faut
l'étudier. L'espérance messianique vit dans le cœur du prophète, elle s'offre à lui, dans le cas particulier, sous la figure
d'un juste, d'un prophète, frappé pour les péchés de son
peuple, puis glorifié par l'Eternel. Que ce tableau nous soit
présenté sous des traits familiers au prophète, parfois trop
vagues ou trop précis à notre gré, que la perspective des
temps ne soit pas toujours soigneusement observée, cela ne
doit point nous paraître étrange ; nous n'en saisissons pas
moins, sous cet apparent désordre, l'espérance vivante d'Israël, qui ne suit pas une ligne tracée et mesurée d'avance,
mais enflamme le cœur d'un prophète. Toutefois, comme
Umbreit en fait la remarque [1], il est aisé de distinguer
dans nos trois discours prophétiques deux époques de développement théocratique : d'abord le retour du peuple,
annoncé comme très prochain, ensuite la conclusion d'une
alliance nouvelle et indissoluble entre Dieu et Israël, pour
la bénédiction de tous les peuples de la terre, alliance dont
le *Serviteur de l'Eternel* sera le médiateur. Ces deux époques

[1] *Der Knecht Gottes*, pag. 33.

ne pouvaient se confondre dans l'esprit du prophète, bien
qu'elles ne soient pas toujours nettement tranchées dans
le discours. Le regard de l'écrivain sacré s'étend donc au-
delà du retour des captifs au pays de la promesse, jusqu'à
l'alliance nouvelle conclue par le *Serviteur de l'Eternel*.

On oppose encore à toute interprétation qui individualise
le *Serviteur de l'Eternel*, le nom d'*Israël* qui lui est donné
dans XLIX, 3 : « Tu es mon serviteur, Israël en qui je me
glorifie, » et le fait qu'une fois il est désigné par un pronom
au pluriel : « La plaie était sur *eux* (לָמוֹ נֶגַע) pour le
péché de mon peuple. » (LIII, 8.) Mais pourquoi un prophète ne recevrait-il pas ce nom d'Israël qui fut celui d'un
homme, avant d'être celui d'un peuple ? Pourquoi l'Eternel
ne dirait-il pas à son *Serviteur* qu'il le considère comme
Israël lui-même, qu'il se glorifie en lui, comme dans son
peuple tout entier ? « On peut désigner un grand-prêtre par
le nom d'Aaron, un roi de Juda par le nom de David, car
on était prêtre ou roi par la descendance d'Aaron ou de
David. Mais le prophète, en qui s'accomplissait surtout la
destination de son peuple de servir à la manifestation du
plan divin du salut, d'après qui pourrait-il être nommé,
sinon d'après ce peuple lui-même [1] ? » Si cela est vrai du
prophète en général, à plus forte raison pourra-t-on le dire
de celui qui résume en sa personne toute la prophétie. —
Quant au pronom pluriel de LIII, 8, le passage XLIV, 15
montre clairement que dans une description animée l'auteur de la seconde partie d'Esaïe ne se fait aucun scrupule
d'employer parfois לָמוֹ pour לוֹ.

Knobel s'élève surtout contre l'*idée messianique* qui ressor-
tirait de notre prophétie. L'Ancien Testament, dit-il, ne sait
rien d'un Messie souffrant, comme le serait le *Serviteur de*

---

[1] Hofmann : *Weiss. und Frf.*, I. pag. 261.

l'Eternel ; mais tous les passages qui se rapportent incontestablement au Messie, le décrivent comme un Roi distingué par ses qualités d'esprit, autant que par sa puissance et sa gloire. D'ailleurs les prophètes voulaient par leur idée d'un Messie consoler le peuple dans le malheur, lui rendre le courage et l'espérance. Comment y seraient-ils parvenus, s'ils lui avaient présenté un homme souffrant et méprisé ? — Cette objection renferme d'abord une inexactitude de fait. L'idée d'un Messie souffrant n'est pas si étrangère qu'on veut le dire, à l'Ancien Testament. Elle se glisse même sous les images de puissance et de gloire. L'Oint de l'Eternel s'élève jusqu'à devenir un grand Roi ; mais il commence par une condition plus humble. Il naît à Bethléhem Ephrata, « trop petite pour être l'une des souches de Juda » (Michée V, 1), il sort comme un rejeton d'un tronçon d'arbre dès longtemps stérile (Esa. XI, 1), il est un tendre rameau cueilli par l'Eternel au sommet d'un cèdre et planté sur une haute montagne, il devient à son tour un superbe cèdre, « toutes les espèces d'oiseaux et de volatiles viennent y faire leur demeure,... et tous les arbres des campagnes connaîtront que c'est moi, l'Eternel, qui aurai humilié l'arbre élevé et *élevé l'arbre humble,* qui aurai fait sécher l'arbre vert et verdir l'arbre sec. » (Ezéch. XVII, 22-24.) Il est Roi ; mais un Roi débonnaire et de chétive apparence : « Sois transportée de joie, fille de Sion ! Pousse des cris, fille de Jérusalem ! Voici, ton Roi vient à toi, il est juste et rendu vainqueur, pauvre et ayant pour monture un âne, un poulain, le petit d'une ânesse,.... il parlera de paix aux peuples et son empire ira d'une mer à l'autre mer, et du Fleuve aux extrémités de la terre. » (Zach. IX, 9, 10.) Le psaume XXII nous présente un *juste* qui dans sa détresse ne se lasse point de crier à son Dieu. Sa foi, ranimée par la prière, lui fait voir sa délivrance assurée, alors il loue l'Eternel, tout Israël se joint à lui, les païens eux-mêmes reviennent au Dieu vivant, toutes les tribus des peuples lui rendent leurs hommages, tous les riches de la terre l'adorent, « la race future le servira et l'on parlera du Seigneur d'âge en âge. » Le psalmiste dépeint sans doute les souffrances du juste sous des traits empruntés à son expérience personnelle; mais ce juste lui-même, tiré d'une extrême angoisse et dont la délivrance ramène à Dieu « toutes les tribus de la terre, » c'est un plus grand que David ou Jérémie, c'est déjà le *Serviteur de l'Eternel.* — Le pasteur frappé dont le troupeau se disperse (Zach. XIII, 7), l'être assimilé à Jéhova lui-même, que les habitants de Jérusalem ont transpercé, qu'ils verront, qu'ils pleureront comme on pleure un unique, sur lequel ils mèneront un grand deuil, comme au jour où Josias fut frappé dans la vallée de Mégiddo (Zach. XII, 10-14), l'*Oint* qui doit être retranché, pour « expier l'iniquité » et pour « amener une justice éternelle » (Dan. IX, 24-27), toutes ces indications éparses ne nous diraient-elles pas que les prophètes savaient pourtant quelque chose d'un Messie souffrant? Du reste n'aurions-nous que les chapitres XLIX et LIII d'Esaïe, ils suffiraient, nous semble-t-il, pour donner une place à cette idée dans l'Ancien Testament.

Serait-elle, comme on le prétend, inconciliable avec celle d'un Roi puissant? Non, le Messie des chap. XLIX et LIII n'est point en opposition avec celui de la première partie d'Esaïe. Dans celle-ci une royauté glorieuse lui est promise, comme terme d'un développement antérieur à peine indiqué par le prophète, dans ceux-là la dignité royale ne lui est point refusée : « Des rois le verront et se lèveront, des princes . . . et ils se prosterneront. » (XLIX, 7.) . . . « Je lui donnerai son lot parmi les puissants, et avec les braves il partagera le butin » (LIII, 12); mais le regard du prophète s'arrête plutôt à contempler la voie douloureuse par laquelle le *Serviteur de l'Eternel* s'élève à la gloire. La contradiction signalée n'existe donc pas et les deux conceptions messianiques que l'on cherche à opposer, loin de s'exclure, se complètent parfaitement l'une l'autre. — Si même elles étaient isolées, s'il n'y avait entr'elles aucun point de contact nettement marqué, l'objection que l'on voudrait tirer de cette antithèse, tomberait devant une vue saine du messianisme prophétique. Le Messie en effet n'est pas une figure stéréotypée une fois pour toutes, à tel moment donné de l'histoire d'Israël, de façon à ne permettre dans la suite que des copies plus ou moins parfaites. Il est avant tout l'objet idéal d'une aspiration profonde vers l'accomplissement de la théocratie. L'Israélite suçait, pour ainsi dire, avec le lait, l'idée du Royaume de Dieu, qu'il trouvait à la base des institutions religieuses et politiques de sa nation. Les prophètes, plus que tout autre, en étaient possédés. Tout leur travail et leur zèle n'avaient qu'un but: s'efforcer de la faire comprendre et réaliser à leur peuple. Dieu les appelait à cette sainte tâche et ils s'y donnaient tout entiers, parce que le Royaume de Dieu était pour eux plus qu'un idéal, il était une espérance vivante. Ils en voyaient et en proclamaient l'accomplissement, ils le montraient au peuple comme l'avenir vers lequel Dieu le conduisait; leur foi était plus forte que toutes les déceptions et tous les désastres. Mais pour que la réalité y répondît un jour, il fallait de deux choses l'une, ou bien que Jéhova lui-même descendît au milieu de son peuple, espérance fréquemment exprimée par les prophètes (Esa. XXXV, 4 ss; XL, 10; Ez. XXXIV, 11 ss.), ou bien qu'il confiât la délivrance et le gouvernement d'Israël à un représentant qui serait le dépositaire de sa puissance, l'instrument de sa volonté souveraine. Tel est l'objet propre de l'espérance messianique. Les prophètes attendaient la venue de l'Oint de l'Eternel et rattachaient à cette attente toutes leurs vues d'avenir sur Israël et sur tous les peuples. Pourquoi s'étonnerait-on que dans le cours des temps, à travers les phases diverses que parcourut la théocratie juive, cette figure idéale du Messie, si intimement unie à toutes les expériences d'Israël, n'ait pas toujours répondu exactement au même type? Le développement historique du peuple expliquerait à lui seul les traits nouveaux dont elle fut enrichie. A une époque où la royauté, puissante encore, commençait à décliner, où des guerres désastreuses avaient ruiné Israël et mis Juda bien près de sa perte, le Messie est un Roi victorieux, revêtu de l'Esprit de l'Eternel, juste Juge, Prince de paix. Dans les sombres jours de l'exil, quand le peuple est dispersé, que les prophètes sont la seule des trois colonnes de la théocratie, qui soit demeurée debout, quand l'Israël fidèle, réveillé par l'adversité, comprend les dispensations de la Providence et s'humilie devant son Dieu, alors le Messie est un Libérateur qui dit aux prisonniers : « Sortez! » et à ceux qui habitent dans l'obscurité: « Paraissez! » il est un prophète qui parle avec douceur aux affligés, qui selon la vérité montre la justice et devient la lumière des nations, un juste qui se charge des péchés de son peuple, il est le *Serviteur de l'Eternel,* qui se dévoue volontairement à la mort et par la voie de la douleur arrive à la gloire. En un temps d'exil, où il ne pouvait offrir des sacrifices, le peuple d'Israël ne devait-il pas recevoir d'autant mieux l'idée de l'expiation par le libre dévouement d'un juste ?

Un passage encore (LV, 3-5) vient plus clairement nous montrer que le Roi, fils de David, et le *Serviteur de l'Eternel* sont les objets d'une même espérance messianique: « Prêtez l'oreille et venez à moi ! Ecoutez, afin que votre

5

âme vive! Je veux vous accorder une *alliance éternelle, les grâces permanentes de David*. Voici, je l'établis législateur des peuples, prince et ordonnateur des peuples. Voici, tu convieras un peuple que tu ne connais pas, et un peuple qui ne te connaît pas, accourra près de toi, pour l'amour de l'Eternel, ton Dieu, et à cause du Saint d'Israël, car il te glorifie. » Le prophète rappelle la promesse faite à David qu'il y aurait toujours un de ses descendants assis sur le trône d'Israël, il en annonce l'accomplissement dans une alliance éternelle, en la personne du vrai fils et successeur de David, que l'Eternel établit « législateur des peuples, prince et ordonnateur des peuples [1]. » — *Knobel* objecte bien à l'explication messianique de ce dernier passage, comme à celle des chap. XLII, XLIX et LIII, que l'auteur ne sait rien d'un Messie et n'en annonce point. Je pense avoir déjà répondu assez longuement à cette objection qui n'est qu'un corollaire de la précédente. Le portrait du « *Serviteur de l'Eternel* » n'a pas besoin pour que nous y reconnaissions le Messie, d'être l'exacte reproduction de ceux d'Immanuel et du Fils de David.

Nous comprenons sans peine aussi que les souffrances

---

[1] L'interprétation qui rapporte à David le v. 4 (Kn., Hitz., Ges., Ew.) et fait dire simplement au prophète qu'Israël dominera, comme David, sur les nations, me paraît tout à fait insuffisante. « Les grâces permanentes de David » ne seraient pas autre chose que les grâces accordées à David. Pourquoi donc les dire permanentes ? D'ailleurs à quoi bon insister ici sur le fait bien connu que David a régné sur les nations ? L'explication de Rosenm., Hahn, Thol., Umbr. est bien plus naturelle. Elle rapporte le v. 4 au Messie, désigné au v. 3 par l'expression : « les grâces permanentes de David. » — Il ne faut pas oublier que dans Ezéchiel le Messie reçoit à plusieurs reprises le nom de *David*. (XXXIV, 24, 25 ; XXXVII, 24, 25.)

du *Serviteur de l'Eternel* soient racontées au passé et sa
gloire au futur. Les prophètes choisissent leur point de
vue avec une grande liberté. Tantôt ils nous montrent un
avenir lointain, tantôt ils nous parlent des événements
futurs, comme s'ils en avaient vu déjà l'accomplissement.
Pourquoi l'écrivain sacré, voyant son peuple au terme
d'une longue période de douleurs, à la veille d'une grande
délivrance, ne se serait-il pas inspiré de ce fait, pour rendre
visible jusque dans la structure grammaticale de son discours, l'analogie pleine de consolation, qui unissait dans
une même destinée de souffrance et de gloire l'Israël fidèle
et le *Serviteur de l'Eternel?*

Aucune des objections que l'on a accumulées, ne nous paraît donc assez forte, pour que nous renoncions à voir
dans le *Serviteur de l'Eternel* le Messie. Comme nous l'avons
dit déjà, cette explication seule respecte le caractère profondément individuel que revêt cette personnalité mysté-
rieuse, dans sa mission libératrice, dans ses souffrances,
dans sa mort et dans sa glorification. Elle seule aussi met
en regard du tableau prophétique un être digne de s'y reconnaître et de dire : « Ceci a été dit de moi. » Enfin elle
n'attribue pas à l'écrivain sacré des idées religieuses que
nous ne pouvons lui supposer et qui le rabaisseraient à nos
yeux.

Rappelons en terminant quelques-uns des traits nouveaux ajoutés à la figure du Messie :

1° Il n'est plus un Roi seulement, il est un *prophète.* En
lui s'accomplit la prédiction de Michée (IV, 2) et d'Esaïe
(II, 3), que dans la suite des temps « la loi sortirait de Sion
et la parole de l'Eternel de Jérusalem. » Il est prophète
pour son peuple et pour les nations tout ensemble. C'est
trop peu pour lui de relever les tribus de Jacob, « les pla-

ges lointaines s'attendent à sa loi » (XLII, 4), il doit être la
« lumière des nations » et faire pénétrer le salut de Dieu
jusqu'aux extrémités de la terre. (XLIX, 6.)

2° Il est de plus un prophète humble et *souffrant*, sans
beauté, sans éclat, sans aucune apparence, dédaigné et
délaissé des hommes, homme de douleurs ; il est mené à
la boucherie comme un agneau, il est mis au nombre des
malfaiteurs et retranché de la terre des vivants ; mais
tous ces maux n'ont pu lui arracher une plainte ou un
murmure ; « il n'a pas ouvert la bouche. »

3° Il est un prophète *juste* et *saint* (LIII, 9), il n'a pas mérité de souffrir : aussi n'est-ce pas pour ses propres péchés
qu'il est frappé de Dieu et humilié. Ses souffrances l'élèvent
au rang d'un *Sacrificateur* qui s'offre lui-même en oblation,
comme une victime expiatoire, pure et irrépréhensible. Il
s'est chargé des crimes de son peuple. « Il était percé pour
nos péchés, froissé pour nos iniquités, dit le prophète, le
châtiment qui nous sauve tombait sur lui, par ses meurtrissures il nous guérissait » (LIII, 5), et plusieurs par la
connaissance qu'ils auront de lui, seront justifiés. (LIII, 11.)

4° Il est enfin un prophète et un sacrificateur *élevé au degré suprême de la gloire* à cause même de son libre dévouement et de sa fidélité dans la souffrance. Après qu'il a
donné sa vie en expiation, il prolonge ses jours (LIII, 10), il
prospère, il s'élève, il arrive à une grande hauteur (LII, 13),
il transporte de joie plusieurs peuples, devant lui les rois
se taisent (LII, 15), les princes se prosternent (XLIX, 7), il
se voit une nombreuse postérité,... et l'œuvre de l'Eternel
prospère dans sa main. (LIII, 10.)

Tels sont les traits qu'il nous paraît impossible de ne
pas reconnaître dans ce tableau saisissant des souffrances
et de la gloire du *Serviteur de l'Eternel*. Comment les contempler dans leur ensemble, et n'y pas voir le Roi de la

Jérusalem nouvelle, « pauvre....et vainqueur, » dont l'Esprit animait déjà les anciens prophètes d'Israël?

§ 7.

Conclusion.

L'examen auquel nous avons soumis les principales prophéties messianiques du livre d'Esaïe, nous permet de conclure brièvement par une ou deux observations plus générales.

Le messianisme des prophètes n'est pas une croyance plus ou moins arbitraire, isolée dans l'ensemble des idées religieuses du peuple hébreu, ni seulement un rêve de gloire nationale. Il repose sur une foi inébranlable au parfait accomplissement de la théocratie. L'Eternel règne, la terre et les cieux sont l'ouvrage de ses mains, il donne la vie à toute créature, il dirige les nations et les individus vers le but qu'il leur a marqué d'avance,... et ce règne divin est méconnu de tous, excepté du petit nombre des adorateurs fidèles de Jéhova. Mais le temps vient où la royauté de l'Eternel sera manifestée avec éclat. Toute chair verra le salut de Dieu. « Le rejeton d'Esaï sera là comme un étendard pour les peuples, et les nations s'adresseront à lui. » — Le fondement de cette royauté universelle était posé en Sion. Les prophètes le voyaient, ils apercevaient même les grandes lignes du futur édifice; mais ils se consument en vain à essayer un commencement de construction. Tout ce qu'ils peuvent faire, c'est d'empêcher que ces lignes directrices ne soient effacées, de les tracer et retracer toujours à

5*

nouveau, et de montrer le point où, semblables aux arêtes d'une pyramide, elles doivent se rencontrer. Ils contemplent au sommet « la pierre éprouvée, » que l'édifice entier supporte, il est vrai, mais qui en relie entr'elles toutes les parties, le couronne, le consolide, lui assure tout ensemble la durée et la beauté. Pour parler sans image, les prophètes réunissent en la personne du Messie les trois ministères théocratiques qu'ils voyaient dans la réalité distincts, souvent même en lutte les uns contre les autres. Ils lui attribuent tour à tour la puissance et la justice souveraine d'un *roi,* la sagesse d'un *prophète* et cette intense commisération par laquelle le « *sacrificateur pour l'éternité* » prend sur lui les péchés de son peuple. Toutes les prophéties messianiques de l'Ancien Testament se rattachent à l'un de ces types, et, par ces trois chemins différents, elles tendent au même but. Elles reposent sur les institutions théocratiques d'Israël et aboutissent au Messie.

Ce fait nous explique la large part laissée dans les prophéties messianiques aux circonstances du temps. Les prophètes ne voyaient pour ainsi dire que la base et le sommet de l'édifice théocratique, ils ne pouvaient mesurer l'espace intermédiaire, aussi étaient-ils exposés à des erreurs de perspective. Nous ne devons point être surpris qu'ils se laissent parfois entraîner par l'ardeur de leur espérance et paraissent établir un rapport de succession presque immédiate entre des faits séparés par de longs siècles. — En outre les prophètes ne parlaient pas dans le seul but d'annoncer l'avenir. Leurs oracles font partie intégrante de leurs discours, ils en sont habituellement la conclusion; c'est comme un dernier trait qui doit frapper les cœurs encore rebelles, en même temps qu'il rassure et console les âmes pieuses. Ils ont un rapport direct à quelque circonstance du moment; dès lors nous devons nous

-attendre à ce que les vues messianiques qui y sont exprimées, portent l'empreinte de la situation actuelle du peuple. Quelquefois les plus grandes vérités religieuses semblent, par la puissance de l'esprit de Dieu, jaillir d'un événement historique. Aurions-nous, par exemple, sans la captivité de Babylone, le tableau prophétique du *Serviteur de l'Eternel?* Ailleurs l'influence du temps et du milieu s'exerce en ce que les prophètes transportent dans l'avenir messianique les préoccupations qui les agitent, attribuent au Messie leurs affections et leurs haines, font même de lui le ministre de leurs vengeances. Tout cela n'était que l'enveloppe. Nécessaire pour un temps au développement du fruit, elle devait tomber au jour de la pleine maturité. Une chose frappe d'ailleurs dans les prophéties messianiques, c'est le contraste entre la grandeur des espérances qu'elles expriment et la faiblesse du fondement terrestre sur lequel, à vues humaines, elles reposent. Comment un petit peuple, sans cesse attaqué par de puissants voisins, pouvait-il concevoir et, malgré les plus terribles désastres, conserver obstinément l'espérance de la transformation individuelle et sociale la plus complète qu'il soit possible de rêver? Elle se lie aux idées morales et religieuses les plus pures qu'ait jamais connues l'humanité. Si c'est là de l'exaltation, c'est donc celle qu'inspire une foi invariable au règne de Dieu sur les âmes, au triomphe définitif de la justice et de la vérité. Ce n'est pas non plus un rêve de gloire nationale seulement; car le salut promis, qui repose sur la connaissance du nom de l'Eternel, sur le pardon et le renouvellement moral accordés à l'homme, s'étend, dans la pensée même des prophètes, bien au-delà des limites d'Israël. — Non, le fond déborde la forme. Il est impossible de resserrer dans les bornes étroites du développement national d'un peuple l'avenir messianique, tel qu'il nous est

dépeint par les auteurs sacrés de l'Ancien Testament. Cet·
avenir était celui de l'humanité. La prophétie le montrait
aussi clairement que pouvait le faire « une lampe brillant
en un lieu obscur. » (2 Pierre, I, 19.) Par l'accomplissement de la promesse, « l'étoile du matin » s'est levée, et
l'on a vu comment dans les vues de la Providence, l'espérance d'Israël devait être celle de toutes les nations.

THÈSES.

—

I. Dans Esa. IV, 2, l'expression « *Germe de l'Eternel* » est une désignation du Messie.

II. Dans Esa. VII, 14, *Immanuël* est un type du Messie. La prophétie ne devient directement messianique, que dans VIII, 23-IX, 6.

III. Le Roi et le Royaume décrits dans ce dernier passage ne peuvent être un roi humain ni un royaume terrestre.

IV. Le « *Rejeton d'Isaï*, » sur lequel repose l'Esprit de l'Eternel et dont le règne de paix nous est retracé au chap. XI, est le Messie.

V. Dans Esa. XL-LXVI la notion du *Serviteur de l'Eternel* est complexe. Elle doit s'appliquer en un sens large au peuple entier et se restreindre graduellement à l'Israël fidèle, aux prophètes et au Messie.

VI. Dans Esa. XLII, 1-7; XLIX, 1-9; LII, 13-LIII, 12, le *Serviteur de l'Eternel* est le Messie.

VII. Il n'y a aucune contradiction entre l'idée messianique de ces dernières prophéties et celle de la première partie du livre.

VIII. La discussion sur l'authenticité de diverses portions du livre d'Esaïe, des chap. XL-LXVI en particulier, n'a qu'un intérêt scientifique.

IX. Les prophéties messianiques reposent sur la foi des prophètes au parfait accomplissement de la théocratie. Elles ne peuvent se restreindre à l'avenir national du peuple hébreu.

TABLE DES MATIÈRES

~~~~~~

CPSIA information can be obtained at www.ICGtesting.com
Printed in the USA
BVOW02s2334240315

393201BV00020B/238/P